신박하고 똑소리 나는
그림책 놀이 학급운영

그림책 놀이 학급운영

초판 1쇄 발행 2024년 2월 5일

지은이 | 홍표선, 김진희, 이은주, 이현주, 강상주, 변미정, 이선아, 이미영, 장현아, 이여빈, 배지은
발행인 | 최윤서
편집장 | 이경혜
디자인 | 김수경
마케팅 지원 | 최수정
펴낸 곳 | ㈜교육과실천
도서문의 | 02-2264-7775
인쇄 | 031-945-6554 두성 P&L
일원화 구입처 | 031-407-6368 ㈜태양서적
등록 | 2020년 2월 3일 제2020-000024호
주소 | 서울특별시 중구 창경궁로 18-1 동림비즈센터 505호
ISBN 979-11-91724-46-2(13370)

책값은 뒤표지에 있습니다.
저작권법에 따라 한국 내에서 보호를 받는 저작물이므로 무단 전재 및 복제를 금합니다.

신박하고 톡 소리 나는
그림책 놀이 학급운영

홍표선·김진희·이은주·이현주·강상주·변미정
이선아·이미영·장현아·이여빈·배지은 지음

그림책은 마법의 문을 여는 주문

아이들은 잘 놀아야 잘 큽니다. 놀이는 몸을 튼튼히 합니다. 놀이를 위한 상상과 창의는 생각하는 힘을 키워 줍니다. 소통하고 협력하며 친구들과 어울리는 방법을 익히게 합니다. 놀이는 아이들이 살아갈 힘을 기르는 매우 중요한 교육 과정입니다.

세종시에 특별한 놀이터가 있습니다. 땀으로 범벅이 될 때까지 노는 곳이라고 '땀범벅놀이터'라 부릅니다. 놀이 전문가 편해문 선생님이 아이들과 함께 여러 해 궁리하여 디자인했습니다. 놀이터에는 흔한 놀이 기구도 있지만, 조금은 위험해 보이는 모험 놀이 시설과 돌, 흙, 모래 등 자연물로 상상하며 놀 수 있는 시설이 다양하게 갖추어져 있습니다. 주말이면 온종일 노는 아이들로 북적입니다. 땀으로 범벅이 되어도 지칠 줄 모릅니다.

잘 만들어진 놀이터가 있다는 것은 참으로 행운입니다. 하지만 꼭 좋은 놀이터가 있어야만 아이들이 잘 놀 수 있는 것은 아닙니다. 아이들의 놀이는 상상 속으로 떠나는 여행이기 때문입니다. 아이들은 상상으로 집을 짓고 상상으로 우주선을 탑니다. 작은 교실이 거대한 정글이 되기도 하고 구석의 작은 공간이 비밀 기지가 되기도 합니다. 돌멩이로 맛있는 빵을 만들기도 하고 나무토막을 멋진 자동차로 변신시키기도 합니다.

그림책은 이상한 나라로 들어가는 토끼굴처럼, 아이들을 상상 속 세계로 이끄는 마법의 문입니다. 이 책은 그 문을 여는 여러 가지 주문을 모아 놓은 마법 사전입니다. 유치원 교실에서 그림책으로 상상의 문을 열고 아이들과 함께 여행했던 선생님들의 경험담이 고스란히 담겨 있습니다. 학급 운영, 생활 지도, 놀이 활동, 행동 지도 등 다양한 영역에서 그림책을 활용하고자 하는 선생님들에게 아주 세밀하고 친절한 안내서가 될 것입니다.

이 책에 있는 마법의 주문이 널리 퍼져 여러 곳에서 상상 세계로 가는 문이 활짝 열리기를 바랍니다. 아이들이 있는 모든 곳이 웃음과 행복으로 가득한 웃음 범벅, 행복 범벅 놀이터가 되었으면 좋겠습니다.

세종특별자치시교육감 최교진

그림책 놀이 학급운영과 '읽·걷·쓰'

"내가 정말 알아야 할 모든 것은 유치원에서 배웠다." (로버트 풀검Robert Fulghum)

이는 유아기 교육이 '우리 삶의 기본을 형성하는 시기'라는 뜻입니다.

발달의 결정적 시기인 유아기에 필요한 생활 지도, 관계 형성, 문제 해결, 놀이 등 다양한 영역에서 그림책을 활용하여 행복한 학급운영을 안내하는 이 책은 선생님들께 길라잡이 역할을 할 것입니다.

인천광역시교육청에서는 '읽기, 걷기, 쓰기(읽·걷·쓰) 시민문화운동' 사업을 진행하고 있습니다. 읽기는 책뿐 아니라 타인과 세상을 경험하는 걷기의 과정이며, 걷기는 오감으로 세상을 만나는 세상 읽기의 과정입니다. 또한 쓰기는 세상과 소통하고 협력하며 연대하는 바탕이 됩니다. '읽·걷·쓰'는 삶의 리터러시이자 삶의 힘입니다.

인간과 인간, 인간과 자연, 인간과 AI가 공존하며 협력해야 하는 시대, 이 시대에 필요한 것이 '읽·걷·쓰'입니다. 이 책 『신박하고 똑소리 나는 그림책 놀이 학급운영』과 더불어 삶의 힘이 자라는 '읽·걷·쓰' 활동이 교육 현장에서 조화를 이뤄 아이들과 선생님이 함께 행복하고 성장하는 기회가 되길 진심으로 바랍니다.

『신박하고 똑소리 나는 그림책 놀이 학급운영』 발간을 축하드리며, 발간을 위해 애쓰신 모든 분들께 감사의 인사를 전합니다.

인천광역시교육감 도성훈

교실은 교사뿐 아니라 아이들에게 제2의 가정이라 생각합니다. 교실에서 아이들은 꿈을 키우며 인생을 배웁니다. 드디어 교육의 다양한 방향성을 제시해 줄 책이 나왔습니다. 교사와 아이들이 함께 만들어 가는 '그림책 학급운영 이야기'를 읽는 내내 설레고 가슴이 벅차오릅니다. 『신박하고 똑소리 나는 그림책 놀이 학급운영』은 그림책이 교육 트렌드로 자리 잡고 있는 교육 현장에 한 줄기 빛이 되어 주리라 믿습니다.

새내기 교사부터 경력 교사까지 모두 적용할 수 있는, 이름처럼 '신박하고 똑소리 나는' 학급운영 지침서를 적극 추천합니다.

인천유아교육자협의회 이사장 박진원

이 책에는 그림책을 통해 슬기롭고 신나게 학급운영을 할 수 있는 모든 비법이 담겨 있습니다. 교실 안에서 아이들이 꿈꾸는 상상의 세계를 펼쳐 주면서, 놀이를 통한 하루 일과를 계획하는 교사들의 고민거리를 해결해 주는 마법 같은 책입니다.

그림책의 보이지 않는 힘을 통해 유아들의 생활 교육, 놀이 활동, 문제 행동 등을 손쉽게 지도할 수 있는 학급운영의 지침서가 되길 바라며, 『신박하고 똑소리 나는 그림책 놀이 학급운영』 발간을 진심으로 축하드립니다.

예원유치원장 김명숙

그림책은 아이들을 상상의 세계로 초대해 마음껏 놀 수 있게 돕는 고마운 '친구'입니다. 마법 같은 시간을 선물해 주는 그림책은 보이지 않는 큰 힘을 가지고 있습니다. 이 책은 그림책을 통해 즐겁고 신나게 학급운영을 할 수 있는 노하우가 가득해, 그림책으로 학급운영을 하고 싶은 교사들에게 지름길을 알려 주는 친절한 내비게이션이 되어 줍니다. 또 아이들의 생활 교육, 놀이 활동, 문제 행동 지도 등으로 고민하는 교사들에게는 아이들을 손쉽게 지도할 수 있는 안내서가 되어 줄 것입니다. 『신박하고 똑소리 나는 그림책 놀이 학급운영』으로 웃음이 넘치고 행복이 가득한 교실을 만들어 가시길 바랍니다.

숭의유치원장 함미영

학기 초 학급 세우기부터 놀이, 문제 행동 지도, 가정 연계까지, 유치원에서 일어나는 모든 것이 이 책 한 권에 꽉꽉 담겨 있습니다. 책의 모든 장이 보석처럼 빛납니다.

그림책으로 학급운영을 하고 싶은 선생님, 그림책을 읽어 주고 싶은데 마음처럼 쉽지 않은 선생님, 그림책으로 놀이를 이끌고 싶은 선생님, 그림책으로 아이들 마음을 어루만져 주고 싶은 선생님들께, 이 책은 지혜와 응원이 가득한 보석 상자가 되어 줄 것입니다.

조양유치원 교사 김은샘

아이들은 유치원에서 기본 생활 습관을 비롯해 공동체에서 함께 생활하는 방법들을 배웁니다. 이런 배움이 아이들이 좋아하는 그림책과 놀이를 통해 이루어진다면 얼마나 좋을까요?

『신박하고 똑소리 나는 그림책 놀이 학급운영』은 유치원에서 아이들이 배워야 할 것들을 즐겁게 익힐 수 있도록 좋은 그림책을 소개하고, 재미있고 다양한 놀이 방법까지 친절하게 제시해 주어 현장에서 학급을 운영하는 선생님들에게 큰 도움이 되리라 기대합니다.

도담유치원 교사 박진경

차 례

추천의 글   4
들어가는 말   17

1부. 그림책으로 잇는 행복한 교실

1. 그림책과 학급운영

1) 학급운영에 왜 그림책일까?   22
2) 당신의 학급을 바꾸려면?   24
3) 매력적인 그림책 선정 기준   25

2. 그림책으로 이어 주는 학급운영

1) 그림책 잇고(連)   33
    첫 단추를 꿰는 그림책   34
    놀이와 상상이 가득한 그림책   36
    마음 토닥토닥! 긍정 행동 지원 그림책   38
2) 그림책 있고(在)   40
    교육 과정을 위한 행사에도 활용해 주세요   40
    열린 마음으로, 즐기면서   42
    꾸준히, 함께 가는 길   42
3) 그림책 익고(益)   43
    그림책으로 성장하는 아이들   44

│   　　그림책으로 표현하는 아이들　　　　　　　　　　　　　　45
│   4) 놓치면 후회할 그림책 읽어 주기 전략　　　　　　　　　46
│   　　구석구석 그림책 깊이 읽기　　　　　　　　　　　　　47
│   　　쌍방향 참여형 그림책 읽기　　　　　　　　　　　　　49
│   　　실감 나게 입체적으로 읽기　　　　　　　　　　　　　49
│   　　사전에 놀이를 충분히 한 뒤 그림책 읽기　　　　　　50
│   　　같은 그림책 다양한 방법으로 여러 번 읽기　　　　　51
│   5) Q&A, 그림책 이럴 땐 이렇게!　　　　　　　　　　　　51

◆ 별책 부록 : 그림책이 궁금해!
　1) 아름답고 신기한 그림책 물성　　　　　　　　　　　　57
　2) 독특한 그림책 연출 방식　　　　　　　　　　　　　　58
　3) 입체적인 팝업의 예술성　　　　　　　　　　　　　　60

2부. 그림책으로 세우는 생활 교육

1. 첫 만남

1) 오늘도 즐겁게 하이파이브! 『하이파이브』　　　　　　65
　　그림책 토크　　　　　　　　　　　　　　　　　　　66
　　놀이 지원　변신! 하이파이브 67 ｜ 도전! 하이파이브 대회 68 ｜ 거울아 거울아, 세상에서 누가 가장 신나게 인사하니? 69

2) 나랑 같이 놀래? 『새 친구 사귀는 법』　　　　　　　　71
　　그림책 토크　　　　　　　　　　　　　　　　　　　72
　　놀이 지원　짝짝짝! 만나서 반가워! 73 ｜ 나를 소개할게! 74 ｜ 내 친구 초상화를 그려 보아요 75

2. 기본 생활 습관

1) 옷 입고 벗기, 문제없어요 『벗지 말걸 그랬어』   78
그림책 토크   79
놀이 지원   내 친구의 달라진 모습 찾기 80 | 인형을 도와줘! 81 | 나도 패션 디자이너 82

2) 제자리에 착착 『엄마의 주머니는 엉망이에요!』   84
그림책 토크   85
놀이 지원   가방에 가방에 뭐가 들었니? 86 | 정리 주머니에 쏙! 쏙! 쏙! 87 | 나만의 정리 비법 소개하기 88

3) 뽀득뽀득 손 씻기 『최강 청결 히어로 비누맨』   90
그림책 토크   91
놀이 지원   우리 반 손바닥 마을 놀이 93 | '손 씻기 송' 만들기 94 | 씻자! 씻자! 깨끗하게 씻자 95 | 비누맨의 편지-"지구를 지켜 줘!" 96

4) 우리들의 줄 서기 『내가 맨 앞에 서도 될까?』   98
그림책 토크   99
놀이 지원   맨 앞에 서고 싶어요 vs 맨 뒤에 서고 싶어요 100 | 우리 반의 줄 서기 방법은? 101 | 컵 인형극 놀이 102

5) 식사 시간이 즐거워지는 마법 『밥, 예쁘게 먹겠습니다!』   104
그림책 토크   105
놀이 지원   칙칙폭폭 식사 예절 기차가 나가신다! 106 | 영양나라로 음식을 배달해요! 109

6) 치카치카 이 닦기 『엉뚱한 치약』   111
그림책 토크   112
놀이 지원   나만의 치약 맛으로 변신 쇼! 쇼! 쇼! 113 | 엉뚱한 칫솔로 치카푸카 114 | 나도 엉뚱맨! 다음에는 무얼 만들까? 115

7) 도와줘요, 슈퍼 히어로! 『슈퍼 히어로의 똥 닦는 법』　　　　　　　　117

　　그림책 토크　　　　　　　　　　　　　　　　　　　　　　　　118

　　놀이 지원　우리가 도와줄게, 슈퍼 히어로(사전 활동) 119 ｜ 우리들의 '똥닦권' 만들기 120 ｜ 짱짱맨 Day 121

3. 함께 만들어 가는 학급운영

1) 귀 쫑긋 들어 주세요 『귀』　　　　　　　　　　　　　　　　　　124

　　그림책 토크　　　　　　　　　　　　　　　　　　　　　　　　125

　　놀이 지원　귀는 어디로? 126 ｜ 만약 귀가 없다면? 127 ｜ 누구의 목소리일까요? 128 ｜ 쉿! 들어 주세요, 친구 이야기 129 ｜ 귀 상담소 130

2) 공평함? 공정함? 우리 교실은 어떤가요?
　　『하마 엄마가 팬케이크를 나누는 방법』　　　　　　　　　　　　132

　　그림책 토크　　　　　　　　　　　　　　　　　　　　　　　　133

　　놀이 지원　팬케이크를 만들고 나누어요 134 ｜ 핫 시팅(Hot-seating) 인터뷰 놀이! 135 ｜ 어린이 신문고를 울려라, 둥둥둥! 136

4. 안전한 생활

1) 우리는 교통 지킴이 『수상한 신호등』　　　　　　　　　　　　　139

　　그림책 토크　　　　　　　　　　　　　　　　　　　　　　　　140

　　놀이 지원　한 걸음 신호등 놀이 141 ｜ 우리가 만든 '버스 안전 약속판' 142 ｜ 타요, 타요! 안전 버스! 143

2) 나의 몸은 소중해요! 『이럴 땐 싫다고 말해요!』　　　　　　　　145

　　그림책 토크　　　　　　　　　　　　　　　　　　　　　　　　146

　　놀이 지원　손가락 인형극 놀이 147 ｜ 좋아요! 싫어요! OX 퀴즈 한마당 148 ｜ 아이-부모님-교사, 우리는 트라이앵글! 149

3부. 그림책으로 펼치는 우리들의 놀이

1. 내 맘대로 놀이 『넉 점 반』 ····· 154
   - 그림책 토크 ····· 155
   - 놀이 지원 우리 반! 넉 점 반! 놀이 몰입의 순간! 156 ｜ 내 마음대로 넉 점 반 세상! 157 ｜ 똑딱똑딱! 내 손가락은 시곗바늘 158

2. 생각이 커지는 상상 놀이 『커졌다!』 ····· 160
   - 그림책 토크 ····· 161
   - 놀이 지원 커졌다! 작아졌다! 놀이 162 ｜ 커지고 길어지는 거인 163 ｜ 하드 막대 블록의 변신 164

3. 전래 놀이의 변신! 숨바꼭질 놀이 『꼭꼭 숨어라 콩이, 치타 보일라!』 ····· 166
   - 그림책 토크 ····· 167
   - 놀이 지원 꼭꼭 숨어라! 종이컵 숨바꼭질 168 ｜ 숨바꼭질 꽃이 피었습니다 169 ｜ 그림책 한 컷 숨바꼭질 놀이! 170

4. 톡톡톡! 빗소리와 함께하는 자연 놀이 『비 오는 날 또 만나자』 ····· 172
   - 그림책 토크 ····· 173
   - 놀이 지원 비 오는 날 소리 산책 174 ｜ 도구의 변신-아름다운 비 세상! 175 ｜ 비 온 다음 날, 자연을 만나다! 176

5. 지구 사랑 환경 놀이 『쓰레기 먹깨비』 ····· 178
   - 그림책 토크 ····· 179
   - 놀이 지원 쓰레기 먹깨비호를 만들어요 180 ｜ 쓰레기 줍줍줍 댄스! 181 ｜ 알록달록 비밀 작전! 182

6. 어휘 부자! 문해력 놀이 『모자섬에서 생긴 일』 ····· 184
   - 그림책 토크 ····· 185
   - 놀이 지원 한 글자 연극 놀이(사전 활동) 186 ｜ 돌려 돌려~ 모자 놀이 187 ｜ 글자야, 모자섬에서 놀자! 189

7. 일상에서 만나는 수 놀이 『잘잘잘 123』　　　　　　　　　　　　　　　191
　　그림책 토크　　　　　　　　　　　　　　　　　　　　　　　　　192
　　놀이 지원　로켓 발사 수 놀이(사전 활동) 193 ｜ 마음대로 몸 치기 마사지 194 ｜ 수는 내 친구! 195

4부. 그림책으로 통하는 문제 행동 & 긍정 행동 지도

1. 문제 행동 & 긍정 행동 지도 전략　　　　　　　　　　　　　　　200

2. 화를 잘 내는 아이 『소피아의 화를 푸는 방법』　　　　　　　　　　206
　　마음 탐색 및 교사의 지도 포인트　　　　　　　　　　　　　　　　206
　　아이의 속마음 인터뷰 '마음 거울이 필요해!'　　　　　　　　　　　208
　　폭발 직전의 화산에서 잔잔한 바다로!　　　　　　　　　　　　　　209
　　그림책 토크　　　　　　　　　　　　　　　　　　　　　　　　　210
　　놀이 지원　'나의 화를 푸는 6가지 방법' 피자판 만들기 211 ｜ 화 블록 온도계 212 ｜ '바꾸기' 챌린지-'바꾸기 마법'을 부려 볼까? 213

3. 놀리기 좋아하는 아이 『내가 곰으로 보이니?』　　　　　　　　　　217
　　마음 탐색 및 교사의 지도 포인트　　　　　　　　　　　　　　　　217
　　아이의 속마음 인터뷰 '마음 거울이 필요해!'　　　　　　　　　　　219
　　재밌는 걸까? 놀리는 걸까?　　　　　　　　　　　　　　　　　　220
　　그림책 토크　　　　　　　　　　　　　　　　　　　　　　　　　221
　　놀이 지원　칭찬 케이크 222 ｜ '선택' 챌린지-'선택 마법'을 부려 볼까? 223

4. 거짓말을 하는 아이 『릴라가 그랬어요』 227
마음 탐색 및 교사의 지도 포인트 227
아이의 속마음 인터뷰 '마음 거울이 필요해!' 229
참말과 거짓말 230
그림책 토크 231
놀이 지원 주인공 토크 콘서트 232 | '솔직 풍선'에게 고백해! 233 | '참말' 챌린지-'참말 마법'을 부려 볼까? 234

5. 욕과 비속어를 사용하는 아이 『말하면 힘이 세지는 말』 238
마음 탐색 및 교사의 지도 포인트 238
아이의 속마음 인터뷰 '마음 거울이 필요해!' 240
아름다운 말은 힘이 세다! 241
그림책 토크 242
놀이 지원 우리 반 '긍정 꽃밭' 243 | 훌라후프 투호 말놀이 244 | '고운 말' 챌린지-'고운 말 마법'을 부려 볼까? 245

6. 양보하지 않는 아이 『내 거야 다 내 거야』 249
마음 탐색 및 교사의 지도 포인트 249
아이의 속마음 인터뷰 '마음 거울이 필요해!' 251
양보가 필요한 순간! 252
그림책 토크 253
놀이 지원 똑같이! 우리 같이! 254 | 영차영차 릴레이로 파 나르고! 양보하고! 255 | '양보' 챌린지-'양보 마법'을 부려 볼까? 256

7. 두려움이 많은 아이 『간다아아!』 260
   마음 탐색 및 교사의 지도 포인트 260
   아이의 속마음 인터뷰 '마음 거울이 필요해!' 262
   두려움과 용기 사이 263
     그림책 토크 264
     놀이 지원   물총새 로켓 발사 265 | '용기가 간다, 아! 아! 아!' 거울 만들기 266 | '용기' 챌린지-'용기 마법'을 부려 볼까? 267

8. 일등 하고 싶은 아이 & 부끄러움이 많은 아이 『괜찮아』 271
   마음 탐색 및 교사의 지도 포인트 271
   아이의 속마음 인터뷰 '마음 거울이 필요해!' 273
   '괜찮아'의 마법이 필요한 순간! 274
     그림책 토크 275
     놀이 지원   '괜찮아 박수' 만들기 & 몸 놀이 276 | '괜찮아' 이야기 극장 & 상황 토크 277 | '괜찮아' 챌린지-'괜찮아 마법'을 부려 볼까? 278

9. 모두 반짝반짝 빛나는 별입니다! 『넌 나의 우주야』 282
     그림책 토크 283
     놀이 지원   '감동 성'에 놀러 오세요! 284 | '감동 꽃다발' 만들기 285 | '감동' 챌린지-'감동 마법'을 부려 볼까? 286

저자 소개 290

들어가는 말

새로운 아이들을 만나는 3월은 교사에게 설렘과 두려움이 공존하는 시기입니다. '어떤 아이들을 만나게 될까?', '이 아이들과의 생활은 어떻게 펼쳐질까?', '3월의 학급 분위기가 일 년을 이어갈 텐데, 어떻게 하면 자연스럽게 학급 규칙을 세울까?' 등 많은 생각이 머릿속을 꽉 채우기도 합니다.

특히 영유아기는 부모와 분리되어 교육 기관에 적응하는 어려움을 극복해야 하고, 음식을 먹고, 화장실을 이용하고, 청결을 유지하며 신변 관리 처리를 스스로 하는 등 기본 생활 습관을 길러야 하는 중요한 시기입니다. 또한 단체 생활에서 지켜야 하는 다양한 규칙을 이해하고 다른 사람을 배려하는 태도를 배워 갑니다.

교사는 아이들이 앞으로 살아갈 세상에 적응하고 여러 사람과 더불어 지내는 데 필요한 태도와 생활 기술은 물론이고, 아이들이 건강하고 바르게 성장하는 데 도움이 되는 방법을 연구해 끊임없이 적용하고 시도해 봅니다. 이를 위해 교사는 늘 아이들과 함께 호흡하며 생활하고, 아이들의 속도를 면밀히 관찰합니다. 이런 과정에서 아이들은 새로운 도전과 경험을 통해 때로는 실패하고 실수도 하지만, 매일 성장하고 문제 상황을 해결하는 능력을 길러 갑니다.

아이들이 자연스럽게 기본 생활 습관을 익히고, 긍정적인 친구 관계를 만들며, 즐겁게 놀이할 수 있는 방법을 궁리하다가 그림책을 떠올렸습니다. 그림책은 아이들의 눈높이에 맞는 글과 그림으로 이루어져 있습니다. 아이들은 그림책을 통해 일상생활에서 직면하는 문제들을 자연스럽게 노출시키고 이에 대한 해결 방법을 배울 수 있습니다. 학급을 운영하는 교사의 관점에서는, 아이들에게 반드시 가르쳐야 할 행동을 억지로 강요하지 않고도 아이가 그림책 속 이야기를 통해 스스로 느끼고 기꺼이 받아들이면서 긍정 행동으로 실천하기를 기대할 수 있습니다. 교사가 굳이 말하지 않아도 옳고 그름에 대한 도덕적 판단도 가능하게 됩니다. 그림책에 담긴 의미와 여운을 느끼며, 학급이라는 작은 사회가 자연스럽게 운영되는 교육 현장이 될 수 있을 것입니다. 그림책이 지닌 많은 장점을 교실 수업에 적용한다면 아이들도 즐겁고 교사도 어렵지 않게 학급을 운영해 나갈 수 있으리라 생각합니다.

이 책에는 교사와 아이들이 학급 안에서 마주하는 다양한 상황을 풀어 가는 방법에 대한 도전과 그 결과를 담았습니다. 첫 만남부터 기본 생활 습관 들이기, 학급운영 규칙 이해하기, 일상 속 놀이하기 등과 더불어, 아이들의 문제 행동을 지도하고 긍정 행동을 강화하는 방법을 그림책을 빌려와 이야기합니다. 특히 그림책을 활용한 다양한 놀이를 기획해, 아이들이 놀이에 참여해 즐겁게 몰입하는 동안 자연스럽게 배우고 실천하는 과정을 담았습니다. 교사가 발견한 아이들의 변화 모습도 자세히 기록했습니다.

교육 현장에서 교사들은 학급을 운영하느라 늘 바쁘고, 아이들의 생활 지도를 하느라 매번 같은 이야기를 반복하며 애를 씁니다. 학급을 원활하게 운영하려면 교사들의 수고와 노력도 당연히 필요하지만, 놀이를 통해 교사와 아이들이 함께 즐기면서 교육적으로 의미 있는 시간을 보낸다면 교사와 아이 모두에게 행복한 경험이 될 것입니다.

그림책이 보여 주는 그림과 이야기를 바탕으로 학급이 운영될 때, 교실은 즐겁게 놀이에 빠져들어 자연스럽게 배움이 스며드는 교육 현장이 됩니다. 물론 학급운영과 관련된 내용이 모든 학급에서 항상 긍정적인 결과만을 보여 줄 수는 없을 것입니다. 아이들의 특성과 학급을 운영하는 교사의 역량 그리고 교육 기관의 상황에 따라 적용하는 데 한계가 있다는 점도 꼭 기억해야 합니다. 모든 학급을 운영하는 교사가 똑같은 결과를 얻을 수 없을지라도 교사들의 기대감과 염려와 함께 우리 아이들은 조금씩 교육 기관의 생활에 적응할 것입니다.

이 책은 유아교육 현장에서 일하는 전문가들이 함께 집필했습니다. 그림책을 활용해 아이들이 스스로 변화의 필요성을 느끼고 가치를 내면화해 실천할 수 있기를 바라는 마음을 한데 모았습니다.

이 책을 통해 학급을 운영하는 교사가 실질적인 도움을 얻고, 교사와 아이 모두의 하루하루가 즐겁고 행복한 교실이 되면 좋겠습니다. 아울러 이 책에 소개된 놀이에서 출발해 더욱 새롭고 즐겁게 몰입할 수 있는 또 다른 놀이가 탄생하기를, 그래서 함께 성장하는 기회가 되기를 진심으로 바랍니다.

저자 일동

1부

그림책으로 잇는 행복한 교실

1. 그림책과 학급운영

1) 학급운영에 왜 그림책일까?

학급을 운영하는 교사는 아이들과 함께하는 시간은 물론이고 휴일에도 원활한 학급운영과 즐거운 수업에 관해 고민합니다. 아이들이 즐겁게 놀이하는 가운데 자연스럽게 생활 지도가 이루어지고, 교육 과정에서 다루는 내용을 아이들이 물 흐르듯 습득할 수 있도록 연구합니다. 그리고 시간이 지나면 어느 순간 부쩍 성장해 있을 아이들의 모습을 기대합니다.

바람직한 학급운영을 위해 아이들이 좋아하는 그림책을 함께 읽고 놀이에 활용한다면 아이들은 얼마나 즐겁게 생활하며 성장할까요? 그림책의 어떤 매력이 학급에서 이루어지는 사회적 관계와 다양한 상황들을 해결하며 도움을 줄 수 있을까요?

첫째, 의사소통 능력 향상 - 그림책으로 자신의 생각과 의견을 표현할 수 있습니다.

아이마다 자신만의 작은 세계를 품고 있습니다. 생각하고 있는 것, 마음속 감정, 온몸의 감각으로 느껴지는 것들을 다른 사람에게 언어로 표현할 수 있게 돕는 것이 교사와 부모의 역할입니다. 그림책은 다양한 어휘를 익히고 표현 방법을 습득하는 데 도움을 주기도 하지만, 생활에서 쌓인 슬픔과 분노, 잠재된 공격성이나 불안도 그림책과 놀이를 통해 자연스럽게 해소됩니다.

둘째, 타인에 대한 공감 - 그림책으로 학급에서 일어나는 다양한 갈등 상황을 해결할 수 있습니다.

그림책은 생활 지도에 많은 도움이 됩니다. 영유아기에 익혀야 하는 기본 생활 습관과 자신의 역할을 바르게 인식하고, 주변을 살피는 기회도 제공하지요.

각자 다른 환경에서 자란 아이들이 저마다의 기준으로 판단하고 생활하기 때문에 관계에서 갈등이 일어납니다. 그림책은 다양한 생각을 가진 아이들이 상대의 입장을 헤아리며 옳고 그름에 관해 합리적으로 판단할 수 있도록, 시각을 넓히고 자신을 돌아보는 기회를 제공합니다. 아이들은 그림책에 등장하는 인물을 통해 나와 다른 사람을 이해하고 다양한 관점으로 바라보면서 공감 능력을 키워 갑니다.

셋째, 폭넓은 사고 - 그림책을 통해 간접 경험하며 사고의 폭을 넓힐 수 있습니다.

그림책은 상상 세계와 현실 세계에서 다양한 생명체와 만나는 통로가 되어 줍니다. 시대적으로는 과거, 현재, 미래를 아우르고, 인종과 문화를 뛰어넘어 전 세계의 다양한 모습을 편견 없이 바라보는 기회를 제공합니다. 아이들은 그림책을 보며, 학급에서 일어나는 다양한 상황에 관해 폭넓게 사고하는 포용력을 길러 갑니다.

넷째, 그림책을 통한 영유아 이해 - 그림책으로 아이와의 거리가 가까워집니다.

그림책을 읽어 주는 시간을 통해 아이와 친밀감이 형성됩니다. 책을 읽어 주는 교사의 목소리에는 다정하고 부드러운 힘이 있습니다. 아이들은 따뜻한 눈빛을 교환하고 정서적으로 교감하면서 이야기에 한층 몰입하고, 그림책을 더욱 좋아하게 됩니다.

교사는 그림책을 읽고 감정과 느낌을 표현하는 아이들을 통해 그들의 생각과 마음을 이해할 수 있습니다. 그림책의 등장인물이 처한 상황에 동화되거나 문제를 해결해 나가는 과정을 살피면서, 아이들의 생각과 마음을 알 수 있어 아이들과 더 가까워집니다.

2) 당신의 학급을 바꾸려면?

교사는 늘 아이들의 성장을 응원하고 격려합니다. 아이들에게 자신의 느낌과 생각을 적절하게 말하는 경험을 제공하고 바른 언어생활을 하도록 지원을 아끼지 않을 때, 비로소 학급에서 일어나는 다양한 일상은 물 흐르듯 자연스럽게 진행될 수 있습니다.

어떤 교육이든 교사 자신이 그 내용의 중요성과 의미를 알고 흥미를 느껴야 아이들에게 효과적인 교육을 할 수 있습니다. 그림책을 활용한 학급운영은 책과 이야기를 즐기는 경험을 통해 아이들이 상상력을 마음껏 발휘하고, 나아가 새로운 경험도 즐겁게 받아들이게 합니다. 이를 위해 교사는 어떤 마음으로 준비해야 할까요? 학급운영을 위해 교사들이 준비하고 있으면 좋을 내용을 소개합니다. 아이들을 위해 애쓰는 교사들에게 마음을 담아 '박수(CLAP)'로 응원을 보냅니다.

동심(Childlike)	문학(Literature)	적용(Application)	실천(Practice)
어린 시절의 동심 간직하기	문학적 경험에 대한 기억 되살리기	교실 수업에 적용하고 활용하기	성장을 위한 기록과 변화 실천하기

동심(Childlike) - 어린 시절의 동심 간직하기

누구나 어린 시절의 기억이 있습니다. 특별한 상황에서 느꼈던 감정과 다양한 경험을 바탕으로, 아이 입장이 되어 바라보고 해석하려 노력한다면 그것으로도 충분합니다. 그림책을 대할 때도 교사 자신이 그림책 독자이면서 안내자가 되는 것이 필요합니다.

문학(Literature) - 문학적 경험에 대한 기억 되살리기

예전에 관심을 갖고 즐겨 읽던 책이나 시를 다시 읽으며 문학적 경험에 대한 기억을 되살려 봅니다. 문학 작품을 다시 읽어 보면 읽을 때마다 다른 느낌과 의미를 재발견할 수 있습니다.

적용(Application) - 교실 수업에 적용하고 활용하기

서점에 가면 영유아용 그림책 코너에 들르기를 권합니다. 그림책에 관한 정보도 얻을 수 있고, 그림책 읽는 즐거움에 빠지게 될 것입니다. 그중 특별히 좋아하는 그림책을 발견하면 구입하는 것도 좋습니다. 그리고 학급 아이들에게 책을 읽으면서 교사 자신이 느낀 점과 구입 동기 등을 소개하며 그림책을 읽어 주고 수업에 활용한다면 더욱 의미가 클 것입니다.

실천(Practice) - 성장을 위한 기록과 변화 실천하기

하루하루의 일들을 자유롭게 기록해 봅니다. 성장을 위해 일상을 기록하는 습관을 갖는다면 기록한 내용이 풍부한 자료가 될 수 있습니다. 때로는 기록한 내용을 아이들에게 소개하고 일상과 자연에서 느끼는 정서들을 표현하며, 변화를 향한 스스로의 의지를 생활 속에서 실천한다면 교실은 더욱 좋은 소통의 현장이 될 것입니다.

3) 매력적인 그림책 선정 기준

날마다 수많은 그림책이 홍수처럼 쏟아집니다. 그런 가운데 아이들과 교사의 마음을 움직이는 것은 어떤 책일까요? 아이들이 보고 또 보고 자꾸만 만나고 싶은 그림책은 어떤 것일까요?

매력적인 그림책을 선택하는 으뜸가는 기준은 '아이들이 좋아하는 책'입니다. 아이들은 다른 사람의 요구가 아니라 자신이 직접 선택한 책에 더 흥미를 보이고, 스스로 동기부여가 되었을 때 몰입해서 책을 읽습니다. 그렇지만 연령, 성별, 기호, 성격에 따라 아이들이 좋아하는 그림책은 매우 다양하므로 보편적인 기준을 세우기가 쉽지 않습니다. 따라서 교사가 그림책을 선정할 때는 교육성, 작품성, 연령별 발달 적합성, 그림의 예술적 요소 등을 고려합니다. 여기에 도서 판매 순위, 리뷰, 인기도 등도 살피고, 직접 그림책을 찾아보기도 합니다. 그럼에도 아이들이 좋아하는 그림책은 어떤 것이며, 왜 그 그림책을 좋아하는지 알 수 있다면 교사가 그림책을 선택할 때 많은 도움이 됩니다. 더불어 관습적인 책 읽기에 익숙한 어른의 시각에서 벗어나 아이의 눈높이에 맞추어야 아이들이 좋아하는 그림책을 고르는 안목이 생깁니다.

이 책에서 소개하는 그림책들은 아래의 기준에 따라 선정했습니다. 예로 든 그림책들은 이어지는 2~4부에서 자세히 소개됩니다.

마음을 끄는 등장인물과 친숙한 이야기 소재

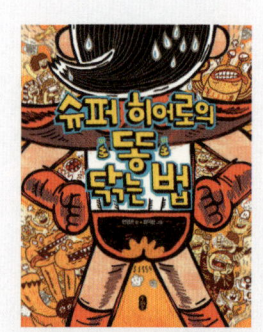

『슈퍼 히어로의 똥 닦는 법』
안영은 글, 최미란 그림,
책읽는곰

『최강 청결 히어로 비누맨』
우에타니 부부 글·그림,
전예원 옮김, 미래엔아이세움

『내가 맨 앞에 서도 될까?』
리처드 번 글·그림, 한소영 옮김,
키즈엠

아이들은 주변 세계와 끊임없이 상호 작용하며 성장해 나가므로, 발달 시기의 특성을 고려해 그림책을 선정해야 합니다. 전 조작기에 해당하는 유아기에는 물활론적 사고가 발달하고 언어 능력과 이해력이 향상되면서 다양한 사회 경험이 이루어집니다. 이 시기 아이들에게는 일상의 놀이나 모험, 또래 간 갈등과 해결을 담은 친근한 내용의 그림책이 적합합니다. 특히, 책의 줄거리보나 주인공의 매력이 강력한 힘을 발휘하기도 합니다.

『슈퍼 히어로의 똥 닦는 법』의 슈퍼 히어로 '짱짱맨'과 『최강 청결 히어로 비누맨』의 '비누맨'이 바로 그 주인공입니다. 아이들은 정의를 위해 싸우는 특별한 주인공에 감정을 이입하고, 그를 통해 대리 만족을 합니다. 예를 들어 짱짱맨이 겪는 대변 처리의 어려움을 보면서, 혼자만 그런 것이 아님을 알고 자신의 문제를 객관적으로 볼 수 있습니다. 또 일상에서 반복되는 대변 처리와 손 씻기라는 친숙한 소재를 그림책으로 만나면서, 평소 느꼈던 불안, 걱정, 좌절 등의 감정을 해소하고 정서적 안정감을 느끼게 됩니다.

『내가 맨 앞에 서도 될까?』의 주인공인 작은 코끼리 '엘피'는 맨 앞에 줄을 서고 싶은 아이들의 마음을 잘 대변해 줍니다.

유아기는 상상력을 마음껏 발휘하고 호기심이 많아지며 옳고 그름을 내면화하는 시기이므로, 다양한 장르의 그림책을 선정해 등장인물을 탐색합니다. 각 등장인물들의 태도와 행동을 간접 경험하고, 여러 가지 위기 상황을 흥미롭게 해결해 보며, 다양한 또래 관계를 경험할 수 있는 그림책을 선정하는 것이 바람직합니다.

이야기 설정의 기발함과 유머 요소

『수상한 신호등』
더 캐빈 컴퍼니 글·그림, 송태욱 옮김, 비룡소

『모자섬에서 생긴 일』
홍미령 글, 최서경 그림, 쉼어린이

『커졌다!』
서현 글·그림, 사계절

아이들을 대상으로 하는 그림책이라도 그것이 좋은 문학적 요소를 담고 있다면 어른이 봐도 재미를 느낄 수 있습니다. 작가의 독창적인 발상과 아이디어로 만들어진 이야기는 현실에서 경험할 수 없는 상상의 재미를 선물합니다. 촘촘하게 잘 짜인 기승전결의 이야기 구조는 아이들의 마음을 사로잡기에 충분하고, 독특한 사건 구성과 엉뚱한 전개는 아이들을 열광하게 합니다.

『수상한 신호등』은 우리가 아는 신호등이 아니라 현실에 없는 '수상한' 신호등을 등장시켜 재미와 웃음을 선사합니다. 수상한 신호등에 분홍색 불이 켜지면 자동차들이 '낑낑'

물구나무를 서고, 보라색 불이 켜지면 어디선가 데굴데굴 공벌레가 굴러와 도로를 점령하고 자동차들은 도망가기 바쁩니다. 상상에나 있을 법한 신호등은 아이들의 호기심을 충족시켜 주고, 기발한 상상력과 이야기 전개는 아이들이 흥미롭게 교통안전을 익히도록 돕습니다.

『모자섬에서 생긴 일』은 개구쟁이 '몽이'와 '피그'의 익살스럽고 재미있는 표정과 흥미진진한 스토리가 돋보이는 그림책으로, 어려운 글자에 대한 거부감을 단번에 날려 줍니다. 상황에 맞는 목소리의 억양과 표정으로 낱말 자체의 의미가 아닌 맥락 속 의미를 이해하면서, 모음과 자음을 쉽고 재미있게 경험할 수 있도록 스토리를 구성한 것이 놀랍기만 합니다. 몽이와 피그가 겪는 다양한 상황 속에 등장하는 모음과 자음의 활약은 한글을 처음 접하는 아이들에게 쉽고 특별하게 다가갑니다.

『커졌다!』는 키가 작은 아이가 얼른 크고 싶어서 나무처럼 비를 맞고, 마침내 하늘 위로 구름을 뚫고 우주까지 쑥쑥 커져 버린 기발한 설정으로 특별한 웃음을 줍니다. 개미만큼 작아져 버린 사람들, 별똥별 사탕 먹기, 새 친구 사귀기, 지구를 삼켜 버리는 등의 전개 방식 또한 특별한 재미를 더해 줍니다.

반복을 통한 리듬

『잘잘잘 123』
이억배 글·그림, 사계절

『하이파이브』
아담 루빈 글, 다니엘 살미에리 그림, 노은정 옮김, 위즈덤하우스

『꼭꼭 숨어라 콩이, 치타 보일라!』
최은진 글·그림, 뜨인돌어린이

글과 그림이 반복되면서 생기는 이야기의 리듬은 다음 장면을 예측할 수 있게 하고, 책을 읽는 자체로도 즐거움을 맛보게 합니다. 그림책을 활용한 다양한 언어 놀이를 통해 어휘력이 풍성해지고 언어 능력이 발달하며 말맛의 즐거움이 배가 됩니다.

『잘잘잘 123』은 우리말의 재미와 말놀이의 운율이 살아 있는 전래 동요 그림책입니다. '하나 하면 할머니가 호박을 이고서 잘잘잘'로 시작해 '열 하면 여럿이서 여행을 한다고 잘잘잘'로 끝나는 노래를 따라 부르며 자연스럽게 수 세기를 익히지요. 흥얼흥얼 입에서 계속 맴도는 노래 가사는 아이들이 수를 익히는 데도 도움을 주지만, 우리 전래 동요의 리듬을 경험하기에도 아주 유용합니다.

『하이파이브』는 하이파이브 챔피언 대회에 출전한 다양한 동물들과 직접 손바닥을 부딪히며 하이파이브를 하는 참여형 그림책입니다. 반복적인 이야기 구성이 유쾌하고 활기차게 인사를 나누게 합니다.

『꼭꼭 숨어라 콩이, 치타 보일라!』는 고양이 '치타'가 술래가 되어 새로운 친구들과 숨바꼭질을 하며 꼭꼭 숨은 친구들을 함께 찾아보는 재미를 줍니다. '콩이'와 '치타'가 함께 숨바꼭질 놀이를 하는 동안 "꼭꼭 숨어라! 머리카락 보일라!"를 아이들과 함께 신나게 노래 부를 수 있어서 책 읽기의 즐거움이 두 배가 됩니다.

따뜻한 정서와 공감

아이들에게 보여 주는 그림책은 주제가 단순하면서도 보편타당한 진리를 담고 있어야 합니다. 연령, 성, 인종에 따라 차별하는 내용이 포함되지 않아야 하지요.

때로는 특별한 사건이 없거나 신나는 모험 이야기가 아니어도, 그림책이 건네는 다정한 위로와 따뜻한 감성의 언어는 아이들의 마음을 행복하게 만듭니다. 아이들은 이야기 속 등장인물이 처한 상황을 간접 경험하며, 등장인물과 동일시를 통해 공감을 배울 수 있습니다. 또 주인공이 처한 상황에 자신의 모습을 투영하며 '나만 그런 것이 아니네.'라는 공감대를 형성하기도 합니다.

『넌 나의 우주야』는 언제 어디서나 어떤 모습이라도 아이의 존재 자체를 사랑하는 부모의 한결같은 마음을 보여 줍니다. 동글동글 귀여운 얼굴의 아이는 날쌘 골키퍼가 되기도 하

『넌 나의 우주야』
앤서니 브라운 글·그림,
공경희 옮김, 웅진주니어

『괜찮아』
최숙희 글·그림, 웅진주니어

『내가 곰으로 보이니?』
야엘 프랑켈 글·그림,
황정혜 옮김, 후즈갓마이테일

고, 때로는 건축가, 때로는 멋진 수영 선수가 되기도 합니다. 어느새 나의 우주가 된 아이에게 앞으로 마주할 세상에서 누구보다 잘해 낼 거라는 무한한 가능성을 믿어 주는 응원과 따뜻한 격려의 메시지를 아낌없이 전하고 있습니다.

『괜찮아』는 작지만 힘이 센 개미, 가시가 많아 사자도 무섭지 않은 고슴도치, 발이 없지만 어디든 갈 수 있는 뱀 등 다양한 동물들이 등장해, 기죽지 않고 "괜찮아! 나는 ~할 수 있어!"라고 말하는 모습에서 안도감과 위로를 받습니다. 누구에게나 잘할 수 있는 무언가가 있다는 것을 믿으며, 우리 아이들 하나하나가 세상에서 가장 소중한 존재임을 말하고 싶어 책을 만들게 되었다는 최숙희 작가의 따뜻한 시선이 돋보입니다. 몇 번이고 다시 봐도 좋은 그림책입니다.

『내가 곰으로 보이니?』는 아이들이 일상에서 한번쯤 겪었을 법한 이야기를 담았습니다. 친구에게 놀림 당해 외롭고 슬픈 마음을 따뜻하게 보듬어 주는 그림책이지요. 내가 어떤 모습이라도 좋아해 주는 것, 그것이 진짜 우정이고 사랑이라는 사실도 말해 줍니다.

스페인어에 '쿼렌시아(Querencia)'라는 단어가 있습니다. 투우장에서 소가 숨을 고르며 기운을 모아 다시 공격할 힘을 되찾는 장소를 뜻하는 단어로, 가장 안전한 자기만의 영역을 뜻합니다. 아이들에게도 선생님에게도 편안하고 따뜻한 안식처인 그림책을 통해 잠시 숨을 고르는 자신만의 퀘렌시아가 필요합니다.

독특한 연출 방식과 풍부한 그림

『간다아아!』
코리 R. 테이버 글·그림,
노은정 옮김, 오늘책

『넉 점 반』
윤석중 시, 이영경 그림, 창비

『비 오는 날 또 만나자』
사토우치 아이 글,
히로노 다카코 그림,
고광미 옮김, 한림출판사

    그림책이 지닌 예술적·형태적 특성도 독자인 아이들에게 영향을 줍니다. 연출 방식이 매력적인 그림책은 읽고 싶은 마음을 불러일으키고, 아이들의 호기심을 자극합니다. 또한 그림책의 기법과 표현력, 그림의 예술성 등은 그림책 선정 기준에서 큰 비중을 차지합니다. 아이들은 그림책 장르에 상관없이 글보다 그림에 더 많은 반응을 보이며, 그림의 색채, 선, 모양, 질감 등 다양한 예술적 표현과 조화를 경험합니다. 짜임새 있는 이야기의 얼개에 그림의 세밀한 묘사와 풍부함이 더해진다면 그림책은 더욱 설득력 있게 이야기를 확장시켜 줍니다.

    칼데콧상 수상작 『간다아아!』는 작은 아기 물총새의 첫 비행 도전을 이야기하는데, 물속으로 떨어질 때와 솟구쳐 날아오를 때 책장을 넘기는 방식을 달리한 연출 기법이 돋보입니다. 물총새가 떨어질 때는 책장을 위로 넘기다가, 물고기를 잡는 중간 부분에서는 책을 옆으로 돌리고, 다시 위로 날아오를 때는 책을 한 번 더 돌려 책장을 아래로 넘기며 이야기를 전개해 생동감이 넘칩니다. 가장 적합한 표현 방법을 찾기 위해 많은 실험과 연구 끝에 나온 작품답게 아이디어가 빛납니다.

우리 동시와 그림의 조합이 아름다운 『넉 점 반』은 간결한 동시를 더욱 돋보이게 하는 풍부한 그림들이 눈에 한가득 들어옵니다. 단발머리 꼬마 아이의 시선과 발걸음을 따라가다 보면, 물 마시는 닭과 줄지어 먹이를 옮기는 작은 개미에게도 눈길이 갑니다. 해가 꼴딱 질 때까지 푸근하고 정감 넘치는 그림 속 세상 나들이에 온통 마음을 머물게 합니다.

『비 오는 날 또 만나자』는 아이의 시선에서 보여 준 비 오는 날의 풍경을 세밀하게 표현한 수채화 그림이 인상적입니다. 비를 맞은 나뭇잎과 풀잎의 싱그러움이 아이의 호기심 가득한 눈빛과 만나 더욱 반짝반짝 윤이 납니다. 돌 밑에 숨어 있던 달팽이, 어디선가 툭 튀어나온 두꺼비, 꽃 속에 숨어 있다가 산책을 나온 호랑나비 애벌레와 배추흰나비 애벌레의 모습을 통해 비 온 뒤의 촉촉함을 물씬 느낄 수 있습니다.

2. 그림책으로 이어 주는 학급운영

1) 그림책 잇고(連)

　이문재 시인이 지은 시 '어떤 경우'에는 "어떤 경우에는 내가 어느 한 사람에게 세상 전부가 될 수 있다."는 구절이 나옵니다. 이처럼 교사는 어떤 경우 아이에게 세상 전부일 수도 있습니다. 세상 전부인 선생님과 함께하는 그림책 산책은 또 어떨까요? 일 년 열두 달, 한 발 한 발 내딛는 그림책 산책길에 교사는 그저 가르치는 사람에 머물지 않고, 따뜻한 목소리로 책을 읽어 주며 책 속의 다양한 등장인물을 함께 만나고 상상의 나래를 펼치도록 돕습니다. 진심으로 마음과 마음을 잇고 보듬으며 아이들과 교감합니다. 그렇게 이야기를 품은 학급은 다정하고 따뜻합니다. 교사와의 그림책 산책길에 기꺼이 따라나서는 아이들에게 전에 없던 길을 열어 보여 주는 일! 그것이 바로 가슴을 뛰게 하는 교사의 길임을 소망하며, 그림책과 함께한 우리들의 교실 이야기를 살포시 열어 봅니다.

　3월 신학기부터 분주하게 시작되었던 그림책 산책길에 소담하게 꽃피운 우리들의 이야기꽃을 들어 보실래요? 이어지는 그림책들 역시 2~4부에서 더 자세히 만날 수 있습니다.

첫 단추를 꿰는 그림책

『새 친구 사귀는 법』
다카이 요시카즈 글·그림,
김숙 옮김, 북뱅크

『하이파이브』
아담 루빈 글, 다니엘 살미에리 그림,
노은정 옮김, 위즈덤하우스

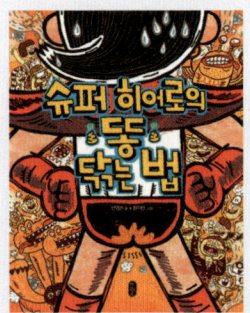

『슈퍼 히어로의 똥 닦는 법』
안영은 글, 최미란 그림,
책읽는곰

『최강 청결 히어로 비누맨』
우에타니 부부 글·그림,
전예원 옮김, 미래엔아이세움

『밥, 예쁘게 먹겠습니다!』
김세실·용휘 글, 손지희 그림, 나는별

새 학기가 되면 새로운 출발점에 선 아이들의 마음에는 두근거림과 설레임이 교차합니다. 선생님 역시 새로운 길을 여는 시점에서 긴장과 부담을 느낍니다. 아이들은 이렇게 새로운 선생님, 새로운 친구들과 서로를 알아 가는 관계 맺기를 통해 작은 사회를 배워 갑니다. 하지만 낯선 환경에서 어색한 분위기가 감도는 것은 어쩔 수 없습니다. 이런 때는 '만남'에 재미와 활력을 더해 주는 그림책이 안성맞춤입니다. 특히 친구 사귀기는 인간관계의 첫 관문으로, 중요하면서도 어려운 숙제입니다. 친구 때문에 유치원이 좋아질 수도 있고 싫어질 수도 있을 만큼, 아이들에게 친구는 큰 비중을 차지하는 존재입니다. 어떻게 하면 친구와 친하게 지낼 수 있을지, 그림책이 글과 그림으로 친절하게 알려 줍니다. 아울러 기본 생활 습관 익히기, 학급운영 규칙 함께 만들기 등 아이의 눈높이에 맞춘 쉽고 재미있고 다정한 그림책이 새 학기 첫 단추를 꿰는 데 도움을 줍니다.

『새 친구 사귀는 법』은 친구를 사귈 때 지켜야 할 예의와 규칙이 무엇인지, "고마워."와 "미안해."라는 말은 어떤 상황에서 하는지 등을 놀이하듯 즐겁게 알려 줍니다. 이를 통해 아이들은 친구를 배려하고 존중하는 방법을 배우게 되지요. 또 자신이 좋아하는 색, 음식, 동물, 운동 등을 써 보며, 미처 몰랐던 자신을 만나는 특별한 시간을 보내기도 합니다.

신나는 손 인사로 들썩들썩 춤이 절로 나오는『하이파이브』에는 활기찬 에너지가 가득합니다. 매일 반복되는 평범한 인사말이 고민이라면 에너지를 마음껏 쏟아 내는 그림책 속 인사로 바꿔 보면 어떨까요? 손바닥을 마주치는 하이파이브 동작 하나만으로도 기분 좋게 하루를 시작하고 마무리할 수 있어, 등원과 하원 시간을 즐겁게 만들어 줍니다.

『슈퍼 히어로의 똥 닦는 법』은 누군가에게 물어보기는 부끄럽지만 살아가는 데 꼭 필요한 똥 닦는 법을 친절하고 명쾌하게 알려 주는 그림책입니다. 엄마 아빠도 잘 모르고 학교와 학원에서도 안 가르쳐 주는 똥 닦는 법에 관한 고민을, 똥도사가 '똥닦권(똥 닦는 권법)'을 통해 상세한 동작과 설명으로 말끔하게 해결해 줍니다. 발칙하고 유쾌한 상상력을 가미한 기발한 이야기에 배꼽 잡고 웃으며 책을 읽다 보면, 아이들은 어느새 똥 닦기의 달인이 되어 있을 거예요.

『최강 청결 히어로 비누맨』은 아이 스스로 손을 씻지 않고는 못 배기게 만드는 그림책입니다. 유쾌한 캐릭터들이 등장해 손 씻기의 중요성과 비누의 원리를 흥미진진하게 설명해 주어, 손 씻기를 귀찮아하는 아이들에게 건네는 최고의 처방전이 됩니다. 공동체 생활이 아직 서툰 아이들이 모인 교실에는 다툼과 갈등이 빈번합니다. 아이들을 올바르게 지도해야 하는 교사의 부담은 몸과 마음을 힘겹게 합니다. 이런 때 그림책은 일방적으로 가르치지 않고 이야기를 통해 느끼고 생각할 수 있게 돕습니다.

『밥, 예쁘게 먹겠습니다!』는 올바른 식사 예절을 지키고 즐거운 식탁 분위기를 만들기 위해 상대를 존중하고 배려하는 방법, 음식을 만들어 준 사람과 자연에 감사하는 마음을 자연스럽게 알려 줍니다. 기차를 타고 여행을 떠난 '앵두'와 '자두'는 식사의 기본 상차림부터 바르게 앉기, 젓가락 올바르게 사용하기 등의 미션을 수행하고 특별한 동전을 획득합니다. 게임처럼 재미있게 식사 예절을 배울 수 있어 새 학기 아이들의 식사 지도에 도움을 줍니다.

놀이와 상상이 가득한 그림책

『넉 점 반』
윤석중 시, 이영경 그림, 창비

『꼭꼭 숨어라
콩이, 치타 보일라!』
최은진 글·그림, 뜨인돌어린이

『모자섬에서 생긴 일』
홍미령 글, 최서경 그림, 쉼어린이

『잘잘잘 123』
이억배 글·그림, 사계절

『쓰레기 먹깨비』
로랑스 케메테 글·그림,
이세진 옮김, 책읽는곰

세상 모든 것에서 배우고 느끼며 스스로 깨치는 아이들의 힘은 어디에서 나올까요?

아이들에게는 매일매일 만나는 모든 순간이 관찰과 배움이 일어나는 소중한 시간입니다. 아이들은 강요와 명령에 따라 움직이지 않고, 자유롭게 놀이를 통해 스스로 생각하며 성장합니다. 그림책은 이런 아이들의 놀이를 더 확산시키는 데 신통한 능력을 발휘합니다. 그림책 속 세상은 흥미진진한 놀이터이자 배움터가 되고, 그림책에서 만나는 등장인물은 모두가 친구이자 선생님이지요. 그림책이 아이들의 성장에 자양분이 되는 이유입니다. 그림책 세상에서 신나게 놀다 보면, 어느새 교실, 운동장이 모두 신나는 책 놀이터로 변해 있습니다. 특히 작가의 기발한 생각과 독특한 발상이 돋보이는 그림책이라면 놀이가 더욱 재미있어집니다.

『넉 점 반』에서는 호기심 가득한 아이의 눈길을 좇아가다 보면 어느새 펼쳐지는 놀이 세상에 마음을 빼앗겨 버립니다. 아이들에게 몰입하는 놀이, 주도하는 놀이가 얼마나 귀한 보물인지 잘 보여 주는 그림책입니다.

한바탕 어울려 신나게 노는 숨바꼭질은 어떨까요? 아이들에게 숨바꼭질은 언제나 최고의 놀이입니다. 우리 전래 놀이인 숨바꼭질을 『꼭꼭 숨어라 콩이, 치타 보일라!』에서 만나면 더욱 반갑고 특별해집니다. 작은 벌레 친구들이 어디에서 숨어 있는지 찾아보는 가운데 집중력과 관찰력이 쑥쑥 자랍니다. 책을 멀리하는 아이들에게 특히 추천합니다.

문해력 놀이 그림책 『모자섬에서 생긴 일』은 기발한 아이디어가 빛납니다. 장면마다 주인공들의 재미있는 표정과 흥미진진한 상황에 걸맞은 모음과 자음이 등장해, 맥락 속에서 의미를 이해하며 글자를 즐겁게 만날 수 있게 합니다.

『잘잘잘 123』은 1부터 10까지의 숫자를 신나게 노래로 익히는 그림책입니다. 그림에 등장하는 이발소, 연날리기, 윷놀이 등을 통해 정겨운 옛 문화와 전통 놀이도 만날 수 있습니다. '잘잘잘' 하고 반복되는 후렴구에 들썩들썩 아이들의 몸이 먼저 반응합니다.

『쓰레기 먹깨비』는 제목부터 호기심이 발동합니다. 쓰레기를 집어삼키는 배 '먹깨비호'의 대활약은 뻔한 환경 이야기를 펀(fun)하게 만들어 줍니다. 두 주인공이 펼치는 알록달록 작전은 어떤 방법으로 비밀리에 끝날지 책의 마지막 후반부까지 궁금하게 만듭니다. 너구리가 편지를 넣어 강물에 띄운 유리병을 매 장면마다 찾아보는 재미도 쏠쏠합니다.

마음 토닥토닥! 긍정 행동 지원 그림책

『괜찮아』
최숙희 글·그림, 웅진주니어

『간다아아!』
코리 R. 테이버 글·그림, 노은정 옮김, 오늘책

『소피아의
화를 푸는 방법』
제인 넬슨 글, 빌 쇼어 그림,
김성환 옮김, 교육과실천

『내 거야 다 내 거야』
노인경 글·그림, 문학동네

『말하면 힘이 세지는 말』
미야니시 다쓰야 글·그림,
김지연 옮김, 책속물고기

독자의 연령과 대상을 구분하지 않고 자유롭게 넘나들며 활약하는 그림책은 '벽 없는 예술'이라 할 만하지요. 아이들뿐 아니라 어른에게도 그림책이 건네는 위로는 따뜻한 햇살 같습니다. 매일 조금씩 소리내 읽어 주는 그림책 속 문장에는 닮아 가길 소망하는 문구들이 빼곡합니다.

『괜찮아』는 너무 부끄러워 마음이 작아질 때, 용기가 나지 않을 때, 내 맘대로 되지 않아

화가 날 때, '괜찮아 마법'을 부려 보자고 권합니다. "괜찮아."라는 한마디가 아이들의 마음을 환하게 밝혀 주지요.

하루하루가 도전의 연속인 아이들은 『간다아아!』의 주인공 아기 물총새가 첫 비행에 나선 모습을 보며 용기를 얻습니다. 함께 책을 읽은 뒤 아이들은 "천둥번개가 무서웠지만 용기를 내서 유치원까지 걸어왔어요.", "동물이 무서웠는데 먹이를 주었어요."라며 자랑스럽게 이야기합니다.

『소피아의 화를 푸는 방법』은 아이들이 일상생활에서 흔히 맞닥뜨리는 문제 상황을 반영해 몰입감을 높이고, 주인공과 동일시를 통해 화난 감정을 긍정 행동으로 풀어내도록 도와줍니다.

『내 거야 다 내 거야』는 욕심쟁이 동생 '밤이'와 양보를 잘하는 누나 '달이'가 심부름을 함께하는 일상의 모습을 통해, 양보할 때의 넉넉한 마음, 양보받았을 때의 행복함을 경험하게 합니다. 자기주장이 강하고 뭐든 다 차지하고 싶은 마음이 가득한 아이들에게 그림책은 다정하게 말을 건넵니다. "너도 그럴 때가 있지? 나도 네 마음을 알아!"

『말하면 힘이 세지는 말』은 별나게 행동하고 엉뚱하게 말하는 '눈썹 아저씨'를 통해 포기하지 않고 꿈을 이루기 위해 노력하는 모습을 배웁니다. 그리고 무엇보다 긍정적인 말 한마디의 힘을, 말할수록 힘이 세지는 마법의 말들을 경험하게 합니다. "끝까지 포기 안 해요.", "늘 상냥해요.", "조금만 더 힘내요.", "고마워요." 등 듣는 사람도 힘이 솟게 하는 말 한마디의 소중함을 알려 주기에 충분합니다.

"이야기를 품은 아이는 단단한 어른으로 자란다."고 합니다. 힘든 마음을 어루만져 주는 그림책을 만나면 아이들은 어느새 조잘조잘 주옥처럼 빛나는 말들을 쏟아 냅니다. 그림책 속에 유난히 빛나는 문장이 아이들의 마음에 닿기를 바라며, 울컥 눈시울을 뜨겁게 하는 그림이 아이들의 눈과 마주치길 소망합니다.

2) 그림책 있고(在)

"나, 꽃으로 태어났어요. 따스한 햇살을 받고, 따뜻한 기운을 나누며 살아가요."

『나, 꽃으로 태어났어』(엠마 줄리아니 글·그림, 이세진 옮김, 비룡소)에서는 가녀린 꽃 한 송이가 따스한 햇살을 받아 피어나더니, 곤충에게 자신의 꽃가루를 아낌없이 나누어 줍니다. 알록달록 다른 꽃들과 어우러지면서 더 아름답게 빛나, 사람들 사이를 가깝게 이어 주고, 사랑의 마음을 전하고, 머리를 예쁘게 장식하고, 죽음을 맞이하는 순간에는 세상과의 마지막 인사에도 함께합니다. 톱니바퀴처럼 정신없이 돌아가는 바쁘고 고단한 날들을 부단히 이겨 내며 그림책의 따스한 품을 아낌없이 내어주는 선생님들이 바로 '꽃' 입니다. 아이들의 마음을 가깝게 이어 주고, 사랑을 전하며, 학급의 일 년을 행복하게 만들어 주는 그림책도 '꽃' 입니다.

"머나먼 길도 한 걸음에서 시작하지. 그 한 걸음은 어디든 다다를 수 있게 해 주지."

『접으면』(김윤정 글, 최덕규 그림, 윤 에디션)은 시작을 앞둔 이들에게 위로와 힘을 실어 줍니다. 새 학기가 시작될 때마다 교사는 그림책 학급운영에 관해 깊이 고민합니다. 이런 고민과 도전은 그림책 꽃을 피우는 소중한 한 걸음입니다. 나무와 나무가 만나 숲을 이루고 물방울들이 만나 깊은 바다를 이루는 것처럼, 3월부터 시작한 그림책 학급운영은 계절과 때에 맞추어 수업에 활기를 더해 줍니다. 재잘재잘 말 꽃을 피우는 아이들과 더 많이 소통하며 교사 스스로 응원이 필요한 순간에 따뜻한 위로를 주는 마법의 상자가 되어 줍니다.

교육 과정을 위한 행사에도 활용해 주세요

한 해의 교육 과정뿐 아니라 해마다 치르는 크고 작은 행사들에도 그림책을 반영하면 어떨까요? 좋은 그림책은 사람의 마음을 열고, 자리를 빛나게 합니다. 학부모 오리엔테이션과 입학식은 유치원의 연간 교육 방향 안내와 담임 소개 등을 통해 유치원과 친해지며 신뢰를 형성하는 중요한 행사입니다. 그림책으로 교사의 가치관과 학급운영 철학, 아이들을 대하는 마음 자세를 보여 주면 아주 멋질 것입니다. 학급운영에 중심을 잡아 줄 그림책의 매력과 힘을 보여 주는 일은 교사의 낭독에서 시작됩니다.

『선생님은 너를 사랑해 왜냐하면』(강밀아 글, 안경희 그림, 글로연)으로 아이들과 일 년을 함께 할 교사의 진심 어린 마음을 들려주세요. 기질도 개성도 제각각인 아이들과 한 교실에서 혹독한 전쟁을 치르는 순간에도 선생님은 아이들의 장점을 찾아 주며 사랑할 거라는 믿음을 그림책으로 대신 전할 수 있습니다.

『주머니 밖으로 폴짝!』(데이비드 에즈라 스테인 글·그림, 고정아 옮김, 시공주니어)과 『엄마 껌딱지』(카롤 피브 글, 도로테 드 몽프레 그림, 이주희 옮김, 한솔수북)는 부모 품을 떠나 첫발을 내딛는 아이들에게도, 불안한 마음을 떨칠 수 없는 학부모들에게도 웃음과 위로를 건넵니다. 최고의 안식처인 엄마의 배 주머니가 더 이상 필요 없다고 당당하게 외치는 아기 캥거루의 건강한 자립은 아이들에게 두려움을 이겨낼 힘을 줍니다.

한 해를 마치며 영광의 졸업식과 함께 새로운 세상에 첫발을 내딛는 아이에게도 격려와 응원이 필요합니다. 『길 떠나는 너에게』(최숙희 글·그림, 책읽는곰)로 마음을 전해 보세요. 그림책은 부드럽게 떠미는 봄바람같이, 아이의 앞길을 비추는 밤하늘의 별빛같이 다정하게 마음을 건네 줍니다.

『진정한 일곱 살』(허은미 글, 오정택 그림, 만만한책방), 『여덟 살 오지 마!』(재희 글·그림, 노란돼지), 『마음 여행』(김유강 글·그림, 오올), 『너는 기적이야』(최숙희 글·그림, 책읽는곰), 『아마도 너라면』(코비 야마다 글, 가브리엘라 버루시 그림, 이진경 옮김, 상상의힘)도 새롭게 도전할 수 있는 용기를 선물하기에 좋은 그림책입니다. 책을 덮고 나서도 벅차오른 감동이 오랫동안 이어집니다.

그림책은 독서 주간 행사에 빠질 수 없는 핵이자 꽃입니다. 투표로 아이들이 좋아하는 작가를 선정해 해당 작가의 다른 그림책들을 한 학기 동안 길게 만나는 것도 그림책을 깊이 보는 방법입니다. 작가 프로젝트의 일환으로 강당이나 도서관에 책 텐트를 여러 개 설치해 놓고 작가의 방을 꾸며 보면 어떨까요? 아늑한 분위기를 주는 텐트 안에서 교사가 아이들을 맞이하며 다정하게 속닥속닥 나누는 그림책과의 소통은 책을 더욱 특별하게 만들어 줍니다. 그림책 속 명장면 퍼즐로 맞추기, 그림책 속 주인공을 보고 책 제목 알아맞히기, 그림책 속 재미있는 단어 찾아 끝말잇기 놀이하기, 뒷이야기 새로 짓기, 책 표지 그리기, 주인공 인터뷰 놀이하기, 그림책에 나오는 물건이나 단어를 몸으로 표현해서 알아맞히기 등 그림책과 관련된 다양한 놀이가 많습니다. 다만 아이들의 수준과 흥미를 잘 반영하고 책 읽기의 즐거움을 방해하지 않는 선에서 놀이를 진행하길 권합니다. 형님반이 동생반에 들려주는 그림책 읽어 주기나 아동극 공연, 학부모들의 재능 기부로 개최하는 그림책 공연 등도 모두가 함께 그림책을 즐기며 행복과 기쁨을 나누는 방법입니다.

열린 마음으로, 즐기면서

교사에게 그림책은 맑고 밝은 동심의 세계로 데려다주는 익스프레스 티켓과도 같습니다. 아이들에게 읽어 주기 위해 그림책 읽기를 시작했지만, 교사가 더 그림책 세계에 빠져 설레고 즐거운 시간을 누리기도 하지요.

그림책에 대한 관심과 애정은 교사와 아이들을 더욱 단단하게 이어 주는 힘입니다. 현실과 상상을 넘나들며 즐기는 어린아이의 마음처럼, 교사도 그림책 세계를 대할 때 열린 마음이 무엇보다 필요합니다. 온전히 자신의 모든 감각을 열고 그림책에 몰입해야 그림책이 전하는 교육적·예술적 가치가 스며들고, 그것이 아이들에게도 흘러가 그림책의 울림에 함께 공감할 수 있기 때문입니다. 그림책 학급운영의 첫걸음은 바로 교사가 그림책을 좋아하는 순간부터 시작됩니다. 설레고 좋았던 마음이 어느새 시작할 수 있는 용기를 주고, 끊임없이 적용하고 실천해 보는 힘이 되어 줍니다.

꾸준히, 함께 가는 길

날마다 만나는 그림책은 아이들에게 놀이가 되고 이야기가 되며, 마법 같은 시간을 선물합니다. 그림책과 더불어 행복한 교실을 꾸려 가려면 부단한 노력과 식지 않는 열정이 필요합니다.

첫째, 분주하게 돌아가는 하루지만 10분의 아침 독서 시간은 챙겨 주세요. 독서 시간의 과제이자 목표는 책 읽는 분위기 만들기, 책과 친해지기, 즐겁게 책 읽기 등입니다. 처음에는 다소 어수선하겠지만, 꾸준히 실천하다 보면 조금씩 목표에 다가가 있지요. 아이들이 책을 자유롭게 고르고 편하게 읽을 수 있도록 배려해 주세요. 매일 10분씩의 시간이 쌓이면 점차 책에 대한 호기심과 흥미가 생겨, 책 읽기 습관의 기본기가 다져집니다.

둘째, 기계 소리가 아닌 육성과 눈짓으로 그림책을 매일 읽어 주세요. 그림책은 함께 감상하는 예술품입니다. 따뜻한 음성과 다정한 눈빛으로 교감을 나눌 수 있어 정서적으로 안정감과 행복감을 주기도 합니다.

셋째, 그림책 목록 만들기와 그림책 학급운영 일기 작성은 내년 그림책 학급운영 계획에 많은 도움을 줍니다. 아이들의 반응이 좋았던 책, 재미있는 책, 감동적인 책, 아이들의 호기심을 충족시켜 주는 다양한 정보가 담겨 있는 책 등 아이들과 함께 본 책 목록을 만들어 두면 그림책을 선정하고 문학 활동을 계획할 때 훌륭한 안내 자료가 됩니다.

넷째, 가정과 연계가 중요합니다. 좋은 그림책과 함께하는 시간이 교실뿐 아니라 가정에서도 이어지게 해 주세요. 부모와 책 읽는 시간은 정서 안정과 발달에 도움이 됩니다. 도란도란 이야기꽃을 피우며 부모와의 유대관계도 돈독해지지요. 가정에서도 관심을 가지고 책 읽기 습관을 들이면 성공적인 그림책 학급운영에 원동력이 됩니다. 이 책의 4부 '문제 행동 & 긍정 행동 지도' 부분에서는 교육 기관에서 진행한 프로그램을 가정에서도 연계해 활용할 수 있도록 안내문 예시를 덧붙였습니다.

3) 그림책 익고(益)

『모두에게 배웠어』(고미 타로 글·그림, 김소연 옮김, 천개의바람)에서는 '걷는 건 고양이에게, 뛰어넘는 건 강아지에게, 기분 좋게 산책하는 건 닭에게, 들키지 않게 숨는 법은 토끼에게 배웠다.'는 문장이 눈길을 끕니다.

아이들에게 배웠던 빛나는 순간을 오래오래 기억하려고 기록으로 남겨 보았습니다.

> "작은 그림도 자세히 꿰뚫어 보는 건 아이들에게 배웠어.
> 그림에는 글로 표현하지 않은 더 많은 이야기가 숨어 있다는 것도 아이들에게 배웠어.
> 독특한 시선으로 바라보며 엉뚱하게 생각해 내는 것도 아이들에게 배웠어.
> 함께 소리 내어 읽는 일이 이렇게 즐겁다는 것도 아이들에게 배웠어."

그림책은 마음껏 놀고, 자유롭게 느끼고, 내 멋대로 표현하는 아이들에게 날개를 달아 줍니다.

그뿐 아니라 아이들과 마주하며 설렘과 걱정이 교차했던 순간, 원하는 대로 되지 않는 교실에 절망했던 순간, 교사에게도 날개가 되어 줍니다. 그림책으로 함께한 모든 경험과 자극은 자연스럽게 아이들 삶에 녹아들고, 다채로운 상상력으로 가득한 아이들의 생각 주머니는 날로 성장합니다. 그림책으로 자신의 생각과 감정을 표현하며 타인과 소통하는 방법도 익혀 갑니다.

처음 아이들과 눈 맞춤하고 그림책 세상에서 싹 틔운 시간들을 통해 학급운영은 더욱 풍성해집니다. 그렇게 아이도 교사도 그림책과 함께 무르익어 갑니다. 아이들과 교사를 한 뼘 더 성장하게 만들어 준 우리들의 반짝반짝 빛나는 순간들을 만나 보실까요?

그림책으로 성장하는 아이들

『엉뚱한 치약』(미야니시 타츠야 글·그림, 송소영 옮김, 달리)에 등장하는 다양한 치약 맛을 살펴보면서, 아이들은 자신이 양치할 때 쓰는 치약 맛에 더 관심을 가집니다. 또 변신하고 싶은 치약을 몸으로 표현해 보며 신나고 재미있는 상상의 나라로 떠나기도 합니다. 아이들이 생각해 낸 칫솔을 다양한 재료로 직접 만들어 보고, 그림책 속 '엉뚱맨'이 되어 다음에 만들고 싶은 것을 상상하는 활동은 창의력이 폭발하고 양치 습관을 들이는 계기가 되기도 했습니다.

'내 마음대로!'라는 말을 듣는 순간 자유를 얻은 것 같고 큰 특권을 받은 것 같습니다. 하물며 아이들에게 이 말은 얼마나 매력적으로 들릴까요?『넉 점 반』은 마음대로 놀이할 때 주변 환경은 놀이터가 되고, 주변 사물은 놀잇감이 된다는 사실을 보여 줍니다. 그림책 속 주인공처럼 아이들은 보고, 듣고, 만지고, 느끼는 오감을 통해 자연의 아름다움을 느낄 수 있었지요. 교사는 스스로 놀이할 때 아이들의 배움이 더 크게 이루어지는 것을 알게 되었습니다.

『비 오는 날 또 만나자』를 읽고 나서는 그림책 속에서 만난 동물과 식물을 직접 찾아보고, 빗소리를 기호나 그림으로 표현해 보고, 모양 종이로 사진을 촬영하면서 자연과 더 친숙해졌습니다. 자연에서 새로운 것을 발견하며 기뻐하고 자연을 소중히 대하는 아이들의 모습을 통해, 자연을 아끼고 자연과 더불어 살아가는 아이로 성장할 거라는 기대를 갖게 되었답니다.

『괜찮아』를 함께 읽고 난 뒤 아이들은 누가 시키지 않아도 마음이 괜찮지 않을 때 스스로를 토닥토닥해 주거나 마음 호흡을 하며 괜찮아지려고 노력하는 모습을 보였습니다. 또 친구에게 "괜찮아?" 하고 안부를 묻는 아이들도 늘었지요. 날마다 행복한 일만 있는 것은 아니지만, 전과 달라진 아이들의 모습을 통해 '괜찮아'의 마법이 우리 반에도 통하는 것을 느낄 수 있었습니다.

그림책으로 표현하는 아이들

하루 종일 교실에서 함께 지내다 보면 아이들끼리 말다툼을 하고 놀잇감을 먼저 차지하려다 몸싸움도 벌어집니다. 화가 난 아이는 소리를 지르거나 과격한 행동을 보이기도 합니다. 그런가 하면 어떤 아이는 울어 버리고 또 어떤 아이는 꾹 참으며 화를 표출합니다.

『소피아의 화를 푸는 방법』은 다른 사람에게 피해를 주지 않고 건강하게 화를 푸는 방법을 제시합니다. 아이들은 그림책을 통해 화난 감정을 다스리는 방법을 배우고, 나의 감정과 다른 사람의 감정을 조금씩 이해하기 시작했습니다. 반 아이들과 함께 '바꾸기' 챌린지를 하며, 화난 마음을 즐거운 마음으로 바꾸는 방법을 의논하고 여러 가지 아이디어를 이끌어 냈습니다. 화를 내는 대신 '플라스틱 통 뒤집어쓰고 소리 지르기', '종이 북북 찢기', '뽁뽁이를 누르며 노래하기', '고깔을 만들어서 확성기처럼 입에 대고 소리 지르기' 등의 의견을 모아 '바꾸기 Day'도 열었답니다. 아이들은 자신만의 화 푸는 방법을 정해 감정을 스스로 조절하기 위해 노력했고, 화산처럼 곧 폭발할 것 같던 감정이 잔잔한 바다처럼 변해 가는 것을 경험했습니다.

교실에서 아이들은 자신의 생각과 감정은 곧잘 표현하지만 교사나 친구들이 이야기할 때는 못 들은 척하거나 무시하는 행동을 보여 생활 지도에 어려움이 있습니다. 이런 때는 『귀』(피레트 라우드 글·그림, 신형건 옮김, 보물창고)가 큰 힘을 발휘합니다. 그림책을 읽고 다양한 놀이를 해 본 아이들은 곧 변화를 보였습니다. 말하는 사람을 바라보고, 손을 귀에 올려 잘 듣고 있음을 몸으로 표현해 주었지요. 또 아이들은 엄마한테 혼났을 때, 친구가 안 놀아 줘서 속상할 때, 친구 때문에 화가 날 때면 다 같이 만든 '귀 상담소'를 찾아가 소곤소곤 이야기합니다. 잠시 자신만의 공간과 시간을 가진 후 편안한 모습으로 나오는 아이들 모습을 볼 때면 귀 상담소가 더 소중하게 다가옵니다. 아이들에게 경청이 무엇인지 따로 이야기하지 않았지만, 그림책을 통해 자연스럽게 경청의 의미를 이해한 아이들은 스스로 바른 의사소통법을 실천하고 있었습니다.

그림책이 이어 주는 학급운영은 모든 순간이 꽃밭입니다. 진심을 담은 눈빛과 다정한 목소리로 만난 이야기 세상은 더할 나위 없이 향기롭고, 재잘재잘 떠드는 아이들의 목소리는 윙윙 신이 난 꿀벌의 노래 같습니다. 글과 그림을 함께 읽는 즐거움, 소리 내어 읽는 즐거움, 상상하는 놀이의 즐거움으로 온 아이들의 마음 밭이 자연스럽게 물들어 온 세상이 꽃밭이 되길 소망합니다.

4) 놓치면 후회할 그림책 읽어 주기 전략

그림책은 글과 그림으로 구성돼 있어 글만 읽고 그림 읽기를 소홀히 한다면 온전히 읽었다고 보기 어렵습니다. 글의 이야기와 그림의 이야기가 서로 융합되어 독자들에게 의미를 전달하기 때문입니다. 그림에 담긴 의미를 제대로 읽지 못한다면 그림책이 말하려는 이야기를 파악하지 못할 수도 있지요. 그래서 어느 한 부분도 소홀히 해서는 안 됩니다.

교사가 글을 읽어 주면 아이들은 귀로 들으면서 글 이야기와 그림 이야기가 어우러진 그림책에 몰입하고 끝까지 눈을 떼지 못하지요. 글 언어와 그림 언어를 이해하고 해석해야 하므로 이 과정에서 사고 활동이 일어나고, 아이들은 살아 움직이는 그림책 세계에 빠져듭니다.

그림책을 재미있게 읽어 주기만 해도 아이들은 금세 책 속으로 빠져듭니다. 아이들에게 책 읽기가 특별해지는 그 순간, 그림책을 읽어 주는 교사에 따라 아이들에게 가 닿는 그림책의 색과 온도가 사뭇 달라지기도 합니다. 아이들이 생각과 마음을 쏟아 낼 수 있게 그림책 판을 내주고 뛰어놀게 하는 일! 생각만 해도 가슴이 벅차오릅니다.

『어린이와 그림책』(마쓰이 다다시 글, 이상금 옮김, 샘터사)을 쓴 마쓰이 다다시는 "그림책의 가치를 최종적으로 결정짓는 사람은 그것을 읽어 주는 사람"이라고 말합니다. 책이 좋아지는 그림책 읽어 주기, 아이들의 눈과 귀를 사로잡는 읽어 주기 전략은 매우 다양합니다. 그림책의 특성이 매우 다양하므로 폭넓은 읽기 방법이 필요하지요.

글과 그림 텍스트의 스토리텔링을 따라가는 그림책 읽어 주기의 재미에 빠져 보실까요?

구석구석 그림책 깊이 읽기

그림책은 본문의 글과 그림 외에도 표지, 면지, 속표지, 판형, 글자 크기 등 주변 요소에도 정보와 의미가 담겨 있어 단순하고 쉬운 책만은 아닙니다. 그림책 속에 숨은 의미를 알아챈다면 완전히 다른 경험이 됩니다.

표지는 앞표지와 뒤표지로 구분하며, 제목, 작가와 출판사의 이름을 표기합니다. 표지의 제목과 그림을 보며 어떤 내용일지 추측해 보고, 등장인물의 관계를 예측하거나 이야기가 어떻게 펼쳐질지 상상해 볼 수 있습니다.

『모자섬에서 생긴 일』은 그림 한 장면이 앞표지와 뒤표지에 연결되어 있습니다. 앞표지의 제목을 보며 '모자섬은 어떤 섬일까?'를 상상한 뒤, 뒤표지를 펼쳐 보면 모자처럼 생긴 섬이 등장합니다. 그런데 모자 모양의 섬이라고 예측했던 것이, 책을 읽고 나면 모음과 자음의 섬이라는 걸 알 수 있어서 더 재미가 있습니다.

면지는 표지와 본문을 연결하는 역할을 합니다. 앞표지와 연결된 것은 '앞 면지', 뒤표지와 연결된 것은 '뒤 면지'라고 부릅니다. 면지에는 특별한 그림이 담기는 경우가 많습니다. 그래서 그림책의 구성을 이야기할 때마다 면지를 강조합니다. 면지는 흔히 단색의 종이를 사용하기도 하는데, 『비 오는 날 또 만나자』의 연두색 면지는 무대의 막처럼 보여 그림책을 읽고 나면 비 오는 날 초록 세상을 본 것 같은 느낌이 듭니다. 면지에 그림책의 상징물을 패턴처럼 배열해 놓기도 합니다. 『엉뚱한 치약』에선 그림책의 주요 소재인 엉뚱한 치약을 패턴으로 보여 줍니다. 책을 읽는 교사와 아이는 면지를 보면서 본문의 내용과 어떤 관계가 있을지 생각하고, 앞으로 펼쳐질 이야기를 추측할 수 있습니다. 사과, 생선, 도넛, 귤 등 다양한 재료 이름이 적힌 치약이 어떤 해프닝을 몰고 올지 예측하며 상상에 불을 지피는 공간이지요. 본문에는 매 장면마다 복면을 쓰고 마트 진열 상품 뒤에 숨어 있는 '엉뚱맨'을 찾아보는 재미가 쏠쏠합니다. 뒤표지는 엉뚱맨이 "다음에는 무얼 만들까?"라고 물으며 뒷이야기를 상상하도록 자극합니다. 치약 맛대로 얼굴이 바뀌는 엉뚱맨의 활약, 그 뒷이야기 짓기도 기대됩니다.

때로는 면지가 이야기 속 등장인물의 정보를 제시해 주기도 합니다. 『최강 청결 히어로 비누맨』의 앞 면지는 손바닥 마을을 오염시키는 오염단원들과 '비누맨'의 특징을 소개해, 앞으로 등장할 주인공들에 관해 정보를 제공하고 흥미와 기대감을 불러일으킵니다. 또 뒤 면지에서 보여 주는 보글보글 커피, 피자, 푸딩, 핫도그, 도넛은 이후 아이들이 손 씻기를 하는 상황에서 또 다른 이야기로 확장됩니다.

『커졌다!』는 앞표지와 뒤표지의 그림이 하나로 연결되어 있고, 면지에서 이야기의 시작과 결말을 보여 줍니다. 앞 면지에서 주인공 아이가 발돋움을 하고 책장에 꽂힌 책을 꺼내려 합니다. 닿을 듯 말 듯 키 작은 아이의 손이 책에 닿질 않습니다. 그런데 그 책 제목이 '커졌다!' 입니다. 얼른 키가 크고 싶은 아이는 갖은 수를 다 써서 키를 키우려고 노력합니다. 기발하고 익살스러운 온갖 방법이 등장하고, 마침내 아이는 구름을 뚫고 올라가 우주까지 쑥 커져 버리지요. 계속해서 발칙한 상상의 세계가 펼쳐집니다. 키가 커진 아이 때문에 대머리 아저씨는 머리카락이 길어지고, 목이 짧은 사람은 목이 길어지고, 강아지 목의 목줄도 길어집니다. 아이의 발에 밟힌 사람부터 발가락 사이에 낀 사람까지, 유머와 상상이 가득한 그림이 이어집니다. 아이처럼 비를 맞은 사람들이 소원을 이룬 장면도 놓치지 마세요. 끝으로 뒤 면지에서는 아이가 앞 면지에서 손이 닿지 않던 책을 여유롭게 꺼내며 웃는 모습으로 이야기가 마무리됩니다. 글이 적어서 빠르게 볼 수 있지만 그림 한 장면 한 장면을 천천히 즐기기 좋은 책입니다. 학기 초에 그림책을 함께 읽고, 커지고 싶은 소원을 글과 그림으로 표현해 본 뒤, 학기 말에 다시 읽으며 한 해 동안 얼마나 몸과 마음이 커졌는지 이야기 나누기에 참 좋은 그림책입니다.

단순히 글을 소리로 읽어 주는 것과, 그림책을 구성하는 요소에 숨은 의도와 의미를 알고 잘 전달하는 것에는 엄청난 차이가 있습니다. 예를 들어 면지에도 아주 중요한 메시지가 들어 있는 것처럼요. 그림책에 찬찬히 머물러, 진하고 긴 감흥을 간직하시기 바랍니다.

쌍방향 참여형 그림책 읽기

독자 참여형 그림책을 읽을 때는 다소 산만한 분위기가 연출되지만 즐겁게 소통할 수 있어 좋습니다. 『내가 맨 앞에 서도 될까?』는 아이들이 그림책 주인공과 친구가 되어 함께 문제를 해결해 나가는 소통형 그림책입니다. 주인공 '엘피'는 몸집이 가장 작아 언제나 맨 뒤에 서야 하는데, 이런 규칙에도 불구하고 맨 앞에 서고 싶어 독자인 아이들에게 도움을 청합니다. 엘피가 맨 앞에 설 수 있도록 열심히 돕는 동안, 아이들은 다양한 표현을 배우고 적극적으로 소통하며 책 읽기의 새로운 방법과 재미를 알아 갑니다. 또 맨 앞에 서고 싶은 엘피의 마음에 공감하고, 지켜야 할 규칙에 관해 생각해 봅니다. 책은 '단순히 읽기만 하는 사물'이라는 고정 관념에서 벗어나, 책 속 이야기에 주도적으로 참여하고 책과 소통할 수 있게 도와줍니다.

『하이파이브』 역시 독자가 적극적으로 참여해야 이야기가 완성되는 독특한 물성의 그림책입니다. 아이들은 책 속 주인공과 손바닥을 마주쳐 인사를 나누고, 하이파이브 대회에 출전합니다. 곰 손바닥, 캥거루 손바닥과 대결해 승승장구하던 아이들은 손이 여덟 개인 문어와 한판 대결을 펼칩니다. 아이들에게는 적극적으로 책과 소통하는 읽기가 가능합니다. 한 명씩 앞으로 나와 책과 하이파이브를 할 때마다 주인공이 된 것처럼 즐거울 테니까요. 한 장 한 장 책장을 넘길 때마다 펼쳐지는 다양한 동물들과 기발한 방식으로 하이파이브를 하며, 아이들은 즐거운 인사법을 익히고 해피 바이러스를 발산합니다.

실감 나게 입체적으로 읽기

그림책은 예쁜 목소리보다는 편안한 목소리로, 책 속 상황이나 등장인물의 성격에 맞추어 읽어 주는 것이 중요합니다. 특히 연령이 낮은 아이와 특수 영유아는 집중하는 시간이 짧고 내용 이해가 어려울 수 있어, 단조로운 톤보다는 다양한 목소리로 들려주는 것이 흥미를 지속시키면서 오래 기억하도록 돕는 방법입니다. 목소리의 크기, 높낮이, 속도를 다르게 하여 분위기를 살려 실감 나게 읽어 주기를 권합니다.

큰따옴표 안의 문장은 말하듯이 읽어 주세요. 작은따옴표는 생각을 표시한 것이니, 혼자 생각하는 느낌이 들도록 낮은 톤으로 읽어 주세요. 동작을 함께 보여 주는 것도 효과적입니다. 진심으로 책에 관심을 두고 즐기면서 마음을 다해 읽어 주면 동화 구연에 소질이 없더라도 자신감 있게 읽어 줄 수 있습니다.

『괜찮아』는 다양한 등장인물의 특징과 생김새, 몸의 크기, 성격 등에 맞게 목소리를 설정해 읽어 주면 좋습니다. 개미는 아주 작고 귀여운 느낌의 목소리로, 몸집이 큰 타조와 기린은 어른 목소리로, 타조가 달려가는 장면의 '다다다다'는 빠른 속도로, 고슴도치의 '뾰족뾰족'은 높은 소리로 읽어 주는 거지요. '영차영차, 뾰족뾰족, 사사사삭, 길쭉길쭉' 등도 실감 나게 구사합니다. 원문을 그대로 읽어 준 뒤 반복해서 읽을 때는 개미, 고슴도치, 타조, 기린이 "괜찮아."라고 말하는 부분을 다른 문장으로 바꾸어 읽어 주면 좋습니다.(예: "개미는 작아." "괜찮아! 영차영차 나는 힘이 세." → "개미는 작아." "괜찮아! 영차영차 나는 부지런해.")

사전에 놀이를 충분히 한 뒤 그림책 읽기

그림책을 읽고 난 뒤에 놀이로 확장하는 경우가 대부분이지만 그 반대인 경우도 있습니다.

『최강 청결 히어로 비누맨』은 그림책을 읽어 주기 전에 충분한 탐색과 놀이가 필요하기에, 연령이 낮은 아이들에게 하루에 다 보여 주기는 힘들 수 있습니다. 이런 때는 며칠에 나누어 읽어 주면 좋습니다. 1일 차에는 그림책 앞표지와 뒤표지를 살펴보며 어떤 이야기일지 상상해 봅니다. 제목에서 '최강', '청결', '히어로', '비누맨' 등 어려운 단어는 사전적 의미를 찾아보기도 합니다. 2일 차에는 앞 면지를 살펴보면서 '오염단' 단원들과 비누맨을 탐색합니다. 3일 차부터 5일 차까지는 장면을 나누어 일일 드라마처럼 흥미진진하게 읽어 줍니다.

『귀』는 교훈적인 내용을 담은 우화 성격의 그림책으로, 글 양도 많아 아이들에게 다소 어렵게 느껴질 수 있습니다. 그림책에 흥미를 가질 수 있도록 그림만 먼저 보며 이야기를 나누고, '귀'의 역할을 충분히 이해하고 친해지게 만든 다음에 그림책을 읽어 주세요.

같은 그림책 다양한 방법으로 여러 번 읽기

그림책은 읽어 주는 사람이 누구인지, 어떻게 읽어 주는지에 따라 사뭇 느낌이 다릅니다. 같은 책이라도 독자에 따라 다양하게 해석할 수 있고, 어떤 순서로 어떤 감정으로 읽는지에 따라 읽어 주는 사람의 에너지 파동도 달라집니다. 특히 그림책은 여러 번 반복해서 보는 것이 매우 중요합니다. 한 번 읽었다고 온전히 소화할 순 없습니다. 볼 때마다 보이지 않았던 글과 그림이 눈에 들어오기 때문입니다.

『녁 점 반』을 감상하기 전에 그림책에 나오는 '점(시), 시방(바로 이때), 거둥(나들이, 행차), 꼴딱(일정한 시간을 완전히 넘긴 모양)' 같은 단어의 의미를 먼저 알아보고, 윤석중 시인의 동시 '녁 점 반'을 낭송해 줍니다. 시계가 귀한 옛 농촌이 배경이라는 점도 말해 줍니다. 아이가 세상을 보는 관점은 어른과 무척 다릅니다. 아이가 머무는 시선은 언제나 놀이와 연결되고 호기심으로 가득 차 있어, 아이의 시선으로 따라가면 보이지 않던 것을 보고 느낄 수 있습니다. 동시를 들려준 다음에는 머릿속에 떠오르는 이미지들을 나누어 봅니다. 이제 그림책의 그림을 읽습니다. 지렁이를 발견한 개미가 친구 개미를 부르는 장면, 지렁이를 놓쳐 버린 닭의 모습, 지렁이를 열심히 나르는 개미 행렬까지, 그림을 찬찬히 들여다보면 글에는 나타나지 않는 풍경에 흠뻑 빠져들게 됩니다.

재잘재잘 이야기를 나누며 그림책을 감상한 뒤에는 시 그림책의 맛과 리듬감을 살려 처음부터 끝까지 다시 읽어 줍니다.

5) Q&A, 그림책 이럴 땐 이렇게!

Q. 아이가 글을 읽을 수 있는데, 굳이 책을 읽어 줘야 하나요?

A. 글자를 읽을 줄 아는 아이라도 혼자 읽기보다는 부모나 교사가 읽어 주는 그림책을 더 좋아합니다. 그 이유로는 첫째, 아직 읽기가 능숙하지 않을 수도 있고 또 글을 안다고 해서 한 번 읽고 내용을 이해하기 어려울 수 있습니다. 아이에게 낯선 단어도 나올 테고요. 둘째, 교사와 더 친밀하게 지내고 싶거나 엄마와 함께 있는 시간이 좋아서 읽어

주기를 선호하기도 합니다. 셋째, 다른 사람이 읽어 주는 내용을 귀로 들으면서 눈으로 그림에 더 집중할 수 있습니다.

교사나 부모님이 책을 읽어 주는 것 자체도 좋지만, 이런 경험이 반복되면 책을 가까이 하는 습관이 생겨 스스로 책을 탐색하고 책의 세계에 빠져들게 됩니다.

Q. 책을 직접 읽어 주지 않고 스마트폰이나 영상물로 보여 줘도 괜찮은가요?

A. 책을 읽어 준다는 것은 책 내용을 전달하는 것뿐 아니라 책과 다양한 경험을 하는 의미도 있습니다. 그림책 표지와 제목을 보면서 이야기를 예측해 보고, 작가에 관해 이야기할 수 있으며, 책을 대하는 자세와 다양한 활용법을 익힐 수도 있습니다. 이 때문에 아이에게 직접 그림책을 읽어 주는 것이 가장 좋습니다.

스마트폰이나 영상물은 책과의 경험을 보충하는 역할로 활용하기를 권합니다.

Q. 글자를 전혀 모르는 아이에게는 어떤 그림책이 좋을까요?

A. 그림책 속 그림은 예술적 표현이 담긴 하나의 작품으로, 그림책은 작은 미술관과 같습니다. 좋은 그림을 감상하는 것은 시각적 문해력을 키우기에 좋습니다. 아직 글을 읽지 못하는 아이에게는 글보다 그림이 이야기를 끌어가는 책을 추천합니다. 이런 그림책은 보는 이에 따라 다른 해석과 상상이 가능해, 그림책을 자유롭게 감상하기 좋습니다. 오히려 글자를 모르기 때문에 그림을 읽고 다양한 생각을 나누기도 유리합니다. 어른 독자보다 아이들이 그림 읽기를 더 유능하게 하는 편입니다.

그림책을 보는 목적은 단순히 글자를 읽는 것이 아니라 글과 그림의 상호 작용을 통해 내용과 의미를 파악하는 것입니다. 대개 부모님들은 글자를 다 익힌 뒤에야 독서를 할 수 있다고 생각해, 아이가 책을 읽을 때 모르는 글자가 나오면 빨리 가르쳐 주고 외우게 한 다음 다시 읽게 합니다. 그런데 이런 일이 잦으면 아이들은 오히려 책 읽는 즐거움을 잃어버리고 점점 책을 멀리하게 됩니다.

교사나 부모님이 읽어 주는 이야기를 들으며 그림으로 내용을 파악하고 그림책 전체 이야기를 이해한다면, 책을 더욱 잘 볼 수 있고 책과 즐겁게 만날 수 있습니다.

Q. 책을 많이 읽기만 하면 되나요?

A. 어른들은 아이가 책을 많이 읽어야 독서가 습관화되었다고 생각합니다. 하지만 독서 습관은 '양'보다 '질'이 더 중요합니다. 책을 읽고 그에 관해 생각하고, 다른 사람과 이야기도 나누고, 그림이나 글로 표현해 보기도 하면서 비로소 '좋은 독서 습관'이 길러지지요.

아이들은 처음에 책에 흥미를 보이다가도 시간이 흐르면서 귀찮아하거나 싫증을 느끼기도 합니다. 모든 책을 아이와 함께 읽을 수는 없지만, 정해진 시간에 책을 읽고 호기심을 자극하는 놀이로 연결해 보기를 권합니다. 같은 그림책을 여러 번 반복해서 읽으면 전에 안 보였던 그림과 글이 새록새록 눈에 들어옵니다. 같은 책을 다양한 방법으로 계속 읽다 보면 깊이 읽는 독서가 이루어집니다.

Q. 책 자체를 놀잇감으로 생각하는 아이, 괜찮을까요?

A. 영유아기에는 책이 놀잇감이 되어 친숙하게 만나게 하는 것이 좋습니다. 책을 두드려 보기도 하고, 여러 권 둘러 세워 집을 짓기도 하고, 차곡차곡 쌓아 탑도 만들지요. 책을 읽어 줄 때도 실제 문처럼 두드려 보고, 우산처럼 써 볼 수도 있습니다. 『아주아주 배고픈 애벌레』(에릭 칼 글·그림, 김세실 옮김, 시공주니어)의 마지막 장면에서는 나비가 날갯짓하는 것처럼 책을 흔들어 아이에게 날아가기도 합니다.

'4미터 그림책'으로 유명한 『수잔네의 사계절 시리즈』(로트라우트 수잔네 베르너 글·그림, 윤혜정 옮김, 보림)와 『오늘 아침 눈이 왔어요!』(스테피 브로콜리 글·그림, 이나영 옮김, 보림) 같은 병풍책은 내지를 모두 펼쳐 둥글게 만들고, 그 안에 들어가 그림책을 감상하세요. 즐거운 놀이로 만나면 아이들은 책과 더욱 친숙해지고 자주 접하려고 합니다. 단, 책을 함부로 하지 않기를 약속하면 좋습니다.

Q. 집중이 어려운 아이에게 어떻게 책을 읽어 주어야 할까요?

A. 집중이 힘든 아이에게 책을 읽어 주는 일은 교사에게 많은 노력과 수고를 요구합니다. 하지만 교사는 아이들 저마다의 발달 특성을 고려해, 책 읽어 주는 방법을 한 가지로

단정 짓지 말고 다양하게 접근해야 합니다. 집중이 어려운 아이와는 책을 끝까지 다 읽지 않아도 된다는 유연한 마음가짐이 필요합니다. 읽기와 놀이를 병행하는 것도 효과적입니다. 본문을 그대로 읽기보다는 중간중간 책 내용을 동작과 언어로 표현하면, 집중을 유지하고 내용을 풍부하게 전달할 수 있지요. 노래를 좋아하는 아이라면, 그림을 넘기면서 짧은 챈트와 리듬으로 바꾸어서 읽어 주어도 좋습니다. 또 한 컷 그림 장면에서 오래 머물기보다는 짧은 시간 동안 여러 번 반복해서 읽어 주는 게 바람직합니다. 특히 관심을 보이거나 좋아하는 장면에서는 반응을 지켜보며 오랜 시간 머물러도 좋습니다. 아이들은 등장인물에 어울리는 입체적 읽기, 다양한 변화를 준 목소리, 상황에 어울리는 묘사를 병행했을 때 더욱 주의를 집중한다는 사실도 기억해 주세요.

특히, 책 읽어 주기 소통은 몸짓과 표정을 동반할 때 더욱 잘 전달됩니다. 상황에 적합한 표정과 제스처는 이해력을 높이고 표현력을 가르치는 좋은 기회입니다. 예를 들어 '길쭉길쭉'이나 '쭉쭉' 같은 의태어가 나오면 목을 쭉 길게 빼는 몸짓도 보여 줍니다. 내용이 조금 어렵거나 글밥이 많은 그림책은 연령과 특성에 맞추어 글 일부를 삭제하거나 해설체를 대화체로 바꾸어 읽어 주면 더욱 좋습니다.

Q. 글 없는 그림책은 어떻게 읽어 줘야 하나요?

A. 그림책은 글과 그림이 말을 건네는 책입니다. 글과 그림이 함께 서사를 이루는 그림책은 읽어 주기가 쉽지만, 그림만 있는 책은 난감할 때가 많습니다. 글 없이 그림만으로 이야기를 풀어 가는 그림책은 읽는 사람의 해석에 따라 다양한 이야기가 나올 수 있습니다. 어떻게 읽어 주어야 아이들이 그림에 몰입하고 책에 담긴 메시지를 읽어 낼 수 있을까요?

우선 아이들에게 글 없는 그림책에 관해 소개합니다. 그림책을 보며 떠올리는 생각에 정답이 없음을 인지시키고, 어떤 의견이라도 옳다는 허용적인 분위기를 조성합니다.(예: "이 책은 그림이 말을 하는 책이에요. 그림을 보는 사람의 생각과 상상에 따라, 또 그림책을 볼 때마다 다른 이야기가 탄생합니다. 100명이 보면 100개의 이야기가 나오기도 하지요.") 그런 다음 아래의 다양한 방식으로 그림책을 읽어 줍니다.

[글 없는 그림책 읽어 주기]

그림 카드로 이야기 만들기	그림책 속 주요 장면 몇 컷을 그림 카드로 만들고, 자신이 생각하는 이야기 흐름에 맞추어 카드를 배열합니다. 카드 순서를 다르게 배열할 때마다 이야기가 달라지는 것도 경험할 수 있습니다. 이 활동은 글 없는 그림책을 보기 전에 책에 대한 관심을 불러일으키고, 어떤 이야기가 펼쳐질지 기대감을 갖게 합니다.

↓

조용히 보기	그림 장면이 많고 구성이 복잡한 글 없는 그림책은 아무 말도 하지 않고 먼저 전체 그림을 조용히 감상합니다. 이야기 구성이 단순한 『빨간 풍선의 모험』(옐라 마리 그림, 시공주니어)과 『이상한 화요일』(데이비드 위즈너 그림, 비룡소)은 처음부터 이야기를 상상하며 그림을 읽기도 합니다.

↓

자세히 보기	그림책에 가장 많이 등장한 인물의 이름 정하기, 주인공의 성격 분석하기 등을 해 봅니다. 또 특별히 기억에 남는 장면을 찾아 자세히 봅니다.(예: 가장 신나는 장면, 가장 두렵고 무서운 장면 등)

↓

질문하며 보기 **(책에 말풍선 달기)**	말풍선을 달아 이야기를 꾸며 봅니다. "어흥 사자는 생쥐에게 무슨 말을 하고 있을까?"라고 질문할 수도 있습니다. 이야기에 생동감을 더하고 막연한 상상을 글로 표현하며 표현력을 키울 수 있습니다.

↓

시끄럽게 보기	자세히 보기를 충분히 즐겼다면, 다시 처음으로 돌아가 교사가 바탕 글을 만들고 아이들이 대화 글을 만들며 왁자지껄 시끄럽게 그림 읽기를 이어갑니다.

Q. 다양한 주제의 그림책을 어디서 찾을 수 있을까요?

A. 매일 홍수처럼 쏟아져 나오는 그림책에 관한 정보가 궁금하다면, 어떤 그림책을 선택해야 할지 고민이라면, 방대한 그림책 자료를 한데 모은 '그림책박물관'(www.picturebook-museum.com)을 방문해 보세요. 주제별, 연령별, 출판사별, 시리즈별, 작가별로 그림책을 검색할 수 있고, 신간 그림책도 빠르게 만날 수 있습니다. 칼데콧상, 안데르센상, 볼로냐 라가치상 등 권위 있는 아동문학상 수상작도 연도별로 정리되어 있으며, 그림책 관련 서적도 참고할 수 있어 많은 도움이 됩니다.

이 밖에 '어린이도서연구회(www.childbook.org)', '책읽는사회만들기국민운동(www.bookreader.or.kr), 북스타트 코리아(www.bookstart.org)' 등도 있습니다.

◆ 별책 부록 : 그림책이 궁금해!

　교직 생활 중 찾아온 무기력과 피곤함이 마음을 갈팡질팡 힘들게 하는 순간, 묵직하게 새겨진 그림책과 마주했던 시간을 기억합니다. 그림책이 내준 품은 참 따뜻했습니다. 우직하고 아름다운 글과 그림에 숨이 멎었던, 그리고 울컥했던 특별한 경험이 아이들에게도 흘러가 닿길 바라며 그림책을 탐구합니다.

1) 아름답고 신기한 그림책 물성

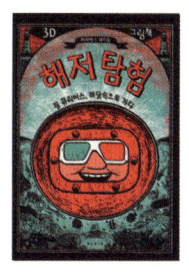
『해저 탐험』
마디아스 피카르 글·그림, 보림

『일루미네이쳐』
레이철 윌리엄스 글, 카르노브스키 그림, 이현숙 옮김, 보림

『빨강부리의 대횡단』
아가트 드무아·뱅상 고도 글·그림, 이세진 옮김, 보림

『접으면』
김윤정 글, 최덕규 그림, 윤 에디션

　그림책의 물성은 종이책이 가진 특별한 성질을 뜻합니다. 책을 마주하는 순간부터 보고, 만지고, 살펴보면서, 교감을 나눕니다. 그림책의 물성을 탐구하다 보면 그림책이 새롭게 보

이며 더 재미있어집니다. 글과 그림이 만나 아름다운 서사를 펼쳐 내는 그림책은 그 자체가 예술 작품입니다. 종이책만이 갖고 있는 물성을 영리하게 사용하여 기발하고 신선한 즐거움을 선사합니다.

아이들이 뜨거운 반응을 보였던 그림책! 보기만 해도 "우아!" 하고 탄성이 터져 나오는 그림책! 마법의 돋보기는 아이들의 상상력을 자극하고, 이야기 속으로 푹 빠져들게 만듭니다.

『해저 탐험』은 3D 입체 안경을 끼고 감상하는 그림책입니다. 바닷속에서 헤엄을 치고 있는 듯한 생생한 자극이 몰입감을 한층 높입니다.

『일루미네이쳐』는 "그림책은 과학이다."라고 주장하는 것 같습니다. 빨강, 초록, 파랑의 3가지 컬러 필름으로 자연을 비추면, 그림 속에 숨어 있던 비밀이 비로소 드러납니다. 낮에 활동하는 동물, 밤에 활동하는 동물, 서식지의 식물이 등장해 신기하고 놀라운 세상이 펼쳐집니다.

『빨강부리의 대횡단』도 돋보기를 꼭 챙겨야 합니다. 빨간색 돋보기 필름으로 그림 속에 숨어 있는 또 다른 그림을 찾으며 '빨강부리'와 함께 모험을 떠납니다. 안 보였던 그림이 돋보기로 선명하게 보이면서 새로운 이야기가 펼쳐집니다. 다람쥐들이 왜 쉴 새 없이 움직이는지, 텃밭 땅속에서 어떤 신기한 일들이 일어나고 있는지, 돋보기로 만나 봅니다.

『접으면』도 감탄이 절로 나오는 그림책입니다. 종이의 접는 물성을 활용해, 한 장 한 장 접고 펼치면서 이야기를 이어 가는 방식이 매력적입니다. 우리가 익숙하게 알고 있는 평범한 진리가 '접으면' 더 특별해져, 종이의 위력을 몸소 경험하게 되지요. 손으로 종이를 접는 행위가 그림책에 숨결을 불어넣은 듯 끝없이 펼쳐지는 이야기를 따라가다 보면, 교사는 마음의 쉼을, 아이들은 놀라움과 감탄을 선물받습니다.

2) 독특한 그림책 연출 방식

'끈'이라는 공통의 물성으로 각각 다른 이야기가 펼쳐지는 그림책도 있습니다. 갈피끈은 책을 어디까지 읽었는지 표시하는 단순한 기능으로 탄생했지만, 새롭고 다양한 시도로 책 읽기의 재미를 한층 더합니다. 눈과 함께 아이들의 손이 바빠지는 그림책, 갈피끈의 대단한

『리본』
아드리앵 파를랑주 글·그림,
박선주 옮김, 보림

『나랑 사과 따러 갈래?』
클라우디아 루에다 글·그림,
민유리 옮김, 브와포레

『꼬리 꼬리 꼬꼬리』
키소 히데오 글·그림, 김지연 옮김,
책과콩나무

활약을 만나 볼까요?

　『리본』은 페이지마다 노란 갈피끈의 오브제 변신이 시선을 사로잡습니다. 아이들이 갈피끈을 그림 상황에 맞게 움직이면 비로소 이야기가 완성됩니다. 풍선이 날아가지 않으려면 갈피끈을 꼭 붙들어야 하고, 갈피끈이 뱀의 혓바닥이 되는 장면에서는 갈피끈을 뱀의 혀처럼 날름날름 움직이는 등 아이들이 이야기 전개에 적극적으로 개입하게 되지요.

　『나랑 사과 따러 갈래?』도 책이란 눈으로 보기만 하는 것이 아니라는 사실을 일깨워 줍니다. 토끼가 등장해 사과를 따려는데 혼자서는 역부족입니다. 토끼는 독자에게 책을 흔들어 달라, 바람을 불어 달라, 갈피끈을 이렇게 저렇게 잡아 달라는 등 온갖 부탁을 합니다. 아이들은 구경꾼에서 동참자가 되고, 끈을 매개로 토끼와 친구가 되어 가는 과정이 자연스러워 실제로 토끼와 함께 있다는 착각에 빠집니다. 마지막에 토끼는 맛있는 사과파이를 구워 지금까지 함께한 아이에게 "너도 먹을래?" 하며 다정하게 건넵니다.

　『꼬리 꼬리 꼬꼬리』에는 그림책 한가운데를 관통하는 끈이 나옵니다. 작은 구멍으로 삐져나온 생쥐 꼬리(끈)가 페이지마다 연결되어 있는데, 쥐는 점점 길어지는 꼬리로 하마의 썩은 이빨을 뽑아 주고, 물에 빠진 토끼를 구해 주고, 키 큰 기린과 종이컵 전화기로 대화도 합니다. 아이들은 '꼬리 꼬리 꼬꼬리' 주문을 외치며, 상상을 실제로 조작해 보면서 새로운 즐거움과 재미를 느낄 수 있습니다.

3) 입체적인 팝업의 예술성

『나무늘보가 사는 숲에서』
아누크 부아로베르·루이 리고
글·그림, 이정주 옮김, 보림

『바다 이야기』
아누크 부아로베르·루이 리고
글·그림, 이정주 옮김, 보림

『나, 꽃으로 태어났어』
엠마 줄리아니 글·그림,
이세진 옮김, 비룡소

　책을 펼치면 그림이 '툭' 튀어나오는 팝업북(Pop-Up Book)은 놀라움과 함께 종이책의 물성과 아름다움을 느낄 수 있게 합니다. 독특한 표현 방식과 형태는 아이들의 호기심과 상상력을 자극하기에 충분하지요.

　『나무늘보가 사는 숲에서』는 울창한 숲이 파괴되면서 보금자리를 잃어 가는 많은 동물과 나무늘보의 모습을 담고 있습니다. 거대한 기계가 숲을 사라지게 만드는 매 페이지마다 나무늘보가 어디에 있는지를 찾아보는 것도 긴장감과 재미를 선물합니다. 숲이 사라진 절망의 순간, 다시 뾰족뾰족 돋아난 새싹과 함께 찾아온 나무늘보는 잔잔한 감동과 울림 그리고 희망의 메시지를 담고 있습니다.

　『바다 이야기』는 평범한 종이에 마치 마법의 숨을 불어넣은 듯합니다. 책을 펼치면 바다 위와 바다 아래가 분리되어 나타납니다. 출항 준비로 분주한 갑판 위는 사람들과 갈매기의 모습이 신비롭고 아름답게 펼쳐지지만, 시선을 바다 아래로 옮기면 쓰레기로 몸살을 앓고 있는 또 다른 모습이 보입니다. 쓰레기가 가득한 바닷속에서 헤엄치는 귀여운 물고기들에게 예전의 깨끗한 바다를 되돌려 주고 싶은 마음이 절로 듭니다.

꽃 한 송이 선물하고 싶은 특별한 날, 생일을 맞은 아이와 어른에게 함께 나누고 싶은 그림책을 선물하면 어떨까요? 『나, 꽃으로 태어났어』는 꽃잎을 한 장 한 장 펼치면서 꽃의 초대를 따라갑니다. 그림책 속으로 가만가만 걸어 들어가다 보면 어느새 우리도 꽃이 되어 있습니다.

책 한 권 한 권이 내어주는 저마다의 세계가 어찌 이리 아름다울까요. '책이 찢어지면 어떡하지?' 하는 걱정은 접어 두고, 팝업북이 펼쳐 보이는 넓은 세상을 아이들과 마음껏 즐겨 주세요.

2부
그림책으로 세우는 생활 교육

1. 첫 만남

오늘도 즐겁게 하이파이브!

📖 『하이파이브』

    어느 날 아침, 유치원으로 걸어오는 은서의 발걸음이 어찌나 무겁던지 멀리서 바라보는 교사도 마음이 무거워집니다. 아니나 다를까, 은서는 엄마 옆에 붙어 한참을 있다가 겨우 발걸음을 떼고는 문 앞에 가만히 서 있습니다. 교사가 은서에게 물어보니 "아침에 엄마한 테 혼나서 기분이 안 좋아요."라고 합니다. "그래도 유치원에 잘 와 줘서 고마워." 라며 교사가 하이파이브를 하자, 은서는 기분이 금세 좋아져 하루를 즐겁게 보냈습니다.

    "안녕하세요?", "안녕!" 매일 반복되는 말이라 무심히 지나치기도 하지만, 아침 인사가 아이의 하루를 바꾸기도 하고 하원 인사가 오늘 하루의 기분이 되기도 합니다. 아직은 교실이 어색하고 수줍은 아이들, 혹은 어떻게 하면 나를 잘 드러낼 수 있을지 고민하는 아이들과 자연스럽고 즐겁게 '하이파이브'로 인사해 봅시다.

『하이파이브』
아담 루빈 글, 다니엘 살미에리 그림, 노은정 옮김, 위즈덤하우스

하이파이브 세계 대회가 열립니다. 독자들도 참여하기 위해 고릴라 사부님의 가르침을 받습니다. 그리고 대회에 나온 동물들과 하이파이브를 합니다. 라운드가 진행되면서 나만의 독창적인 하이파이브를 만들어 신나게 참여할 수 있는 그림책입니다. 수줍은 아이라면 책에 나온 하이파이브를 따라 하면서, 적극적인 아이라면 나만의 하이파이브로 독창성을 뽐내면서, 그림책에 즐겁게 빠져들 수 있습니다.

✦ 그림책 토크 ✦

그림책 앞표지를 살펴본다.

– 표지에 어떤 동물들이 보이나요?

– 우리는 언제 하이파이브를 하나요?

– 하이파이브를 하면 기분이 어떤가요?

– 하이파이브를 왜 하는 걸까요?

– 동물들은 어떻게 하이파이브를 할 수 있을까요?

그림책을 감상한 다음, 아이들과 이야기 나눈다.

– 우리도 하이파이브 대회에 참가해 볼까요?

– 하이파이브 대회를 준비해 보아요. 책에 나온 스트레칭을 따라 해 보아요.

– 코끼리로 변신하면 어떻게 하이파이브를 할 수 있을까요?

– 뱀으로 변신한다면 손이 없는데 어떻게 하이파이브를 할 수 있을까요?

– 발이 아주 많은 문어를 이기려면 어떻게 하이파이브를 할 수 있을까요?

그림책 읽어 주기 팁

★ 『하이파이브』는 참여형 그림책으로, 아이들이 직접 참여하면 더욱 즐겁게 읽을 수 있습니다. 책을 더 재미있게 읽고 싶다면 이 책 49페이지를 참고하면 됩니다.

★ 학급 분위기에 따라 책을 나누어서 읽어도 좋습니다. 아이들의 특성과 흥미를 고려하여 하이파이브 대회 2라운드 또는 3라운드까지만 읽고, 나머지 뒷부분은 다음 날 읽을 수 있습니다. 혹은 '대회 전, 대회 중간, 마지막 라운드' 세 부분으로 나누어 읽어도 됩니다.

함께 읽어 주면 좋은 책

- 『인사』 김성미 글·그림, 책읽는곰
- 『인사를 나눠 드립니다』 이한재 글·그림, 킨더랜드
- 『모자 쓰고 인사해요』 한경대학교디자인학부 글, 이혜경 그림, 보림

✦ 놀이 지원 ✦

변신! 하이파이브

✷ **놀이 도구**   하이파이브를 할 수 있는 공간

✷ **놀이 방법**
1. 책에 나온 그림을 보고 스트레칭을 따라 해 본다.
2. 책 속 사부님이 알려 준 하이파이브 방법 12가지 중 마음에 드는 것을 골라 해 본다.
3. 책에 나온 동물들의 인사 방법을 떠올려 본다.
4. 아이들이 좋아하는 동물들의 특징을 이야기한 뒤, 동물을 흉내 내 본다.
5. 아이들이 이야기한 동물의 특징에 맞게 움직이면서 하이파이브 한다.

하이파이브 전, 스트레칭을 해요.

책에 나온 '양손으로 짝!'을 따라 해 봐요.

책에 나온 '전통적인 짝!'을 따라 해 봐요.

책에 나온 '셋이 팔 꼬아 짝!'을 따라 해 봐요.

도전! 하이파이브 대회

* **놀이 도구**   포스터용 도화지 1장, 색연필, 사인펜, 메달

* **놀이 방법**
  1. 하이파이브 대회를 열기 위해 필요한 것을 생각해 본다.
  2. 하이파이브 대회 날짜와 상품, 대회 장소를 정한다.
  3. 아이들과 함께 대회 포스터를 만든다. 포스터에 꼭 들어가야 하는 내용(날짜, 시간, 장소, 대회 이름)을 먼저 이야기 나눈다. 포스터는 아이들이 직접 그리거나, '캔바'나 '미리캔버스' 같은 디자인 툴 사이트를 활용해 만들 수 있다. 디자인 툴 사이트를 활용하는 경우 아이들과 함께 디자인, 색깔, 이미지, 넣을 글자를 선택해서 꾸민다.
  4. 상 이름과 수상 기준을 정한다.
     (예: "'토끼상'은 토끼처럼 깡충 높이 뛰는 사람이 받을 수 있어요." "'트로피상'은 특별한 하이파이브를 한 사람이 받을 수 있어요.")
  5. 하이파이브 대회 참가자를 모집한 뒤 대회를 실시한다.
  6. 하이파이브를 함께할 짝을 정해 어떻게 보여 줄지 토의한다.
  7. 짝과 함께 만든 하이파이브를 친구들 앞에서 보여 준다.
  8. 참가자들에게 주고 싶은 상을 함께 정하고, 그에 맞는 메달을 만들어 본다.
  9. 하이파이브 대회 시상식을 한다.

친구들 앞에서 하이파이브를 보여 줘요.

하이파이브 대회 시상식에서 메달을 줘요.

거울아 거울아, 세상에서 누가 가장 신나게 인사하니?

놀이 도구   손바닥 크기의 종이, 색연필 또는 사인펜, 거울이나 두께가 얇은 안전 거울

놀이 방법

1. 하이파이브를 언제 하는지 이야기 나눈다.

    (예: 만나서 반가울 때, 기분이 좋을 때 등)

2. 우리를 기분 좋게 하는 인사에는 무엇이 있는지 이야기 나누어 본다.
3. 자신을 기분 좋게 하는 인사를 종이에 그림이나 글로 표현한다.
4. 교사는 아이들이 그린 인사법을 거울에 붙인다. 아이들은 거울을 보며 거울 속 자신과 인사를 나눈다.

    (거울을 보며 하이파이브 할 때 거울이 깨지지 않도록 사전에 이야기 나눈다. 또는 얇은 안전 거울을 사용해 거울이 깨질 위험을 줄일 수 있다.)

5. 아이들이 그린 그림을 잘 보이는 곳에 붙여 두고, 등·하원 시 인사법을 선택해 선생님, 친구들과 인사해 본다.

우리가 하고 싶은 인사예요.

거울에 붙어 있는 인사법을 골라,
거울 속 나와 인사해 보아요.

교사와 아이의 성장 이야기

『하이파이브』는 책이 커서 아이들이 모여서 보기 좋습니다. 또 그림책과 직접 하이파이브를 할 수 있어서 책 자체로도 재미있게 접할 수 있었습니다.

이렇게 아이들이 좋아하는 책으로 놀이해 보니, 수줍어서 친구들 앞에 나오기 어려워하던 아이도 참여하는 모습을 보였고, 아침에 인사를 잘 하지 않던 아이가 인사를 하려고 선생님을 먼저 찾기도 했습니다. 나아가 우리 반만의 인사를 만들어 하루를 즐겁게 시작할 수 있었습니다. 등원을 담당하는 선생님들도 날마다 다양한 방법으로 아이들에게 인사를 건넵니다. 이제 『하이파이브』는 선생님과 아이들에게 빼놓을 수 없는 '인사 지침서'가 되었습니다.

똑똑! 고민 상담소

Q. 등원할 때 보호자와 떨어지기 어려워하며 울기만 하는 아이가 있어요.

A. 등원을 거부하면서 우는 아이의 마음은 어떨까요? 아마 보호자와 더 오래 함께 있고 싶고, 떨어지는 것이 불안한 이유가 대부분일 것입니다. 이때 교사는 아이를 안아 주면서 아이가 마음의 안정을 찾을 수 있도록 기다려 줍니다. 교사도 아이를 이해하는 시간을 갖고, 아이가 점차 안정되면 마음을 읽어 줍니다. 무슨 일이 있었는지, 앞으로 어떻게 하면 좋을지, 아이 스스로 방법을 찾을 수 있도록 물어 봐 줍니다. 이와 더불어 아이가 교육기관에 잘 적응하는 모습을 보이면 교사는 그 행동을 격려합니다.

한편으로 우는 아이를 떼어 놓은 보호자도 불안한 마음이 듭니다. 보호자의 마음을 헤아려 아이가 잘 지내는 모습을 사진으로 찍어 공유하고, 아이가 잘 적응하는 모습을 가정에서도 격려할 수 있도록 직접 연락하여 구체적으로 알려 줍니다. 이런 교사의 따뜻하고 친절한 태도가 아이의 적응을 도울 것입니다.

나랑 같이 놀래?

📖 『새 친구 사귀는 법』

새 학기가 시작되는 3월, 민준이는 걱정이 이만저만 아닙니다. 낯선 교실에서 새로운 선생님과 친구들을 만날 생각에 마음이 콩닥거려 유치원에 가는 것이 너무나도 떨립니다. 걱정되고 긴장한 마음에 괜스레 "엄마, 나 유치원 가기 싫어."라고 말합니다. 새 학기에는 아이, 선생님, 부모님 모두 새로운 시작을 기대하면서 걱정도 앞섭니다. 낯설고 설레는 이 시간을 의미 있게 보내려면 어떻게 해야 할까요?

누군가와 관계를 맺을 때는 내가 어떤 사람인지를 먼저 알고, 상대는 어떤 사람인지 파악하는 것이 중요합니다. 나를 알고 나면 나는 어떤 아이와 친구가 되고 싶은지 알게 되고, 그 친구와 어떻게 지내야 좋은 친구 사이가 될 수 있을지 알 수 있습니다.

『새 친구 사귀는 법』
다카이 요시카즈 글·그림, 김숙 옮김, 북뱅크

새 친구를 사귀기 전, 먼저 내가 어떤 사람인지 알아보아야 합니다. 내가 좋아하는 것, 싫어하는 것, 잘하는 것을 생각해 볼 수 있는 활동지와 그림들이 다양하게 준비되어 있습니다.
또 친구를 사귀기 위해서는 어떻게 행동해야 하고, 친구 사이에 지켜야 할 예의는 어떤 것들이 있는지 차근차근 알려 주는 그림책입니다.

✦ **그림책 토크** ✦

그림책 앞표지를 보며 이야기 나눈다.

– 그림책 표지에 무엇이 보이나요?

그림책 앞 면지 속 대사를 읽으며 이야기 나눈다.

– 그림책 속 주인공이 우리에게 하는 말을 잘 들어볼까요?

– 친구를 사귈 때 무엇이 중요할까요?

그림책 속 이야기를 감상한다.

그림책 속의 아이들을 보고, 나는 어떤 아이인지 생각해 본다.

– (그림책 속 예: 활발한 아이, 생글생글 잘 웃는 아이, 뭐든 열심히 하는 아이 등)

– 그림책에 여러 친구들이 나왔는데, 나는 어떤 아이인지 생각해 볼까요?

– 생각하기 어려울 때는 그림책 속 친구들 중 나와 닮은 친구를 찾아보아도 좋아요.

나는 어떤 아이인지 다양한 방법으로 릴레이 발표를 한다.

– "나는 ○○○를 좋아하는(싫어하는) ○○이야."

– "나는 ○○를 잘하는 ○○이야."

새 친구 사귀는 방법에 관해 이야기 나눈다.

– 친구와 함께 놀고 싶을 때는 어떻게 말하면 좋을까요?

– 친구에게 미안한 마음을 어떻게 표현할 수 있을까요?

– 친구에게 해 주고 싶은 따뜻한 말은 무엇이 있나요?

함께 읽어 주면 좋은 책

- 『다다다 다른 별 학교』 윤진현 글·그림, 천개의바람
- 『나, 꽃으로 태어났어』 엠마 줄리아니 글·그림, 이세진 옮김, 비룡소
- 『친구를 사귀려면』 하이로 부이트라고 글, 마리아나 루이즈 존슨 그림, 김지애 옮김, 파란자전거
- 『난 누굴까?』 위 소사이어티 글·그림, 명랑한책방

+ 놀이 지원 +

짝짝짝! 만나서 반가워!

✱ 놀이 도구   1/4 크기의 색종이(아이들 수 절반 개수, 각기 다른 색깔), 뽑기 통

✱ 놀이 방법

1. 아이들 수 절반의 개수만큼 다른 색깔의 색종이를 두 장씩 준비해 뽑기 통에 넣는다.

    (예: 20명이면 10가지 색깔의 색종이를 두 장씩 준비한다.)

2. 한 명씩 뽑기 통에서 색종이를 뽑는다.
3. 동시에 손을 들어 색종이의 색깔을 보고, 내 짝을 찾는다.
4. 박자에 맞춰 다 같이 박수 놀이를 한다.
5. 짝과 마주 보고, 밑줄 친 부분에서 손바닥을 마주치며 놀이를 시작한다.

    (예: "친구야 반가워! 만나서 반가워!")

6. 자신의 무릎과 손바닥을 치며, 짝과 함께 자신의 이름을 소개한다.

    (예: "내 이름은 ○○○! 네 이름이 궁금해!")

7. 서로 소개를 마친 뒤, 동그랗게 모여 앉아 내 짝의 이름을 소개하는 시간을 갖는다.

    (예: 다 같이 – "□□반, 반가워! 만나서 반가워! 내 친구는 ○○○! 내 친구는 ○○○!")

색종이를 뽑아 내 짝을 확인해요.

짝과 마주 보고 손바닥을 마주치며
내 이름을 소개해요.

나를 소개할게!

* **놀이 도구** 자기소개 활동지를 촬영한 사진(미러링 활용 가능), 포스트잇, 사인펜

* **놀이 방법**
  1. 아이들의 자기소개 활동지를 사진으로 촬영한다.
  2. 모두가 함께 볼 수 있도록 큰 화면에 띄운다.
  3. 일주일 정도 기간을 두고, 한 명 한 명 자기소개 시간을 가진다.
  4. 친구의 소개를 듣고, 궁금한 점을 자유롭게 질문한다.
     (교사는 아이들이 묻고 답하는 내용을 포스트잇에 적어 둔다.)
  5. 아이들의 활동지를 교실에 게시하고, 친구와 나의 비슷한 점과 다른 점을 찾아본다.
  6. 친구들과 함께 '진(짜)진(짜)가(짜)' 활동을 해 본다.
  7. 자신에 관해 진짜 정보 두 개와 가짜 정보 하나를 준비해 친구들에게 소개하고, 세 가지 정보 중 가짜 정보가 무엇인지 찾아본다.
     (예: "(진)나는 남동생이 있어. (진)나는 강아지를 키워. (가)내 혈액형은 B형이야.")

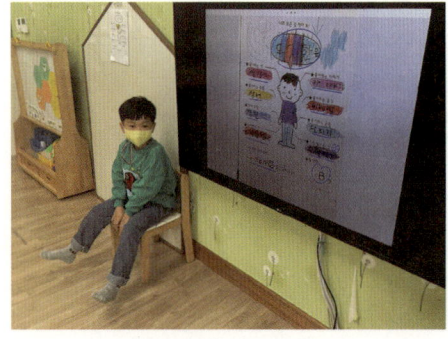

친구들 앞에서 나를 소개해요.

친구들의 활동지를 살펴보며,
친구들에게 관심을 가져요.

내 친구 초상화를 그려 보아요

✽ **놀이 도구**   구멍 뚫린 하드보드지 액자(A4 크기), OHP 필름, 매직, A4 종이, 사인펜

✽ **놀이 방법**

1. 두 명씩 짝이 되어 서로 마주 보고 앉는다.
2. '코코코 놀이'를 하며 서로의 이목구비를 관찰한다.

    (예: "코코코 눈! 코코코 입! 코코코 코!")
3. 짝이 된 친구의 초상화를 그려 본다.
4. 서로 그림을 교환하고, 친구가 그려 준 내 초상화에 대한 감상을 나눈다.
5. 아이들의 그림을 모두 모아 누구 얼굴인지 맞혀 본다.

* **낮은 연령(액자 사용)**

   - 구멍이 뚫린 하드보드지 액자 위에 OHP 필름을 테이프로 붙여 준비한다.
   - 얼굴 앞에 하드보드지를 대고, 매직으로 친구의 얼굴을 따라 그린다.

* **높은 연령(A4 종이 사용)**

   - 친구와 눈을 맞추고 종이를 보지 않고 사인펜으로 서로의 얼굴을 그린다.
   - 서로 그림을 교환하고, 작품에 관해 이야기 나눈다.
   - 아이들의 그림을 모아 누구 얼굴인지 맞혀 본다.

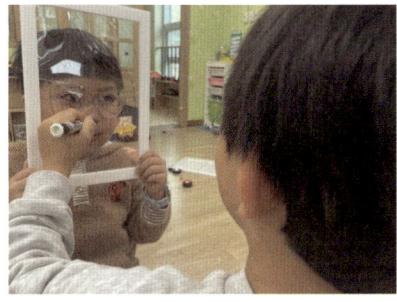

내 친구 얼굴을 따라 그려요.

내 친구 얼굴을 그려 보아요.

💡 교사와 아이의 성장 이야기

  새로 만난 친구들과 서로에 대해 알아 가는 시간은 흥미진진합니다. 아이들은 나와 친구의 비슷한 점을 통해 친근감을 느끼고, 다른 점에는 호기심을 보입니다. "나도 파란색 좋아하는데!", "나는 동물 중에 강아지가 제일 좋아! 왜냐하면 귀여우니까! 너는 강아지가 왜 좋아?" 하고 친구의 마음이나 생각을 서로 묻기도 했습니다. 교사 역시 새 학기에 아이들의 특성을 파악하는 데 큰 도움이 되었습니다.

  그림책 속 활동지를 가정 연계 활동으로 진행하면, 부모님은 아이와 함께 '좋아하는 것, 싫어하는 것'을 탐색하며 아이를 더 잘 이해하는 의미 있는 시간을 보낼 수 있습니다. "처음에는 아이에 관해서만 이야기했는데, '엄마는 어떤 음식 좋아해?'라고 묻는 아이 덕분에 온 가족이 서로를 알아 가는 시간을 가져서 좋았어요." 하고 이야기해 주시는 부모님도 계셨답니다.

✉ 똑똑! 고민 상담소

Q. 새로운 환경에 적응하는 것을 두려워하고 힘들어해요.

A. 아이들이 새로운 환경에 두려움을 느끼는 것은 자연스러운 현상입니다. 이런 때는 아이와 함께 과거에 했던 새로운 도전과 경험의 기억을 회상하고 아이의 감정을 읽어 주면 두려움을 줄이는 데 도움이 됩니다. "처음 유치원에 가던 날 기억나니? 그때 기분이 어땠어?" 과거 아이의 도전을 칭찬하고 격려해 주며, 앞으로 아이가 겪을 새로운 도전과 경험에 대해 아낌없는 응원과 지지를 해 줍니다.

2. 기본 생활 습관

옷 입고 벗기, 문제없어요

📖 『벗지 말걸 그랬어』

"선생님, 저 옷 안 벗을래요." 은아는 오늘도 옷을 안 벗겠다고 하며, 땀이 뻘뻘 나는데도 덥지 않다고 하네요. 은아가 무엇 때문에 옷을 벗지 않는지 유심히 살펴보던 어느 날, 은아는 친구들이 없는 틈에 교사에게 와서 "옷 정리를 못해요. 그런데 친구들에게는 비밀이에요."라고 이야기합니다. 교사는 "괜찮아. 선생님이 도와줄게."라며 위로합니다.

옷을 벗어서 정리해 두는 일, 내 옷을 찾아서 챙기는 일, 벗었던 옷을 다시 입는 일은 아이들에게는 꾸준한 연습이 필요하고 교사의 손이 많이 가는 일입니다. 잠시 벗어 둔 양말은 짝을 찾기 어렵고, 자신의 양말이 무엇인지 잊어버리는 경우도 많지요.

옷을 입고 벗는 능력은 신체 운동 능력, 사고력뿐만 아니라 성취감과 유능감에도 중요한 역할을 합니다. 그림책 제목처럼 아이들이 "벗지 말걸 그랬어."라며 후회하지 않고, 옷 입기와 벗기를 즐겁게 배울 수 있도록 그림책으로 놀이해 봅시다.

『벗지 말걸 그랬어』
요시타케 신스케 글·그림, 유문조 옮김, 위즈덤하우스

요시타케 신스케는 일상에서 흔히 벌어지는 일을 기발하고도 귀엽게 그려 내는 작가입니다. 이 책도 마찬가지입니다. 주인공 아이는 티셔츠를 벗으려다가 머리가 끼어 버린 상황에서 계속 이렇게 지내면 어떻게 될지 상상합니다. 이 상상을 통해 아이들은 옷이 낀 채로 살면 불편할 거라 생각하게 되고, 자연스럽게 옷을 입고 벗는 일의 중요성을 알게 됩니다.

✦ **그림책 토크** ✦

그림책을 읽기 전 자신의 옷차림에 관해 이야기를 나눈다.

– 오늘 무슨 옷을 입었나요? 어떻게 입었나요?

그림책 앞표지를 살펴본다.

– 그림책에 나온 아이는 어떤 상황일까요?

– 그림책에 나온 아이를 보는 엄마의 표정은 어땠을까요?

그림책을 감상한 다음, 자신의 생각과 느낌을 말해 본다.

– 여러분도 옷을 입고 벗다가 목이 걸린 적 있었나요?

– 옷이 걸린 채로 살면 어떤 일이 일어날까요?

– 우리가 가진 옷 중에 입고 벗기 가장 쉬운 것은 무엇인가요?

– 스스로 입고 벗기 어려웠던 옷이 있나요? 어떻게 했나요?

– 어떻게 하면 옷을 잘 입고 벗을 수 있을까요?

그림책 읽어 주기 팁

★ 『벗지 말걸 그랬어』를 소개하는 북 트레일러 영상이 있습니다. 책을 읽기 전 북 트레일러 영상을 함께 보면서 책 내용을 상상하면 더 재미있게 읽을 수 있습니다.

★ 옷을 벗다가 몸이 끼어 본 상황이 있는지, 그때 어떻게 해결했는지 등 아이들의 경험을 이야기로 나누면서 자신만의 옷 벗는 노하우를 친구들과 공유할 수 있습니다. 이런 경험 나누기는 그림책을 더 몰입하며 읽는 데 도움이 됩니다.

함께 읽어 주면 좋은 책

- 『엄마, 난 이 옷이 좋아요』 권윤덕 글·그림, 길벗어린이
- 『아름답고 놀라운 옷의 세계』 엠마 데이먼 글·그림, 이효선 옮김, 밝은미래
- 『왜 옷을 입어야 하나요?』 케이티 데이니스 글, 마르타 알바레즈 미구엔스 그림, 송지혜 옮김, 어스본코리아

✦ 놀이 지원 ✦

내 친구의 달라진 모습 찾기

✱ **놀이 도구**   아이가 숨을 장소

✱ **놀이 방법**
1. 아이 중 한 명을 '오늘의 모델'로 뽑는다.
2. '오늘의 모델'은 친구들 앞에서 옷을 어떻게 입었는지 소개하고, 교사는 아이들이 친구의 모습을 잘 기억할 수 있도록 10초 정도 시간을 주고 사진을 찍어 둔다.
3. '오늘의 모델'이 융판이나 가림판 뒤 등 아이들이 안 보이는 곳에서 옷차림을 바꾸고, 친구들 앞에 나온다.
4. 친구들은 달라진 모습을 찾아보고 이야기해 준다.
5. '오늘의 모델'은 친구들이 이야기해 준 대로 옷차림을 바꿔 본다.
6. 처음 옷차림의 모습과 똑같은지 사진을 보며 비교해 본다.
7. 직접 앞에 나오기 어려운 경우 사진을 찍어서 다른 그림 찾기로 비교해 본다.
8. 다른 친구의 모습을 보고 놀리거나 친구의 허락 없이 신체를 만지는 등 다른 사람의 기분을 상하게 하는 말이나 행동을 하지 않도록 사전에 이야기 나눈다.

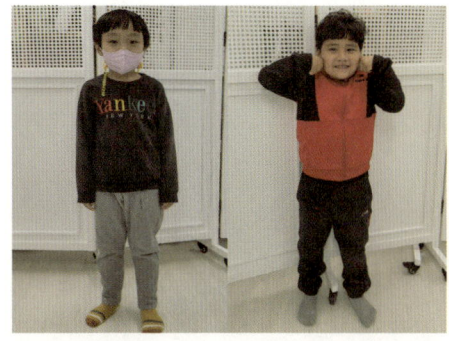

'오늘의 모델'이 나와서 옷차림을 소개해요.

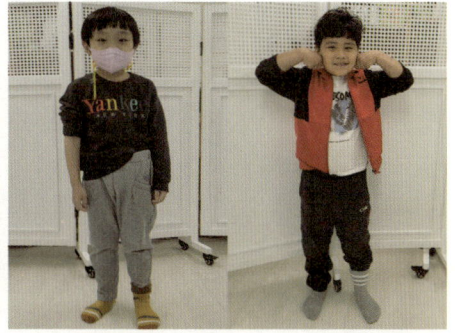

전과 달라진 모습을 찾아보고, 친구들의 이야기에 따라 옷을 원래대로 입어 보아요.

인형을 도와줘!

✱ **놀이 도구** 인형, 인형 옷(단추, 지퍼, 벨크로 등 다양한 형태의 옷)

✱ **놀이 방법**

<사전 활동 : 내 옷을 찾아라!>

1. 여벌 옷을 가져와 자신의 옷을 소개한다.
2. 우리 반 친구들의 옷 색깔, 무늬, 길이 등 무엇이 다른지 알아본다.
3. 옷을 섞은 뒤, 자신의 옷을 찾아본다.
4. 아이들이 옷 찾기 놀이에 익숙해지면, 자신의 한쪽 양말만 섞은 뒤 반대쪽 양말을 찾아보는 게임을 할 수 있다.

<본 활동 : 인형을 도와줘!>

1. 옷을 바르게 입은 인형과 단추를 어긋나게 잠근 인형을 준비한다.
2. 단추를 잘못 잠근 인형이 아이들에게 옷을 바르게 입을 수 있도록 도와 달라고 이야기한다.
3. 아이들은 인형의 옷을 바르게 입혀 주고, 새로운 옷도 갈아입혀 준다.
   (아이들이 어려워하는 단추, 지퍼, 벨크로 등이 있는 옷을 준비해 입혀 준다.)

여벌 옷을 이용해 '내 옷을 찾아라!' 게임을 해요.

인형의 옷을 입혀 보아요.

나도 패션 디자이너

* **놀이 도구** 안 입는 옷 또는 무지 티셔츠, 옷을 꾸밀 재료(패브릭 마커, 패브릭 물감, 물감 찍기 도구, 가위, 스티커, 스팽글 줄, 패브릭 스티커 등), 패션쇼 음악

* **놀이 방법**
  1. 여러 종류의 옷을 살펴본 다음, 내가 옷을 디자인한다면 어떻게 하고 싶은지 말해 본다.
  2. 아름다운 옷을 만드는 일도 중요하지만, 옷의 기능도 중요하다는 점을 이야기 나눈다.
  3. 큰 연령은 때와 장소, 상황에 맞는 옷을 디자인한다.
  4. 내가 디자인한 옷을 친구들에게 소개하고, 우리 반 패션쇼를 열어 본다.
  5. 자신이 만든 옷을 입고 벗을 때 조심해야 할 점 등 설명서를 그림이나 글로 표현해 본다.

패브릭 마커로 옷을 꾸며요.

패브릭 스티커로 옷을 꾸며요.

내가 디자인한 옷이에요.

우리반 패션쇼 놀이를 해요.

💡 **교사와 아이의 성장 이야기** ···

반 아이가 활동 중에 더운지 양말을 벗겠다고 하더니, 귀가 시간에 양말이 한 짝 없다며 찾아 달라고 합니다. 어떤 날은 양말을 교실 한 켠에 두고는 자기 것인지 몰라서 "오늘은 양말을 안 신었다."고 합니다. 겨울에는 입고 온 외투를 찾지 못하는 경우도 있습니다. 교사는 아이들의 양말과 옷을 기억하려고 사진을 찍어 두기도 했지요. 어느 날 문득, '어른이 아이들 옷을 일일이 챙겨 주는 게 아이들을 위하는 일일까?' 고민하게 되었답니다.

아이들과 의논해 옷을 입고 벗는 법, 정리하는 법 등을 알아본 뒤 이와 관련된 놀이를 하면서 꾸준히 연습해 보았습니다. 어느덧 아이들은 자신의 양말을 찾고, 옷을 스스로 입고 벗고 정리할 수 있게 되었습니다. 이 과정에서 성취감을 느끼는 모습을 보았지요. 그날 이후 교사는 무조건 도와주는 사람이 아니라, 아이들이 스스로 해 낼 수 있도록 돕는 사람이어야 한다고 되새깁니다.

✉️ **똑똑! 고민 상담소** ···

Q. 일곱 살인데 아직도 옷 정리를 어려워해요.

A. 아이의 발달 수준과 옷의 디자인 등에 따라 일곱 살이라도 옷을 입고 벗는 일과 정리하는 일이 어려울 수 있습니다. 따라서 처음에는 어른들의 도움이 필요합니다. 연령이 낮은 아이들은 각 기관의 높은 연령 아이들이 옷을 관리하는 모습을 동영상으로 보면서 배우고 익힐 수 있습니다. 놀이를 통해 즐겁게 알려 줄 수는 있지만 결국에는 많은 연습이 필요합니다. 아이가 옷을 입고 벗고 정리하는 데 점차 익숙해지면 어른의 도움을 줄여 나가 보세요. 혼자 할 수 있도록 옆에서 지지하고 격려해 준다면 어느새 아이 스스로 척척 해 낼 것입니다.

제자리에 착착

📖 『엄마의 주머니는 엉망이에요!』

　희찬이는 친구들과 교사에게 반갑게 인사하며 교실로 들어온 뒤, 가방을 멘 채로 친구들이 놀이하는 모습을 관찰합니다. 교사가 "희찬아, 가방을 정리하고 놀자."고 하니, 희찬이는 가방 안에 들어 있는 소지품을 꺼내지 않고 가방만 내려놓은 다음 놀이를 시작합니다. 교사가 "자유 놀이 시간이 끝났네. 이제 놀잇감을 정리하자."라고 말하자, 희찬이는 "정리하기 싫어요."라고 답합니다.

　정리를 하기 싫어하거나 정리하는 방법을 모르는 아이와 함께 『엄마의 주머니는 엉망이에요!』를 감상해 보세요. 아이들은 놀이를 통해 즐겁고 신나게 정리 정돈하는 방법을 하나씩 알아 갑니다.

『엄마의 주머니는 엉망이에요!』
지기 하나오 글, 대니얼 그레이 바넷 그림, 김지은 옮김, 보림

캥거루 '알렉산더'의 엄마는 줄넘기, 요리, 피아노 등에 대단한 솜씨를 가졌지만 정리 정돈을 잘 못합니다. 알렉산더의 따뜻하고 포근한 안식처인 엄마의 주머니는 엄마가 넣어 두는 온갖 물건들로 인해 늘 지저분합니다. 하지만 알렉산더는 자신만의 방법으로 주머니 속을 정리 정돈합니다.
알렉산더처럼 자신만의 방법으로 정리 정돈을 해 볼까요?

✦ 그림책 토크 ✦

그림책 앞표지를 보며 이야기 나눈다.

– 캥거루들의 표정은 어떤가요?

– 서로가 무슨 말을 하고 있을까요?

– 제목과 그림을 보니 어떤 이야기가 펼쳐질 것 같나요?

알렉산더의 입장이 되어 그림책 이야기를 들려준다.

그림책을 감상한 다음, 아이들과 이야기 나눈다.

– 알렉산더에게 어떤 일이 일어났나요?

– 가장 기억에 남는 장면은 무엇인가요?

– 내가 만약 알렉산더라면 어떻게 할 것 같나요?

– 엄마에게 하고 싶은 말은 무엇인가요?

– 알렉산더는 엄마의 주머니를 어떻게 정리했나요?

– 주머니에 짐들이 많아졌을 때 알렉산더는 어떻게 했나요?

그림책 읽어 주기 팁

★ 알렉산더의 입장이 되어 아이들과 이야기 나누면서 그림책을 읽어 줍니다.

★ 알렉산더의 표정을 잘 살펴보며 그림책을 감상하도록 안내합니다.

함께 읽어 주면 좋은 책

- 『임금님이 돌아오기 100초 전』 가시와바라 가요코 글·그림, 김언수 옮김, 길벗스쿨
- 『정리정돈 못하는 바니눈에게 생긴 일』 김준희 글, 이정민 그림, 바니눈
- 『구름빵 : 뒤죽박죽 방 치우기』 GIMC·DPS 글·그림, 한솔수북
- 『장난감 먹는 괴물』 제시카 마르티넬로 글, 그레구아르 마비르 그림, 최지원 옮김, 그린북

✦ 놀이 지원 ✦

가방에 가방에 뭐가 들었니?

✶ <mark>놀이 도구</mark>   가방과 개인 물건(수건, 물통 등)

✶ <mark>놀이 방법</mark>
1. 자신의 가방을 알렉산더 엄마의 주머니라고 생각하고 가방을 몸 앞으로 둔다.
2. 내 가방에 뭐가 들어 있는지 살펴본다.
3. 아이들이 교사에게 "가방에 가방에 뭐가 들었니?"라고 묻는다.
4. 교사가 "물통 들었다."라고 답하면, 아이가 물통을 꺼내며 "물통 여기 있다."라고 말한다.
5. 가방 정리 놀이가 익숙해지면 친구들 중 한 명이 나와서 교사 역할을 한다.
6. 가방에 들어 있는 물건들을 다 확인하고 나면 제자리에 정리한다.

꼬마 선생님이 "필통 들었다."라고 말해요.

필통도 제자리에 정리 척척!

아이들이 "물통 여기 있다."라고 외쳐요.

물통도 제자리에 정리 척척!

정리 주머니에 쏙! 쏙! 쏙!

* **놀이 도구** 파라슈트, 정리할 물건(블록, 공 등의 놀잇감, 아이들 수만큼), 캥거루 주머니(아이들이 들어갈 수 있는 크기의 자루), 원반 10개

* **놀이 방법**
  1. 두 팀으로 나눈 뒤 멀리 떨어져서 마주 보고 앉는다.
  2. 양 팀 가운데 공간에 파라슈트를 깔고 정리할 물건을 올려 둔다.
  3. 파라슈트와 양 팀 아이들 사이에 원반 5개씩을 1m 간격으로 놓아 둔다.
  4. 각 팀에서 한 명씩 캥거루 주머니에 들어가 파라슈트로 이동한다.
  5. 캥거루 주머니에 들어가면 중심을 잘 잡아 천천히 안전하게 이동한다.
     (친구와 부딪치지 않도록 안내한다.)
  6. 파라슈트에 있는 물건을 자신이 원하는 원반으로 하나씩 안전하게 옮기고 돌아온다.
     (장난감 물건을 던지지 않도록 지도한다.)
  7. 파라슈트에 있는 물건을 자기 팀 앞의 원반으로 모두 옮긴다.
  8. 각 팀이 힘을 모아 원반에 있는 물건을 제자리에 정리한다.

파라슈트에서 물건을 가져와요.

원반에 물건을 올려요.

나만의 정리 비법 소개하기

✱ **놀이 도구**   스케치북, 정리 바구니, 포스트잇, 사인펜, 테이프

✱ **놀이 방법**
1. (그림책을 살펴보며) 알렉산더처럼 자기만의 정리 방법이 있는지 이야기 나눈다.
2. (그림책 마지막 페이지를 보며) 알렉산더 침대 위 물건들을 정리할 수 있는 방법을 살펴본다.
3. 어떻게 하면 정리를 잘할 수 있을지 이야기 나눈다.
4. 교실에도 정리가 필요한 물건이 있는지 살펴본다.
5. 자기만의 정리 방법을 종이에 그림으로 그려 본다.
6. 포스트잇에 글자를 써서 이름표를 만들어 정리 바구니에 붙인다.
7. 자기가 생각한 방법대로 물건들을 교구장에 정리해 본다.

내가 정리하는 방법을 그려 보아요.

물건에 이름을 쓰거나 스티커를 붙여서 정리해요.

물건 이름표를 만들어요.

만든 이름표를 붙여서 정리해요.

💡 교사와 아이의 성장 이야기

자신의 물건과 주변을 깨끗이 정리하는 습관은 필수지만, 아이들에겐 정리가 힘들고 재미없게 느껴집니다. '아이들이 정리 정돈을 놀이처럼 즐겁게 할 수는 없을까?', '아이들이 정리 정돈을 습관화하려면 어떻게 해야 좋을까?' 등을 많이 고민했습니다.

그래서 정리 정돈과 관련된 그림책을 감상한 뒤, 아이들과 함께 정리를 하는 이유와 방법에 관해 알아보았습니다. 먼저 자신의 가방 안에 든 물건들을 탐색한 후, 자신만의 방법으로 가방 안 정리를 시작했습니다. 다음으로 우리 반에서 잘 정리되지 않는 물건들을 파라슈트에 올려놓고, 각 원반에 물건을 정리하는 놀이를 해 보았습니다. 또 자신만의 정리 방법을 구상해 그림으로 그리고, 친구들과 함께 교실에 있는 물건들을 제자리에 정리하였습니다. 물건을 제자리에 정리하는 놀이를 통해 아이들은 어떤 물건이 어디에 있는지 관심을 가지게 되었으며, 스스로 정리해 보려고 노력하는 모습을 보였습니다.

✉️ 똑똑! 고민 상담소

Q. 정리 시간에 정리를 하지 않고 더 놀고 싶어 해요.

A. 정리를 하지 않는 아이의 상황을 관찰하고 이유를 물어봅니다. 예를 들어 놀이 시간에 레고를 만들기만 해서 이제 놀이를 시작하려고 했는데 정리 시간이 되어 아쉬울 수 있고, 정리 방법이나 정리해야 하는 이유를 몰라서일 수도 있습니다. 만들기만 해서 놀이 시간이 부족한 아이는 만든 작품을 일단 전시해 두고, 추후에 놀이할 수 있도록 도와줍니다. 정리 방법을 모르는 경우는 단계적으로(놀이한 물건을 하나씩 제자리에 넣기, 큰 물건 먼저 정리한 다음 작은 물건 정리하기, 손에 들고 있는 물건 먼저 정리하기 등) 천천히 알려 줍니다.

아이가 정리를 해야 하는 이유를 모른다면, 정리했을 때의 보람과 정리하지 않았을 때의 어려움(물건을 찾을 수 없음, 작은 블록을 바닥에 그대로 두면 지나가다 밟아서 사고가 날 수도 있음)에 관해 이야기를 나눠 봅니다.

뽀득뽀득 손 씻기

📖 『최강 청결 히어로 비누맨』

"간식 시간입니다. 모두 손을 씻고 오세요." 이때 지연이가 교사에게 다가와 "선생님, 저 아까 손 씻었어요. 내 손은 깨끗한데 또 씻어요?"라고 묻습니다. 옆에 있던 선희가 지연이 손을 보더니 "깨끗해! 안 닦아도 되네."라며 지연이 편을 듭니다. 그러자 다른 아이가 말합니다. "아니야. 더러운 것이 눈에 보이지 않아도 손을 씻어야 하는 거야. 세균은 눈에 잘 안 보이니까." 손을 씻어야 한다는 아이들과 씻지 않아도 된다는 아이들로 나뉘어 서로 자신들의 생각이 옳다고 이야기하네요.

손 씻기의 중요성을 늘 강조하지만 눈으로 보기에 더럽지 않으니 안 씻어도 된다고 생각하는 아이들이 있습니다. 매일 손 씻기를 통해 자신의 건강을 지키는 아이들을 기대하며, 지금부터 『최강 청결 히어로 비누맨』을 만나 볼까요?

『최강 청결 히어로 비누맨』
우에타니 부부 글·그림, 전예원 옮김, 미래엔아이세움

손바닥 마을에 살고 있는 최강 청결 히어로 '비누맨'은 손바닥 마을을 건강하고 안전하게 지킵니다. 어느 날 다양한 오염단원이 손바닥 마을에 나타나 마을을 더럽히고 세균 덩어리 '때마왕'으로 변신합니다. 이때 거품 세정제 1호가 나타나 비누맨을 거품거품봇으로 변신시켜 함께 때마왕을 물리칩니다. 아이들은 비누맨의 활약을 지켜보며 손 씻기의 중요성과 재미를 알아 갑니다.

✦ 그림책 토크 ✦

1일 차 : 그림책 앞표지와 뒤표지 살펴보기

그림책 앞표지를 보며 이야기 나눈다.

- 무엇이 보이나요?
- 어떤 내용일지 생각해 보고 이야기해 볼까요?

'최강', '청결', '히어로', '비누맨' 단어의 사전적 의미를 찾아본다.

그림책 뒤표지를 보며 이야기 나눈다.

- 비누맨은 어떤 일을 할까요?
- 여러분이 만약 비누맨이라면 무엇을 하고 싶나요?

2일 차 : 그림책 앞 면지 살펴보기

그림책 앞 면지를 살펴보고 누가 나오는지 말해 본다.

- 앞 면지에는 오염단원과 비누맨을 소개하고 있네요. 오염단원들을 함께 살펴볼까요?
- 이 글자들 중에서 궁금한 글자가 있나요?
- 여러분이 생각하는 오염단원에는 무엇이 있나요?
- 비누맨은 어떻게 생겼나요? 만약에 비누맨이 다른 모습이라면 어떤 모양일 것 같나요?

내가 생각하는 오염단원과 비누맨을 표현해 본다.

3일 차 : 그림책 이야기에 흥미 갖기(3쪽까지 읽기)

더러워진 손을 보며 자신의 생각을 자유롭게 이야기한다.

- 손바닥을 살펴보니 무엇이 보이나요?
- 이 아이의 손은 왜 더러워졌을까요?
- 손바닥 마을은 어떤 곳일까요?

4일 차 : 비누의 쓰임에 관심 가지기(19쪽까지 읽기)

가장 기억에 남는 장면에 관해 이야기 나눈다.

앞으로 어떤 이야기가 펼쳐질지 자신의 생각을 말해 본다.

우리 반에 손바닥 마을이 생긴다면 어떨지 상상해 본다.

– 우리가 손바닥 마을을 만든다면 무엇이 있으면 좋을까요?

– 무엇으로 손바닥 마을을 만들까요?

아이들과 함께 필요한 재료를 준비하여 손바닥 마을을 만들어 본다.

5일 차 : 깨끗이 씻기(끝까지 읽기)

그림책을 감상한 다음, 아이들과 이야기 나눈다.

– 그림책을 잘 감상해 보았나요?

– 손 씻기를 하고 나면 어떤 느낌이 드나요?

– 손을 깨끗이 씻으려면 어떻게 해야 할까요?

– 손 씻기는 왜 해야 할까요?

그림책 읽어 주기 팁

★ 『최강 청결 히어로 비누맨』은 만화 형식으로 구성된 그림책입니다. 하루에 모두 읽어 주기보다는 내용을 나누어 며칠에 걸쳐 읽어 줍니다.

함께 읽어 주면 좋은 책

- 『동물 마을 손 씻기 대회』 황즈잉 글·그림, 임미라 옮김, 에듀앤테크
- 『쓱쓱 손 씻기 놀이』 기무라 유이치 글·그림, 강방화 옮김, 웅진주니어

✦ 놀이 지원 ✦

우리 반 손바닥 마을 놀이

✱ **놀이 도구**   손바닥 그림(크래프트지 전지 2장), 노란색 종이테이프, 아이가 만든 건물 모형, 캐릭터 그림(오염단원, 비누맨), 경쾌한 음악

✱ **놀이 방법**
1. 손바닥 그림에 우리 반 손바닥 마을을 꾸미고, 건물 모형을 원하는 곳에 세운다.
2. 손바닥 마을 곳곳에 오염단원을 숨겨 놓는다.
3. 음악이 나오는 동안 비누맨이 숨어 있는 오염단원을 찾아낸다.
4. 손바닥 마을을 보며 이야기를 만들어 본다.

손바닥 그림에 마을을 꾸미고 있어요.

노란색 종이테이프는 길이 되었어요.

비누맨이 나타나 오염단원을 물리쳐요.

손바닥 마을에서 놀이해요.

'손 씻기 송' 만들기

✳ **놀이 도구**   A4 종이, 사인펜, 색연필

✳ **놀이 방법**
1. '생일 축하합니다' 노래를 개사해 '손 씻기 송'을 만들어 본다.
2. '손 씻기 송'에 어떤 노랫말이 들어가면 좋을지 이야기한다.
3. 아이들이 생각한 '손 씻기 송' 노랫말을 그림이나 글로 표현한다.

<아이들이 만든 '손 씻기 송' 노랫말 카드>

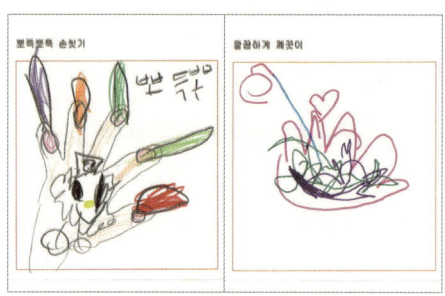

뽀득뽀득 손 씻기, 깔끔하게 깨끗이

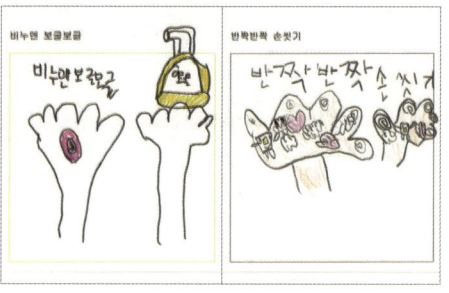

비누맨 보글보글, 반짝반짝 손 씻기

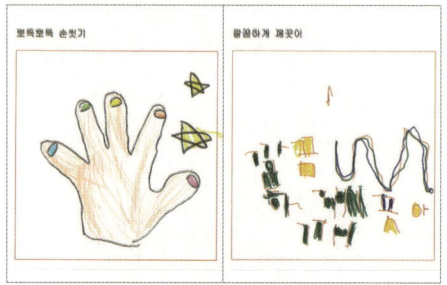

뽀득뽀득 손 씻기, 깔끔하게 깨끗이

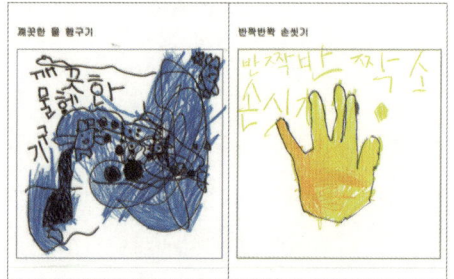

깨끗한 물 헹구기, 반짝반짝 손 씻기

씻자! 씻자! 깨끗하게 씻자

✱ <mark>놀이 도구</mark>　마스킹 테이프(빨강, 파랑, 노랑), 머리띠(비누맨, 때마왕), 손 씻기 방법이 그려진 그림 카드

✱ <mark>놀이 방법</mark>
1. 마스킹 테이프로 수도꼭지와 물방울, 손바닥, 기다리는 자리를 만들어 바닥에 붙인다.
2. '뽀득뽀득팀'(비누맨 머리띠)과 '오염군단팀'(때마왕 머리띠)으로 나누어 해당하는 머리띠를 쓴다.
3. 뽀득뽀득팀은 물방울 자리, 오염군단팀은 손가락 자리 끝까지 걸어가 서로 만나면 가위바위보를 한다.
4. 이기면 상대 팀 다음 친구와 다시 가위바위보를 하고, 지면 기다리는 자리로 이동한다.
5. 오염군단팀의 아이들이 모두 기다리는 자리로 가면 게임은 끝이 난다.
6. 손을 깨끗이 씻는 데 뽀득뽀득팀 친구가 몇 명 필요했는지 알아보고, 팀을 바꾸어 다시 한번 놀이한다.
7. 게임이 끝난 후 손 씻기 방법이 그려진 그림 카드를 선물하여, 카드를 가방에 걸고 다니며 바른 손 씻기 방법을 익힐 수 있게 한다.

마스킹 테이프로 수도꼭지, 물방울, 손바닥, 기다리는 자리를 바닥에 그렸어요.

뽀득뽀득팀과 오염군단팀이 만나 가위바위보!

비누맨의 편지-"지구를 지켜 줘!"

* **놀이 도구**   비누맨의 편지, 딸기잼, 깨끗한 물, 수조 2개, 거품 세정제, 핸드 타월

* **놀이 방법**
  1. 비누맨의 편지를 읽고 난 뒤 비누맨이 무엇을 걱정하고 있는지 알아본다.
     (친구들이 거품 세정제를 많이 사용해 물이 오염되어 지구가 아프다는 내용의 편지)
  2. 거품 세정제를 많이 사용하면 어떤 일이 생길지 생각해 본다.
  3. 거품 세정제 양에 따른 물의 오염 정도를 실험해 본다.
     ① 두 아이가 딸기잼을 손에 묻힌 뒤 친구들에게 손을 보여 준다.
     ② 한 명은 거품 세정제를 한 번 펌핑하고, 다른 한 명은 두 번 펌핑한다.
     ③ 친구들이 '손 씻기 송'을 불러 주는 동안 두 아이는 딸기잼이 묻은 손을 수조에 담그고 깨끗이 씻는다.
     ④ 손을 씻은 두 수조의 오염 정도를 비교해 본다.
        (수조의 물 양은 같아야 한다.)
  4. 두 수조의 물 색깔을 확인하고, 앞으로 손을 씻을 때 사용할 세정제 양을 생각해 본다.
  5. 이 밖에도 우리가 지구를 지키는 방법에 관해 이야기 나눈다.

거품 세정제의 양이 달라요.

손을 씻고 나니 물 색깔이 달라졌어요.

💡 교사와 아이의 성장 이야기

　화장실이 시끌시끌해 가 보니 한 아이가 거품 세정제를 한 번만 펌핑해도 손이 깨끗해진다고 친구들에게 설명합니다. 거품을 많이 내면 물이 오염되어 지구도 아파진다고 말하는 이 아이는 학기 초에 손 씻기보다 거품 놀이를 더 좋아하던 친구였습니다. 그런데 그림책 놀이 후에는 "선생님 손 씻고 올게요."라는 말을 많이 합니다. 또 자신의 손을 보여 주며 어떤 놀이를 해서 손이 더러워졌는지 교사에게 얘기하며 밝은 표정으로 손 씻기를 합니다.

　그림책을 읽고 놀이한 뒤 아이들은 손을 씻으라고 하지 않아도 스스로 손을 씻을 뿐 아니라, 세정제는 한 번만 펌핑하고, 흐르는 물에 손을 깨끗이 헹굽니다. 손 씻기는 감염병 예방에 가장 효과적인 방법 중 하나지요. 스스로 건강을 지키는 방법으로 손 씻기를 생활화하는 아이들을 보면서, 미래의 우리 환경이 조금 더 나아지리라 기대해 봅니다.

✉ 똑똑! 고민 상담소

Q. 매번 손을 씻으러 가면 옷이 젖어 와요.

A. 이 시기 아이들은 자신이 하고 싶은 것에만 집중하는 경향이 있으므로 손을 씻을 때 옷이 젖는 것을 예상하지 못합니다. 손을 씻기 전 왜 옷을 걷어야 하는지, 옷을 걷지 않고 씻으면 어떤 일이 일어날 수 있는지, 어떻게 옷을 걷어야 하는지 등을 구체적으로 알려 줘야 합니다. 하나하나 알려 주고 꾸준히 해 나갈 수 있도록 격려해 주세요.

Q. 손 씻기를 하면서 물장난을 치거나 거품 놀이를 하곤 해요.

A. 호기심이 많은 아이들에게는 모든 것이 재미있는 놀잇감입니다. 화장실에서 장난을 칠 경우 일어날 수 있는 위험한 상황을 이야기하고, 안전한 화장실 사용 방법에 관해 서로 약속을 정합니다. 약속을 지키지 못하는 아이에게는 스스로 안전하게 손을 씻을 수 있도록 대화하기, 손 씻기 놀이와 체조 등 다양한 방법을 통해 안전한 손 씻기 습관이 형성되도록 꾸준한 지원과 안내가 필요합니다.

우리들의 줄 서기

📖 『내가 맨 앞에 서도 될까?』

아이들이 가장 좋아하는 바깥 놀이터 가는 시간! 안전하게 나가기 위해 줄을 섭니다. '선생님을 이겨라, 가위바위보!' 게임을 하며 교사를 이긴 아이들이 문 앞에 줄을 서고 있습니다. "내가 먼저 왔다고!" "너는 뛰었잖아. 그리고 내가 여기 서 있었는데, 네가 앞으로 온 거야!" "네 앞에 자리 비어 있었어. 네가 안 간 거야." 아이들이 서로 먼저 왔다며 밀치는 상황이 벌어지고, 안전해야 할 줄 서기가 위험한 줄 서기로 바뀌고 있네요.

줄 서기가 무엇인지, 줄을 왜 서야 하는지, 아이들은 이야기 나누기를 통해 이미 알고 있지만, 친구들보다 먼저 서고 싶은 마음에 이런 일이 종종 일어나곤 합니다.

『내가 맨 앞에 서도 될까?』 주인공을 만나 이야기를 나누면서, 우리만의 줄 서기 방법을 만들어 봅시다. 지금부터 아름다운 줄 서기를 기대하세요.

『내가 맨 앞에 서도 될까?』
리처드 번 글·그림, 한소영 옮김, 키즈엠

친구들 사이에서 몸집이 가장 작은 '엘피'는 맨 앞에 서고 싶어 합니다. 그러나 코끼리 세계에서는 아주 특별한 규칙이 있는데, 바로 몸집이 가장 작은 코끼리는 언제나 맨 뒤에 서야 한다는 것입니다.
맨 앞에 서고 싶은 아이들의 마음을 엘피를 통해 느껴 보면서, 아이 스스로 질서와 규칙에 관해 생각하는 시간을 가질 수 있습니다.

✦ **그림책 토크** ✦

그림책 앞표지를 살펴본다.

– 앞표지를 살펴보세요. 무엇이 보이나요?

– 코끼리는 지금 무슨 말을 하고 있나요?

– 왜 맨 앞에 서고 싶을까요?

그림책 뒤표지를 살펴본다.

– 코끼리 세계의 규칙을 잘 들어보았나요?

– 여러분은 이 규칙 내용이 마음에 드나요?

– 줄 서기를 할 때 매번 뒤에만(앞에만) 서야 한다면 어떨까요?

그림책을 감상한 다음, 아이들과 이야기 나눈다.

– 그림책을 읽어 보니 어떤 느낌이 드나요?

– 엘피가 앞으로 가기 위해 사용한 방법은 무엇인가요?

– 만약 엘피처럼 친구가 내 앞에 서기 위해 이런 방법을 사용한다면 여러분은 어떻게 할 것 같나요?

– 여러분이 줄 서기 규칙을 만든다면 어떤 규칙을 만들고 싶나요?

그림책 읽어 주기 팁

★ 아이들이 등장인물과 대화하면서 적극적으로 참여할 수 있도록 대화체로 읽어 줍니다.

함께 읽어 주면 좋은 책

- 『**코끼리 행진**』 케빈 헹크스 글·그림, 초록색연필 옮김, 키즈엠
- 『**이건 너무 가까워!**』 크리스티안 존스 글, 케일 앳킨슨 그림, 이정은 옮김, 키즈엠

✦ 놀이 지원 ✦

맨 앞에 서고 싶어요 vs 맨 뒤에 서고 싶어요

✳ **놀이 도구**   포스트잇, 사인펜

✳ **놀이 방법**
1. 줄 서기를 할 때 나는 어디에 서고 싶은지 생각해 본다.
2. 맨 앞에 서고 싶다면 왜 그런지, 맨 뒤에 서고 싶다면 무엇이 좋은지, 자신의 생각을 그림이나 글로 포스트잇에 표현해 본다.
3. 포스트잇에 표현한 것을 판에 붙여 서로의 생각을 살펴본다.

 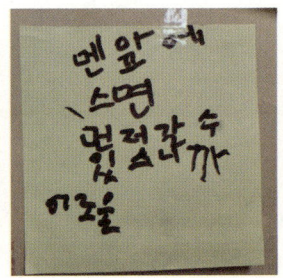 

맨 앞에 서면 먼저 갈 수 있어요. / 빨리 가서 사람들을 사귈 수 있어요.

맨 뒤에 서면 천천히 갈 수 있어요. / 도우미 선생님 손을 잡고 가요.

우리 반의 줄 서기 방법은?

✱ <mark>놀이 도구</mark>　줄 서기 방법 통, 종이, 연필 또는 사인펜

✱ <mark>놀이 방법</mark>

1. 우리 반에서 줄 서기를 해야 할 때가 언제인지 생각해 본다.
2. 우리만의 다양한 줄 서기 방법에 관해 이야기 나눈 뒤, 방법을 적어 줄 서기 방법 통에 담는다.
   (예: 선생님과 가위바위보하기, 이름 제비뽑기, 좋아하는 친구랑 줄 서기, 동물 흉내 내며 줄 서기 등)
3. 줄을 설 때마다 줄 서기 방법 통에서 하나를 뽑아 줄을 서 본다.
4. 우리가 정한 방법으로 줄 서기를 해 보고, 불편한 점이 있는지 친구들과 의논해 본다.
5. 불편했던 줄 서기 방법을 수정해 우리 반의 줄 서기 방법을 다시 정한다.

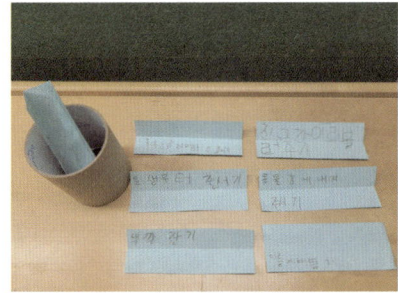

줄 서기 방법을 적어 통에 담아요.

오늘은 어떤 방법으로 줄을 설까요?

이름 제비 뽑기로 줄을 서요.

선생님을 이겨라, 가위바위보!

컵 인형극 놀이

* **놀이 도구**　크기가 다른 투명 플라스틱 컵 5개, 코끼리 도안, 빈 상자, 네임펜, 유성 매직

* **놀이 방법**
  1. 크기가 다른 플라스틱 컵 안쪽에 코끼리 도안을 붙인다.
  2. 네임펜으로 플라스틱 컵에 비친 코끼리를 따라 그린 후 자유롭게 꾸민다.
  3. 빈 상자를 펼쳐 매직으로 배경을 꾸민다.
  4. 코끼리 그림이 그려진 플라스틱 컵으로 인형극 놀이를 한다.

크기가 다른 컵에 코끼리 도안을 붙여요.

네임펜으로 따라 그린 다음, 매직으로 꾸며요.

상자를 이용해 인형극 배경을 만들어요.

컵 인형극 놀이를 해요.

💡 교사와 아이의 성장 이야기

우리 반에는 맨 앞에 서고 싶어 하는 친구도 있지만, 맨 뒤에 서고 싶어 하는 친구도 있답니다. 이 그림책을 읽기 전에는 대부분 앞에 서고 싶어 쟁탈전이 벌어지곤 했지요. 맨 뒤에 서고 싶은 친구를 인터뷰하면서 뒤에 서면 좋은 점을 알게 되자, 이제 뒤에 서려는 아이들도 있어 어떻게 지도해야 할지 고민이 되었습니다. 그림책을 감상하고 놀이하면서 우리만의 줄 서기 방법을 찾아보았습니다. 처음에는 두 명씩 서 보고, 매일 한 명씩 늘려 열 명이 손을 잡고 걸어 보기도 했습니다. 아이들은 여러 명이 손을 잡고 걸어가면 다칠 수 있고 불편할 수도 있다는 것을 알았고, 두 명씩 짝꿍이 되어 걷는 것이 제일 좋은 방법이라는 점을 찾아냈습니다. 다소 엉뚱한 방법이라도 일단 해 보면서, 맨 앞이나 맨 뒤에 서는 것 말고 또 어떤 방법으로 줄을 설 수 있을지 고민하였습니다.

지금도 우리 반 줄 서기 방법은 다양하게 늘어나고, 기존의 방법이 수정되거나 때로는 사라지기도 합니다. 줄 서기는 서로 배려하며 안전하게 생활하는 방법이므로, 상황에 맞는 다양한 경험으로 아이들이 꾸준히 익혀 갈 수 있도록 격려하며 지원하고 있습니다.

✉ 똑똑! 고민 상담소

Q. 줄을 서서 걸을 때 빨리 가라고 앞 친구를 밀거나, 앞 친구와 거리가 가까워서 걷기 불편하다고 짜증을 냅니다.

A. 아이들과 줄을 서서 걸으며 무엇이 불편하고 어떤 방법으로 걸으면 좋을지 함께 이야기 나눠 봅니다. 이런 활동을 통해 왜 거리를 두고 걸어야 하는지, 앞 친구가 가지 않을 때는 어떻게 해야 할지, 해결 방법을 찾을 수 있습니다. 또 친구 입장에서 생각해 보고 안전하게 걷는 방법을 알아 가게 됩니다. 줄을 서서 걸을 때 앞 친구를 밀지 않고 천천히 걷는다면 아이의 변화를 구체적으로 격려하며 피드백해 주세요. 아이 스스로 줄 서기의 의미를 이해하고 그 필요성을 알게 되면 바르게 줄 서는 방법을 실천할 수 있습니다.

식사 시간이 즐거워지는 마법

📖 『밥, 예쁘게 먹겠습니다!』

하루 중에 밥 먹는 시간이 제일 힘든 하린이는 오늘도 점심시간이 다가오자 표정이 어두워집니다. 잘 먹고 잘 커야 할 시기에 먹는 것을 힘들어하는 하린이를 보며, 하린이 부모님과 선생님은 안타깝기만 합니다.

어릴 때 형성된 식습관은 어른이 되어서까지 영향을 미칩니다. 그래서 가정과 유아교육기관에서는 편식, 식품 알레르기, 식사 예절이나 태도 등 아이들의 식습관 지도에 노력을 기울입니다. 어른의 도움을 받아 식사하던 영아기를 지나 유아기가 되면 아이들은 스스로 식사를 해야 합니다. 따라서 이 시기에는 무엇보다 아이들이 식사 시간을 즐기고, 처음 접해 보는 다양한 음식들에 호기심을 가질 수 있도록 도와야 합니다.

『밥, 예쁘게 먹겠습니다!』
김세실·용휘 글, 손지희 그림, 나는별

기차 여행을 떠나기로 한 쌍둥이 남매 '앵두'와 '자두' 네 가족. 그런데 허겁지겁 기차를 타느라 엄마 아빠를 잃어버렸어요. 엄마 아빠를 찾기 위해 기차 칸들을 차례로 이동하는 앵두와 자두는 식사 예절과 관련한 다양한 미션을 수행합니다.

아이들은 앵두와 자두와 함께 식사 준비 과정부터 식사하는 태도, 식사 도구를 사용하는 방법 등에 이르는 식사의 모든 과정을 간접 경험하고, 실제 식사 시간에 그림책 내용을 회상하며 즐겁게 식사를 할 수 있습니다.

✦ 그림책 토크 ✦

그림책 앞표지를 보며 이야기 나눈다.

– 그림책 제목을 살펴볼까요?

– 글자에 어떤 그림들이 숨어 있나요?

– 밥을 예쁘게 먹는 건 어떻게 먹는 걸까요?

그림책 속 이야기를 감상한다.

그림책 장면을 회상하며 이야기 나눈다.

– 가장 재미있거나 기억에 남는 장면이 있나요?

– 앵두와 자두네 가족은 어디로 기차 여행을 떠나는 걸까요?

– 여러 기차 칸들 중에 가 보고 싶은 칸은 어디인가요?

기차 칸 장면들을 살펴보며, 아이들의 경험에 관해 이야기 나눈다.

– 야옹식당 : 부모님을 도와 밥상을 차려 본 경험이 있나요? 무엇을 도와드렸나요?

– 발레교실 : 친구들에게 바르게 앉는 방법을 보여 줄 어린이가 있나요?

– 소림사 : 젓가락을 사용할 때 어렵거나 불편한 점은 무엇인가요?

그림책 읽어 주기 팁

★ 앵두와 자두에게 알려 줄 미션 내용을 질문과 퀴즈 형식으로 발문하고, 아이들과 몸으로 표현해 봅니다.

(예: '밥을 먹을 때 어떻게 앉아야 할까요?' '젓가락을 바르게 사용하는 방법은 무엇일까요?')

함께 읽어 주면 좋은 책

- 『한 그릇』 변정원 글·그림, 보림
- 『재미있게 먹는 법』 유진 글·그림, 한림출판사
- 『내가 먹어 줄게』 후쿠베 아키히로 글, 오노 코헤이 그림, 사과나무 옮김, 크레용하우스

> ✦ 놀이 지원 ✦

칙칙폭폭 식사 예절 기차가 나가신다!

✱ **놀이 도구**   칙칙폭폭 식사 예절 보드게임판, 게임 말(앵두, 자두), 주사위, 행주, 식탁 교구, 놀잇감(밥그릇, 국그릇, 숟가락, 젓가락), 의자, 뽕뽕이, 동전 스티커 도안, 원형 라벨지, 나의 식사 다짐판 활동지

✱ **놀이 방법**

1. 보드게임 자료를 소개하고, '앵두팀' 과 '자두팀' 으로 나눈다.
2. 주사위를 던져 나온 숫자만큼 게임판을 이동한다.
   (미션이 없는 곳에 도착한 경우에는 '내가 좋아하는 음식' 이나 '내가 직접 요리해 본 음식' 이야기해 보기 등 다양한 방법을 활용할 수 있다.)
3. 게임판의 미션을 팀원과 협동하여 수행한다.
   (높은 연령의 아이들은 각 미션 장소마다 미션 도우미 역할을 할 수 있다.)

[미션 예시]

1. 야옹식당 : 식탁 차리기
  - 행주를 접어 식탁 닦기
  - 식탁 위에 밥그릇, 국그릇, 숟가락, 젓가락을 순서대로 바르게 놓기

2. 발레교실 : 바르게 앉기
  - 의자 깊숙이 엉덩이를 쑤~욱, 등받이에 등을 쭈~우욱, 두 손은 무릎에 가지런히 두고 앉기

3. 소림사 : 젓가락질 바르게 하기
  - 젓가락으로 뽕뽕이 다섯 개 옮기기

4. 결혼식장 : 식사 예절 OX 퀴즈
  - 음식을 먹기 전에 감사한 마음으로 "잘 먹겠습니다." 하고 인사해요.(O)
  - 음식을 씹을 때 '냠냠쩝쩝' 소리를 내면서 맛있게 먹어요.(X)

- 내가 좋아하는 음식만 쏙쏙! 골라 먹어요.(X)
- 젓가락으로 식탁을 신나게 두드려요.(X)
- 식당에서는 돌아다니지 않고, 자리에 앉아서 밥을 먹어요.(O)
- 다 먹은 뒤에는 "잘 먹었습니다." 하고 인사해요.(O)

5. 도착점 : 밥알 남기지 않기(점심 먹을 때 밥 남기지 않기)

    - 도착점에 모두 도착하면 점심 때 모든 아이들이 '밥알 남기지 않기' 미션을 수행하기로 약속하고, '나의 식사 다짐판'을 꾸며 본다.

        (나의 식사 다짐 예: "밥 먹을 때 꼭 김치를 한 번씩 먹어 볼래요." "밥을 남기지 않고 먹겠습니다.")

    - 마지막 미션까지 수행한 아이들에게 동전 스티커를 제공한다.

        (동전 스티커는 원형 라벨지에 출력해서 활용할 수 있다.)

    - 나의 식사 다짐판 활동지를 통해 동전 스티커를 모두 모으면, 학급에 따라 적절한 보상을 제공할 수 있다.

칙칙폭폭 식사 예절 보드게임판

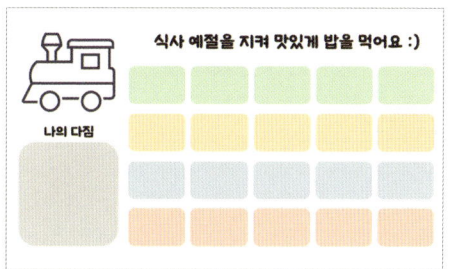

나의 식사 다짐판 활동지

야옹식당에서 미션을 수행해요.

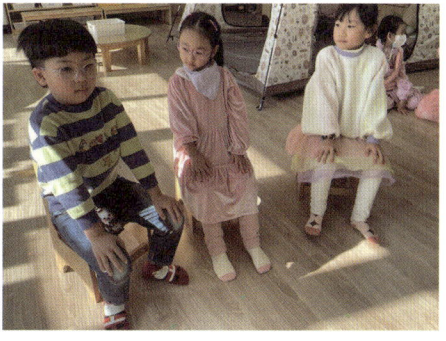

발레교실에서 미션을 수행해요.

소림사에서 미션을 수행해요.

식사 예절 OX 퀴즈를 풀어요.

'나의 식사 다짐판'을 꾸며요.

'밥알 남기지 않기' 미션을 수행했어요.

영양나라로 음식을 배달해요!

✱ **놀이 도구** '식품 구성 자전거' 그림, 음식 모형 놀잇감, 자석 벽돌 블록, 바구니

'식품 구성 자전거'란?
다섯 가지 식품군을 고루 섭취해 균형 잡힌 식사와 수분 섭취의 중요성을 강조하고, 적절한 운동을 통해 비만을 예방하자는 기본 개념을 나타내는 모형이에요. 다섯 가지 식품군은 곡류, 고기·생선·계란·콩류, 우유·유제품류, 채소류, 과일류예요.

자료 출처_보건복지부·한국영양학회,
2020 한국인 영양소 섭취 기준 활용 연구, 2021.

✱ **놀이 방법**

1. '식품 구성 자전거' 그림을 보고 '영양소'에 관해 이야기 나눈다.
2. 자석 벽돌 블록으로 영양나라를 만들어 본다.
3. 영양나라의 이름표를 만들어 붙인다.
4. 음식 모형 놀잇감을 살펴보고, 어떤 영양나라로 배달할지 생각해 본다.
5. 영양소별로 모둠을 나누고, 정해진 시간에 맞추어 영양나라로 배달한다.
6. 영양나라마다 모인 음식을 살펴보고, 영양에 맞추어 골고루 음식을 차려 놀이해 본다.

영양소에 따라 영양나라를 알아보아요.

다양한 음식 장난감을 살펴보고, 해당하는 영양나라로 배달해요.

💡 교사와 아이의 성장 이야기

학부모 상담에서 기본적으로 소통하는 부분이 유아의 '기본 생활 습관'입니다. 그중 아이들이 교육 기관에서 식사를 어떻게 하고 있는지는 부모님의 최대 관심사이자 걱정거리입니다. 교사는 매일 점심시간마다 편식하는 아이, 식품 알레르기가 있는 아이, 스스로 식사하기 힘들어하는 아이, 과식하는 아이 등 많은 아이들의 식사 지도에 노력을 기울입니다.

아이들과 그림책을 통해 식사 과정을 눈으로 익히고, 올바른 식사 예절을 알려 주는 보드게임으로 여러 가지 미션을 수행하다 보니, 교사도 아이들도 식사 시간이 즐거워졌습니다. 더불어 음식에는 다양한 영양소가 들어 있어 골고루 먹어야 힘도 불끈, 몸도 튼튼, 눈도 반짝, 피부도 매끈, 키도 쑥쑥 자란다는 것을 '영양나라 배달 게임'을 통해 경험했습니다. 아이들은 게임 활동을 하고 식사 메뉴를 알아보면서 각 음식이 우리 몸에서 어떤 역할을 하는지 관심을 가지게 되었고, 전보다 더 음식을 골고루 먹는 모습을 보여 주었습니다.

✉ 똑똑! 고민 상담소

Q. 식사 때마다 아이와 전쟁을 치릅니다. 어떻게 하면 즐거운 식사 시간으로 만들 수 있을까요?

A. 부모님이나 선생님이 아이와의 식사 시간을 전쟁처럼 느낀다면, 아이도 분명 식사 시간을 힘들게 느낄 것입니다. 아이들은 연령과 발달 특성상 자리에 앉아서 식사를 하는 상황 자체가 지루하고 재미없게 느껴질 수 있습니다. 따라서 아이가 식사 시간 자체를 즐겁게 느낄 수 있도록 도와주는 것이 좋습니다.

함께 식사할 때 다양한 음식을 맛있게 먹는 모습을 보여 주면서 음식에 대한 호기심을 높여 주세요. 그리고 우리가 먹는 음식들이 우리 몸에 어떤 도움을 주는지 아이의 눈높이에 맞춰 차근차근 설명해 주세요. "아빠(엄마)가 이렇게 키가 클 수 있었던 건 시금치 덕분이야!", "선생님은 어렸을 때부터 당근을 맛있게 먹었더니 이렇게 눈이 반짝반짝해!"라고 말입니다.

치카치카 이 닦기

📖 『엉뚱한 치약』

   점심을 맛있게 먹은 뒤 교사가 아이들에게 "이제 양치하자."고 하니, 영희는 "치약이 맛 없어요."라고 하고, 기철이는 "양치는 너무 귀찮아요."라고 합니다. 철수는 치약을 잔뜩 짜 양치를 한 뒤에도 칫솔에 치약 잔여물이 남아 있습니다. 용준이는 양치질은 하지 않고 칫솔을 이로 꽉 물고 있어 칫솔모가 하루 만에 벌어졌습니다. 소윤이가 "선생님, 저 양치 다 했어요."라며 치아를 보여 주는데, 이 사이에 낀 음식 찌꺼기가 보입니다. 시현이는 양치하는 중에 옆 친구와 물장난을 하다 옷이 흠뻑 젖었습니다.

   치약 맛과 향이 싫거나 양치 방법이 익숙하지 않은 아이들에게『엉뚱한 치약』은 양치가 즐거워지는 마술 도구입니다.『엉뚱한 치약』에 나오는 다양한 치약 맛을 살펴보면서, 양치를 하는 이유와 방법을 배워 신나게 양치 놀이를 해 볼까요?

『엉뚱한 치약』
미야니시 타츠야 글·그림, 송소영 옮김, 달리

엉뚱한 물건을 만들어 내는 발명왕 '엉뚱맨'의 신기하고 엉뚱한 치약! 사과맛으로 양치를 하면 얼굴이 사과로, 바나나맛으로 양치를 하면 얼굴이 바나나로 변하는 신기한 치약 덕분에 일어나는 다양한 에피소드가 아이들을 양치의 세계로 안내합니다.
다양한 치약 맛들을 상상해 보며 양치하는 습관을 길러 볼까요?

✦ 그림책 토크 ✦

그림책 앞표지와 면지를 살펴보며 이야기 나눈다.

– 앞표지에 나오는 엉뚱맨과 강아지는 무엇을 하고 있나요?

– 제목과 그림, 글자들을 살펴보니 어떤 이야기가 펼쳐질 것 같나요?

– (면지를 살펴보며) 어떤 치약 맛이 있나요?

그림책을 감상하며 아이들과 이야기 나눈다.

– (첫 번째 페이지를 살펴보며) 왜 양치질이 싫다고 했나요?

– 가장 기억에 남는 장면은 무엇인가요?

– 치약 맛에 따라 변신한 모습이 원래대로 돌아오지 않으면 어떻게 될 것 같나요?

– (마지막 페이지를 살펴보며) 강아지는 어떻게 될까요?

– (뒤표지를 살펴보며) 엉뚱맨이 무슨 말을 했나요?

– 여러분이 엉뚱맨이 된다면 무엇을 하고 싶나요?

– 엉뚱맨에게 하고 싶은 말은 무엇인가요?

그림책 읽어 주기 팁

★ 페이지마다 숨어 있는 엉뚱맨을 찾아보면, 아이들이 그림책에 한층 관심을 갖게 됩니다.

★ 엉뚱맨 이야기에 따라 목소리의 높낮이를 달리해 읽어 줍니다.

함께 읽어 주면 좋은 책

- 『치카치카 군단과 충치왕국』 이소을 글·그림, 상상박스
- 『이파라파냐무냐무』 이지은 글·그림, 사계절
- 『치과 의사 드소토 선생님』 윌리엄 스타이그 글·그림, 조은수 옮김, 비룡소

✦ 놀이 지원 ✦

나만의 치약 맛으로 변신 쇼! 쇼! 쇼!

✱ **놀이 도구**   종이 모자를 접을 큰 종이, 종이, 사인펜, 가위, 풀

✱ **놀이 방법**
1. 그림책에서 봤던 치약 종류에 관해 이야기 나누어 본다.
2. 다양한 치약의 특징을 몸으로 표현해 본다.
   (예: "사과 맛으로 변신해라, 뽀로롱!" "바나나 맛으로 변신해라, 뽀로롱!")
3. 아이들이 변신하고 싶은 치약의 종류에 관해 이야기 나누어 본다.
4. 큰 종이로 모자를 접는다.
5. 각자 변신하고 싶은 치약을 종이에 그린 다음 종이를 잘라 모자에 붙인다.
6. 치약 맛 변신 모자를 들고 둥글게 모여 앉는다.
7. 한 명씩 돌아가며 자신이 만든 변신 치약 모자를 쓰고 소개한다.
   (예: 친구들-"○○야, ○○야, 무엇으로 변했니?", 변신한 아이-"(모자를 쓰며)로봇으로 변했다!" 이때 교사는 아이가 변신 치약 맛을 소개하며 자유롭게 신체 표현을 하도록 지지한다.)

사과 맛으로 변신!

여러 가지 맛으로 변해요.

엉뚱한 칫솔로 치카푸카

✴ **놀이 도구** 하드 막대, 폼폼이, 목공 풀, 매직, 네임펜

✴ **놀이 방법**
1. 그림책의 마지막에 웃으며 양치질하는 모습을 살펴보며 이야기 나눈다.
2. 아이들과 엉뚱한 칫솔 만들기에 필요한 재료에 관해 이야기 나눈다.
   (예: "무엇으로 양치를 하고 있나요?" "양치에 필요한 물건을 우리가 만들어 볼까요?")
3. 다양한 재료를 활용해 엉뚱한 칫솔을 만들어 본다.
4. 완성된 칫솔로 입안에 넣지 않고 치카푸카 놀이를 해 본다.

[엉뚱한 칫솔 만들기 예시]
- 하드 막대에 목공 풀을 바르고 폼폼이를 붙인다.
- 매직이나 네임펜을 사용해 자신이 변신하고 싶은 엉뚱한 칫솔의 이름을 적는다.
- 엉뚱한 칫솔 위에 양치할 때 사용하는 치약 양만큼 목공 풀을 짠다.

[올바른 양치법 약속 정하기]
- 칫솔은 어떻게 잡으면 좋을까요? (예: "연필 잡듯이 잡아요.")
- 양치할 때 치약은 얼마만큼 짜면 좋을까요? (예: "강낭콩만큼요.")

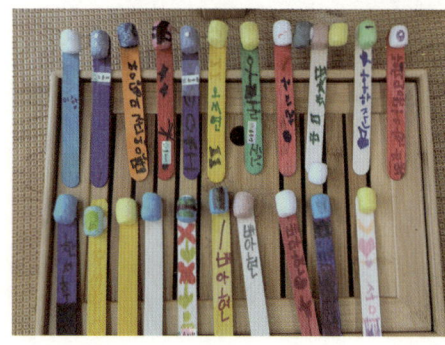
엉뚱한 칫솔들

치약 양은 '강낭콩'만큼

나도 엉뚱맨! 다음에는 무얼 만들까?

✻ **놀이 도구**   포스트잇 또는 종이, 사인펜

✻ **놀이 방법**
1. (그림책 뒤표지를 살펴보며) 엉뚱맨이 뭐라고 말했는지 이야기 나눈다.
2. 엉뚱맨이라면 무엇을 만들고 싶을지 이야기 나눈다.

    (예: "다음에는 무얼 만들까?")
3. 자신이 엉뚱맨이라면 무엇을 만들고 싶은지 상상해 본다.
4. 엉뚱맨이 되어 만들고 싶은 것을 그림으로 그려 본다.
5. 자신이 그린 것을 교사와 친구들에게 소개한다.
6. 소개하는 친구의 이야기를 들으며 궁금한 점을 질문한다.

"친구들은 무엇으로 변했을까?"

내가 변신하고 싶은 것을 친구에게 소개해요.

엉뚱한 의자에 앉으면
내가 의자로 변신해요.

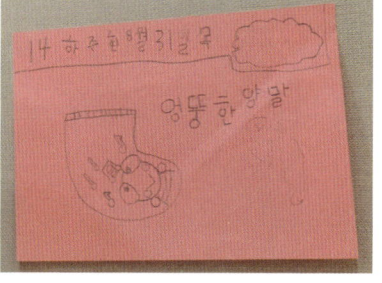
엉뚱한 양말을 신으면
내가 노래하는 개구리로 변신해요.

💡 교사와 아이의 성장 이야기

　감염병 확산으로 양치질을 대체해 자일리톨을 사용하다가, 안정기에 접어들면서 양치 지도를 시작했습니다. 양치를 잘하는 아이도 있고 기피하는 아이도 있었습니다.

　아이들이 양치에 관심을 가지길 바라며 『엉뚱한 치약』을 함께 읽었습니다. 아이들은 그림책에서 치약 맛에 따라 얼굴이 변하는 것을 매우 흥미로워했고, 다양한 치약 맛에 관심을 보였습니다. 자신이 변신하고 싶은 치약을 그림으로 그리고 몸으로 표현해 보면서 치약 맛의 나라로 상상 여행도 떠났습니다. 그리고 아이들이 생각해 낸 '엉뚱한 칫솔'을 다양한 방법으로 만들어 본 뒤, 칫솔 위에 치약 대신 목공 풀을 적당량 놓아 올바른 칫솔질에 관해서도 알아보았습니다. 아이들이 엉뚱맨이 되어 다음에 만들고 싶은 것을 상상해 보는 활동에서는 양말, 의자, 안경, 스티커 등 다양한 의견이 나왔습니다. 신나게 웃고 즐기며 이야기가 끊이지 않았답니다. 또한 그림 중간에 엉뚱맨을 그려서 찾아보기도 하고, 병원 놀이 도구를 활용해 '엉뚱한 치과' 놀이로 영역을 확장하기도 했습니다.

✉ 똑똑! 고민 상담소

Q. 스스로 양치를 하지 않고, 여러 번 잔소리를 해야 겨우 양치를 합니다.

A. 양치를 싫어하는 이유가 무엇인지 아이에게 먼저 물어보면 어떨까요? 예를 들면 화장실에서 혼자 양치하는 것이 싫어서, 치약 맛이 마음에 들지 않아서, 귀찮아서, 양치하는 방법을 정확하게 몰라서, 꼼꼼히 닦기 어려워서 등 여러 이유가 있을 것입니다. 교사가 모델이 되어 양치하는 모습을 보여 주고 자세히 알려 주면서, 아이가 양치를 잘할 때는 칭찬과 격려를 아끼지 않습니다. 양치를 마무리했을 때 칭찬 스티커를 붙여 주면 혼자 양치하는 습관을 유지하는 데 도움이 됩니다.

도와줘요, 슈퍼 히어로!

📖 『슈퍼 히어로의 똥 닦는 법』

　은우는 화장실에 다녀오더니 뭐가 불편한지 엉거주춤한 자세로 걸어갑니다. "은우야, 많이 불편해 보이는데 무엇 때문에 그러니?" 하고 교사가 묻자, 은우는 "괜찮아요."라며 눈을 피합니다. 교사가 은우를 설득해 화장실에 함께 가서 확인해 보니 용변 뒤처리를 제대로 못 했네요. 혼자서 하고 싶었는데 아직은 서툴렀나 봅니다.

　용변 뒤처리는 영유아기에 꼭 배워야 하는 발달 과업 중 하나입니다. 자기 조절력, 주도성, 협응력 등 이후 아이들 발달에 영향을 미치기 때문입니다. 하지만 아이들에게 용변 뒤처리는 심리적인 상황과 연결되어 있어 어렵거나 두려운 일일 수 있습니다. 그래서 교사들은 고민합니다. '아이들이 좋아하는 똥과 연결해서 쉽고 재미있게 알려 줄 방법이 없을까?' '그러면서도 똥 닦는 법을 정확하게 배울 수 있다면 좋을 텐데…….' 교사와 아이들의 뒤처리 고민을 그림책 놀이를 통해 풀어 봅시다.

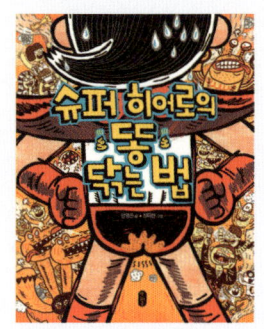

『슈퍼 히어로의 똥 닦는 법』
안영은 글, 최미란 그림, 책읽는곰

주인공 슈퍼 히어로 '짱짱맨'의 유일한 약점은 똥을 잘 못 닦는 것입니다. 이 약점 때문에 놀림거리가 된 짱짱맨은 백 년 동안 똥 닦는 법을 연마했다는 '똥도사'를 찾아가, 일명 '똥닦권(똥 닦는 권법)'을 연마합니다. 똥 닦는 법을 재미있고 자연스럽게, 무엇보다 그대로 따라 할 수 있도록 정확한 방법을 알려 주는 그림책입니다.

✦ 그림책 토크 ✦

사전 활동으로 '우리가 도와줄게, 슈퍼 히어로'를 진행하며 주인공에게 편지를 쓴다.(놀이 지원 참고)

- 편지가 왔네요. 선생님이 읽어 줄게요.
- 우리도 짱짱맨에게 답장을 보내 볼까요?

그림책 앞표지를 살펴본다.

- 어디서 이상한 냄새가 나는 것 같아요. 무슨 냄새 같아요?
- 이 책에서 똥 냄새가 나네요!(아이들과 책 표지에서 똥을 찾아본다.)
- 이번에는 책 제목을 살펴볼까요? 어떤 제목인지 읽어 볼까요?
- 맞아요. '슈퍼 히어로의 똥 닦는 법'이죠! 이 그림책에는 우리가 알려 준 방법 말고 또 다른 방법이 있을 걸까요? 짱짱맨 만나러 책 속으로 출동!

그림책을 감상한 다음, 자신의 생각과 느낌을 말해 본다.

- (휴지를 걷어 내고 똥도사에게 가는 장면에서 미로 찾기 장면을 살펴보며) 여기 미로가 있네요! 우리 같이 미로를 찾아서 똥도사에게 가 볼까요?
- (짱짱맨이 사람들 눈에 띄지 않으려고 요리조리 숨어 다니는 장면을 살펴보며) 짱짱맨이 사람들에게 들키지 않으려고 숨어 있네요. 어디에 숨었는지 찾아보아요.

그림책 읽어 주기 팁

★ 아이들이 책에 흥미를 갖고 끝까지 볼 수 있도록, 슈퍼 히어로 짱짱맨이 필요할 때마다 아이들과 함께 불러 봅니다. "우리 같이 불러 봐요. 도와줘요, 슈퍼 히어로 짱짱맨!"

★ 딩동댕 유치원 '똥 닦기 송'을 함께 불러 보며, 책에서 배운 내용을 즐겁게 익힙니다.

함께 읽어 주면 좋은 책

- 『오줌이 찔끔』 요시타케 신스케 글·그림, 유문조 옮김, 위즈덤하우스
- 『오줌 마려워요!』 캉탱 그레방 글·그림, 박재연 옮김, 미디어창비
- 『휴지가 돌돌돌』 신복남 글·그림, 웅진주니어

✦ 놀이 지원 ✦

우리가 도와줄게, 슈퍼 히어로(사전 활동)

✲ **놀이 도구**   편지지, 색연필 또는 사인펜

✲ **놀이 방법**

1. 그림책을 읽기 전 사전 활동으로, 슈퍼 히어로에게 온 편지를 아이들에게 읽어 준다. 실감 나게 읽어 줄 수 있도록 실제 편지 봉투와 편지지를 준비한다.

   [편지 예시]

   안녕! 나는 슈퍼 히어로 짱짱맨이야. 나는 무시무시한 괴물들이 도시를 파괴하고 사람들을 괴롭힐 때마다 짜잔! 하고 나타나지. 무서움에 벌벌 떠는 사람들을 도와주는 영웅이야. 어떻게 괴물을 물리치냐고? 나에게는 괴물을 물리치는 세 가지 비밀 무기가 있어. 궁금하지? 쉿, 너희들에게만 알려 줄게. 첫 번째, 초강력 레이저가 나오는 짱짱 장갑. 두 번째, 하늘을 나는 망토. 세 번째, 투명 인간으로 변신하는 울트라 팬티!
   잠깐, 너희들도 갖고 싶다고? 내가 너무 부럽다고? 하지만 너무 부러워하지 마. 나도 한 가지 못하는 게 있거든. 그건 바로 똥 닦는 법을 모른다는 거야. 윽, 창피하고 부끄러워. ○○반 친구들아, 나에게 똥 닦는 법 좀 가르쳐 줄 수 있겠니? 도와줘!

2. 용변 뒤처리 방법과 화장실에서 지켜야 할 규칙을 이야기 나누고, 답장을 쓴다.

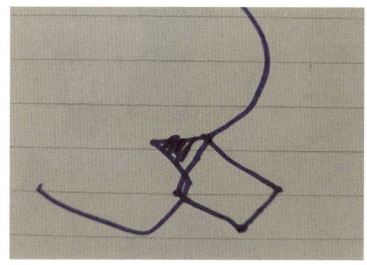

짱짱맨에게 보내는 답장이에요.
'휴지를 떼서 똥을 닦아야 돼요.'

짱짱맨에게 보내는 답장이에요.
'똥을 누고 나면 손을 씻어야 돼요.'

우리들의 '똥닦권' 만들기

✱ <mark>놀이 도구</mark>　화장지 1롤, A4 종이, 색연필, 사인펜

✱ <mark>놀이 방법</mark>
1. 책에 나온 똥닦권(똥 닦는 권법)을 떠올려 본다.
2. 육칸 권법을 따라 하기 위해 화장지를 여섯 칸 뗀 뒤, 모두 의자에 앉아 스스로 화장지를 접어 본다.
3. 쪼그려 권법, 앞뒤 권법, 뽀드득 권법을 살펴본 뒤, 책에 나온 방법을 떠올리며 하나씩 따라 해 본다.
4. 각자 똥을 어떻게 닦는지 떠올리면서, 나만의 똥닦권을 그림으로 그려 친구들에게 소개한다.
   (그림을 글로 표현하기 어려운 아이들은 교사가 작성해 준다.)
5. 아이들이 그린 그림을 모아 카드 링으로 묶거나 제본하여 도서 영역에 비치한다.

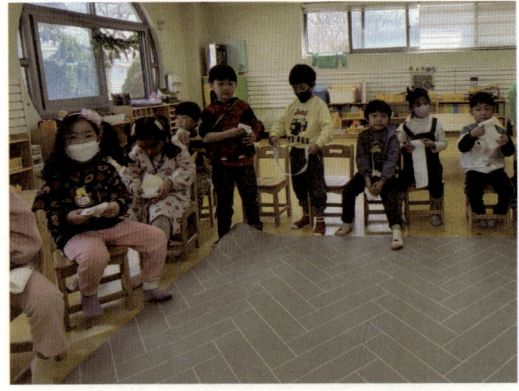

다 같이 의자에 앉아서 똥닦권을 연습해요.

아이들이 만든 똥닦권 중 '똥똥똥 권법'.
'똥이 남지 않게 물을 잘 내려요.'

짱짱맨 Day

✱ 놀이 도구   비닐 헤어 캡, 보드마커, 매직과 스티커, 화장지

✱ 놀이 방법
1. 비닐 헤어 캡을 살펴보며, 언제 사용하는 물건인지 이야기한다.
2. 비닐 헤어 캡으로 어떻게 팬티를 만들 수 있는지 이야기 나눈다.
3. 교사는 비닐 헤어 캡에 아이들 다리가 들어갈 크기의 구멍을 두 개 뚫는다.
4. 아이들이 헤어 캡 위에 보드마커로 똥 그림을 그린다.
5. 헤어 캡 구멍에 다리를 넣고 고무줄이 허리로 가도록 입는다.
6. 아이들은 화장실에서 사용할 때처럼 화장지를 준비한다.
7. 헤어 캡의 똥 그림을 화장지로 닦으면 어떻게 될지 예측해 보고, 스스로 닦아 본다.
8. 아이들이 놀이했던 헤어 캡 팬티를 어떻게 재사용하면 좋을지 이야기 나눈다.

   (예: "'나도 할 수 있어' 문구를 붙이고 자랑해요." "매직과 스티커를 이용해 팬티를 꾸민 뒤, 인형 놀이를 해요.")

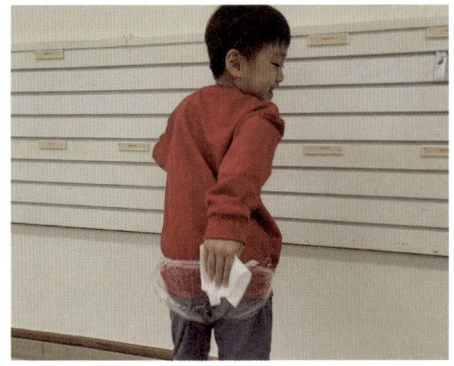

화장지로 똥을 닦아 보아요.

사용했던 비닐 헤어 캡 팬티를 꾸미고 인형 놀이를 해요.

💡 교사와 아이의 성장 이야기

　교사는 아이들의 용변 뒤처리를 지도하는 구체적인 방법을 고민합니다. 『슈퍼 히어로의 똥 닦는 법』은 아이들이 어려워하던 뒤처리 방법을 알려 줍니다. 이 책을 통해 아이들은 어떤 자세로 똥을 닦는지, 화장지는 얼마나 사용해야 하는지, 조심할 점은 무엇인지 하나하나 배워 갑니다. 또한 똥 도사가 알려 준 권법 그림을 화장실에 붙여 놓으니, 아이들이 실제로 적용할 수 있었습니다.

　그럼에도 스스로 뒤처리하는 것에 부담을 느껴 혼자 화장실 가기를 무서워하는 아이가 있었습니다. 그림책을 읽고 관련 놀이를 반복했더니 아이는 자신감을 가지고 도전해 보겠다고 이야기했습니다. 아직 능숙하지는 않지만 두려움을 극복하며 도전하고 있지요. 아이의 노력과 용기에 부모님도 감동하셔서 가정에서도 격려해 주신다고 합니다. 그림책과 놀이로 용변 뒤처리에 대한 걱정과 두려움을 극복하고, 아이 스스로 용기와 희망을 가질 수 있었습니다.

✉️ 똑똑! 고민 상담소

Q. 집에서는 화장실에 잘 간다는데, 기관에서는 화장실에 가지 않으려고 해요.

A. 용변은 생리적인 욕구로, 누구나 편안한 환경을 찾으려고 합니다. 심리적인 요인이기 때문에 그럴 수 있습니다. 가정과 다른 환경이 낯설어서 가기 싫을 수도 있고, 두려움이 생길 수도 있습니다.

　먼저 생리적인 욕구를 참아 내는 아이의 속마음을 들어 보고 공감해 주세요. 그런 다음 용변을 볼 때 짱짱맨과 눈을 맞출 수 있도록 아이 눈높이에 짱짱맨 사진을 붙여 주는 등 화장실을 편안한 공간으로 만들어 줍니다. 아이들이 좋아하는 이미지나 아이들이 직접 그린 그림을 붙여서 화장실을 꾸며도 좋습니다.

3. 함께 만들어 가는 학급운영

귀 쫑긋 들어 주세요

📖 『귀』

"내가 말하고 있잖아. 내 얘기 듣고 있어?" "내가 얘기하잖아. 내 얘기 좀 들어 줘!" 지석이랑 정우는 놀이하면서 자신의 이야기를 먼저 들어 달라며 다툽니다. 한참을 먼저 말하겠다고 우기던 정우가 "알았어, 들어 줄게."라고 해 놓고는 지석이를 바라보지도 않고 다른 놀이를 하고 있네요. 그러자 혼자서 말하던 지석이는 정우가 자신의 이야기를 듣지 않는다며 큰 소리로 화를 냅니다.

이 시기 아이들은 자기 중심성이 강해, 다른 사람의 이야기를 주의 깊게 듣기보다 말하려는 욕구가 앞서 자신이 하고 싶은 말에 더 집중합니다. 이렇듯 내가 하고 싶은 말만 한다면 서로 주고받는 소통이 어렵겠지요? 지금부터 우리 말을 잘 들어 주는 『귀』로 듣기의 소중함을 느껴 봅시다.

『귀』
피레트 라우드 글·그림, 신형건 옮김, 보물창고

어느 날 홀로 남겨진 귀는 자신이 무엇을 할 수 있는지 고민합니다. 귀는 친구들의 이야기를 들어 주면서 자신이 가장 잘할 수 있는 일이 무엇인지 알게 됩니다.
친구들의 이야기를 잘 들어 주는 귀의 태도는 우리에게 듣기가 무엇인지, 어떤 태도로 들어야 하는지 알려 줍니다.

✦ 그림책 토크 ✦

1일 차 : 그림책 그림만 감상하기

그림책 앞표지에 있는 제목을 가린 다음 함께 이야기 나눈다.

– 무엇이 보이나요? 누가 주인공일까요?

– 어떤 제목일지 그림책의 그림을 먼저 감상한 뒤 알아볼까요?

그림책의 그림만 보며 어떤 이야기일지 상상해 본다.

– 그림을 잘 살펴보았나요? 어떤 장면이 가장 기억에 남나요?

– (그림책의 한 장면을 제시하며) 무슨 일이 생긴 걸까요?

– 이번에는 가려진 그림책 제목을 한번 생각해 볼까요? 제목을 뭐라고 지어 볼까요?

2일 차 : 그림책 이야기 감상하기

그림책 이야기를 들려주고, 자신의 생각을 말해 본다.

– 머리가 없이 홀로 남겨진 귀는 어떤 기분이었을까요?

– 귀는 혼자서 무엇을 할 수 있을까요?

– 다른 동물의 이야기를 들어 주면서 귀는 어떤 생각을 했을까요?

– 우리의 귀는 무엇을 할 때 좋아할까요?

– 만약 우리가 그림책 속 귀를 만난다면 어떤 이야기를 하고 싶나요?

그림책 읽어 주기 팁

★ 『귀』는 풍자와 교훈을 담은 우화적 성격을 띠고 있어 아이에게 다소 어렵게 느껴질 수 있습니다. 아이들이 그림책에 흥미를 가질 수 있도록, 먼저 그림만 보며 이야기 나눠 봅니다.

★ 어휘와 글밥이 많아 다소 어려울 수 있으므로, 아이의 언어로 재구성하여 이야기를 들려줍니다.

함께 읽어 주면 좋은 책

- 『딴생각 하지 말고 귀 기울여 들어요』 서보현 글, 손정현 그림, 상상스쿨

✦ 놀이 지원 ✦

귀는 어디로?

* **놀이 도구** 그림책 마지막 장면 그림, 귀 그림 컷, A4 종이, 색연필, 사인펜

* **놀이 방법**
  1. 그림책의 마지막 장면을 살펴보며 이야기 나눈다.
     (예: "귀는 어디로 갔을까요?" "귀가 없으면 어떨까요?")
  2. 귀가 어디로 갔을지 상상해 본 뒤, 그림이나 글로 표현한다.
  3. 자신의 이야기를 친구들에게 소개한 다음 전시회를 열어 본다.

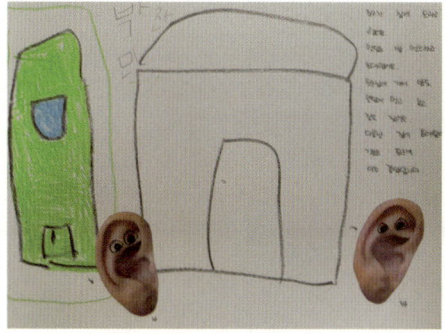
친구 집에 놀러 갔어요.

바다에 간 귀는 괴물을 만났어요.

친구들과 술래잡기해요.

토끼가 안아 줘서 기분이 좋아요.

만약 귀가 없다면?

✱ <mark>놀이 도구</mark>　활동지, 색연필 또는 사인펜

✱ <mark>놀이 방법</mark>
1. 귀가 어떤 일을 하는지 알아본다.
2. 만약 귀가 없다면 어떤 일이 생길지 모둠별로 이야기 나눈다.
3. 활동지에 자신의 생각을 글과 그림으로 표현해 본다.
4. 우리 몸에 귀가 없다면 어떨지 모둠별로 아이들의 생각을 발표한다.
5. 모둠별 작품을 보고 궁금한 것을 물어본다.

귀가 없으면 어떨 것 같아?

친구 목소리도 못 듣잖아. 싫은데…….

엄마, 아빠 말도 못 들으니까
귀가 돌아왔으면 좋겠어요.

귀가 없으면 슬퍼요.

누구의 목소리일까요?

✳ **놀이 도구**   안대, 이름 카드

✳ **놀이 방법**
1. 큰 원형으로 앉은 다음 순서대로 자신의 이름을 말한다. 이때 아이들은 친구의 목소리를 귀 기울여 듣는다.
2. 술래를 한 명 정한다.
3. 술래는 원형 중앙에 앉은 후 안대를 한다.
4. 술래가 아닌 아이들은 교사가 제시하는 이름 카드를 보고, 자신의 이름이 나오면 "안녕? 친구야!"라며 술래에게 말한다.
5. 술래는 소리가 나는 방향으로 몸을 돌린 다음, 누구 목소리인지 친구의 이름을 말해 본다.

나는 술래! 친구의 소리를 들어요.

나는 우리 반 친구들 목소리를 다 알아요.

쉿! 들어 주세요, 친구 이야기

✱ **놀이 도구**   TV 상자, 마이크 1개, 경청의 메시지 카드

✱ **놀이 방법**

1. 아이들이 하고 싶은 이야기를 발표할 때 친구가 경청하는 모습을 볼 수 있도록 '쉿! 들어 주세요, 친구 이야기' 시간을 갖는다.
2. 사전에 아이들과 경청에 관해 이야기 나누고, 경청의 메시지 카드를 만든다.
   (경청의 메시지 카드 예: '눈은 반짝' '입은 꼭' '귀는 쫑긋' '손은 무릎' '허리는 쭈욱' '엉덩이는 바닥에 뽀뽀' '끄덕끄덕')
3. 발표자는 경청의 메시지 카드 중 자신이 원하는 반응 카드를 선택해 TV 상자 위에 붙인다.
4. 이야기를 듣는 아이들은 '들어 주세요' 노래를 부르며 발표자가 선택한 경청의 메시지 카드를 확인한 후, 이야기 들을 준비를 한다.
5. 발표자는 '들어 주세요' 노래가 끝나면 친구들에게 자신의 이야기를 들려준다.
6. 이야기를 마친 발표자는 자신의 이야기를 들어 준 친구들에게 "이야기를 잘 들어 줘서 고마워.", "최고야!" 등 칭찬의 말을 해 준다.

경청의 메시지 카드

오늘 날씨를 알려 줄게.

'들어 주세요' 노래

귀 상담소

* **놀이 도구**　큰 상자, 메모지, 사인펜

* **놀이 방법**
  1. 그림책 속의 귀를 만난다면 어떤 말을 하고 싶은지 이야기해 본다.
  2. (귀에게만 들려주고 싶은 이야기가 있다는 아이들 의견을 반영해) 큰 상자를 준비해 귀 상담소를 만든다.
     (상자가 없으면 교구장을 배치해 조용한 공간을 만들 수 있다.)
  3. 귀 상담소에 들어가 귀에게 하고 싶은 이야기를 하거나, 그림이나 글로 자신의 생각을 표현해 귀 상담소 안에 붙여 본다.

우리 반 귀 상담소

내 얘기 들어 줘서 고마워!

💡 교사와 아이의 성장 이야기

우리 반 아이들은 자신의 생각과 감정은 잘 표현하지만, 선생님이나 친구들이 이야기할 때 못 들은 척하거나 때로는 무시하는 행동을 보여, 바른 듣기 습관을 형성하지 못할까 봐 걱정되었습니다.

『귀』를 읽고 난 뒤 아이들은 말하는 사람을 바라보려고 노력하고, 어떤 때는 손을 귀에 올려 잘 듣고 있음을 몸으로 표현하기도 합니다. 또 엄마한테 혼났을 때, 친구가 안 놀아 줘서 속상할 때, 친구 때문에 화가 날 때면 귀 상담소를 찾아 소곤소곤 이야기하고 나옵니다. 잠시 자신만의 공간과 시간을 가진 뒤 편안한 모습으로 나오는 아이들을 볼 때면 아이들과 함께 만든 귀 상담소가 더 소중하게 다가옵니다. 아이들에게 경청이 무엇인지 따로 이야기하지 않았지만, 아이들은 그림책을 통해 자연스럽게 경청의 의미와 태도를 알고 경청하는 의사소통 방법을 실천하게 되었습니다.

✉ 똑똑! 고민 상담소

Q. 이야기 나누기를 하는데, 한 아이가 자기 말만 들어 달라고 해요. 또 발표를 못 하면 삐집니다.

A. 아이가 자기 이야기만 들어 달라고 할 때는 생각과 감정을 알아주길 바라서, 또는 주목받고 싶은 마음에 이렇게 표현할 수 있습니다. 먼저 아이가 무엇 때문에 그런 행동을 하는지 의도를 파악해 아이의 마음에 공감해 주세요. 다음으로 많은 사람과 함께 이야기 나눌 때는 차례를 기다려야 한다는 점을 알려 줍니다. 친구 이야기 듣고 따라 하기, 소리 전달하기 등의 놀이로 친구 이야기에 귀 기울이는 습관을 기를 수도 있습니다. 또 끝말잇기, 공 주고 받으며 이야기하기 등을 통해 다른 사람이 이야기를 끝마칠 때까지 기다려 주는 경험을 제공합니다. 아이가 다른 사람의 이야기를 경청하고 그에 관해 자신의 생각이나 느낌을 말하도록 격려하고 긍정적으로 피드백해 주세요. 이런 다양한 듣기 활동을 통해 아이는 바른 듣기 습관을 기를 수 있습니다.

공평함? 공정함? 우리 교실은 어떤가요?

📖 『하마 엄마가 팬케이크를 나누는 방법』

아이들이 가장 좋아하는 자석 벽돌 블록이 바닥으로 와르르 쏟아집니다. "또 너만 쓰려고 하지!" "내가 빨리 와서 먼저 잡았으니까, 이만큼은 내가 쓸 거야!" "선생님! 예찬이가 자석 벽돌 블록을 혼자 다 쓰려고 해요!" 오늘도 선생님은 '솔로몬'이 되어야 합니다.

학급에는 다양한 아이들이 있습니다. 교사들은 아이들마다 발달 특성이나 성향을 파악해 학급을 운영합니다. 각기 다른 아이들이 함께 생활하는 공간이니, 모두를 위해 '규칙'이 필요한 순간이 참 많습니다. 특히 놀잇감과 관련해서는 매일같이 아이들 사이에 갈등이 일어나곤 합니다. 그렇다면 규칙을 정할 때 어떤 것들을 고려해야 할까요? 우리 모두에게 필요하고, 모두가 지킬 수 있는 교실 규칙은 어떻게 정할 수 있을까요?

『하마 엄마가 팬케이크를 나누는 방법』
량야이 글, 아미아오 그림, 김영미 옮김, 보랏빛소어린이

하마 엄마가 맛있게 구운 팬케이크를 받기 위해선 규칙을 지켜야 합니다. 첫 번째 규칙은 '줄을 서는 것'입니다. 달리기가 빠른 동물들이 팬케이크를 다 먹고 다시 줄을 서니, 달리기가 느린 동물들이 불공평하다고 이야기합니다. 동물들의 의견에 맞추어 규칙을 계속 덧붙이지만, 모두를 만족시키긴 어렵습니다.
모두가 만족할 수 있는 규칙이 무엇일지, 그림책을 살펴보며 아이들과 함께 생각해 볼 수 있습니다.

✦ 그림책 토크 ✦

그림책 앞표지를 보며 이야기 나눈다.

- 어떤 동물 친구들이 보이나요?
- 하마 엄마가 만든 팬케이크에 어떤 과일들이 보이나요?
- 하마 엄마는 이 팬케이크를 어떻게 나누었을까요?

그림책 앞부분의 이야기를 들려주고, 아이들과 생각을 나눈다.

- 어떻게 하면 모두에게 팬케이크를 나누어 줄 수 있을까요?
- 그 방법대로 하면, 모두에게 팬케이크를 공평하게 나누어 줄 수 있을까요?
- 팬케이크를 받지 못해 투덜거리는 동물 친구들을 보고, 하마 엄마와 고양이는 어떤 생각을 했을까요?

그림책 뒷부분의 이야기를 들려주고, 아이들과 생각을 나눈다.

- 하마 엄마가 생각한 방법에 대해 어떻게 생각하나요?
- 내가 하마 엄마네 집에 놀러 간다면, 어떤 팬케이크를 만들어 보고 싶나요?
- 하마 엄마처럼 나도 친구들에게 나누어 주고 싶은 것이 있나요?
- 우리 반 친구 모두에게 나누어 주려면 어떻게 해야 할까요?

그림책 읽어 주기 팁

★ 동물들이 화가 난 장면에서 그림책 들려주기를 멈추고, 아이들의 생각을 들어 봅니다.

(예: "동물들은 왜 화가 났을까요?")

함께 읽어 주면 좋은 책

- 『우리가 케이크를 먹는 방법』 김효은 글·그림, 문학동네
- 『사라진 루크를 찾는 가장 공정한 방법』 로랑 카르동 글·그림, 김지연 옮김, 꿈터
- 『공정 : 내가 케이크를 나눈다면』 소이언 글, 김진화 그림, 우리학교

✦ 놀이 지원 ✦

팬케이크를 만들고 나누어요

✱ 놀이 도구   계란, 우유, 팬케이크 가루, 볼, 거품기, 국자, 뒤집개, 전기 팬

✱ 놀이 방법

1. 우리가 만들고 싶은 팬케이크를 생각해 본다.
2. 그림책 장면을 회상하면서 요리 활동에 필요한 재료와 도구를 알아본다.
3. 볼에 계란, 우유, 팬케이크 가루를 넣고 거품기로 반죽이 노랗게 변할 때까지 섞는다.
4. 반죽을 한 국자 떠서 전기 팬 위에 동그랗게 붓는다.
   (불 사용 시 안전에 유의한다.)
5. 팬케이크 윗면에 기포가 생기면 뒤집개로 팬케이크를 뒤집는다.
6. 완성된 팬케이크를 친구들과 공평하게 나누어 먹는 방법에 관해 이야기 나눈다.
   (예: "우리가 만든 팬케이크는 몇 개인가요?" "우리 반은 몇 명인가요?" "어떻게 하면 공평하게 나누어 먹을 수 있을까요?" "모두에게 똑같이 나누어 주는 게 공평한 것일까요?")
7. 아이들이 생각한 방법으로 팬케이크를 공평하게 나누어 먹는다.

계란, 우유, 팬케이크 가루를 넣고
반죽이 노랗게 변할 때까지 섞어요.

반죽을 전기 팬 위에 동그랗게 부어
팬케이크를 구워요.

핫 시팅(Hot-seating) 인터뷰 놀이!

✱ **놀이 도구**   마이크, 의자, 등장인물 머리띠

✱ **놀이 방법**

> **'핫 시팅(Hot-seating) 기법'이란?**
> 아이들이 이야기 속 등장인물이 되어 의자(Hot-seat)에 앉아, 맡은 역할을 연기하며 주어진 질문에 답을 하는 토론 기법이에요. 이 활동을 통해 아이들은 이야기 속 인물의 입장을 알고, 마음을 헤아려 볼 수 있어요.

1. 그림책 장면을 회상하며, 마음을 알아보고 싶은 등장인물을 선택한다.
2. 등장인물에게 궁금한 것을 떠올려 보고 질문을 만든다.
    (예: 나무늘보 – "열심히 걸어왔지만 팬케이크를 먹지 못했을 때 어떤 기분이 들었나요?", 하마 엄마 – "동물들이 규칙이 불공평하다고 화를 냈을 때 어떤 생각이 들었나요?", 아기돼지 – "어떻게 하마 엄마 집에 찾아갈 용기를 낼 수 있었나요?")
3. 등장인물이 되어 볼 아이는 앞에 놓인 의자에 앉는다.
4. 자리에 앉은 아이들은 의자에 앉은 아이에게 질문을 한다.
    (교사가 질문하고 답하는 과정을 먼저 보여 주면 활동이 더 원활해진다.)
5. 활동을 마친 뒤 '핫 시팅 인터뷰 놀이'를 한 소감을 나눈다.

의자에 앉아 등장인물이 되어 이야기해 보아요.

그림책 속 동물 친구에게 질문해요.

어린이 신문고를 울려라, 둥둥둥!

✱ **놀이 도구**   태극 문양, 종이테이프, 스펀지 북채, 왕 역할 머리띠 혹은 모자

✱ **놀이 방법**

1. 그림책 속 동물들이 하마 엄마의 규칙에 불만을 가졌던 이유에 관해 이야기 나눈다.

    (예: "목도리도마뱀이 목도리를 크게 펼쳐서 도마뱀이 억울해했어요." "민달팽이는 등 껍데기가 없어서 달팽이보다 작은 팬케이크를 받았어요." "팬케이크를 낮에만 나누어 줘서 밤에 활동하는 올빼미가 화가 났어요.")

2. '신문고'에 대해 알아본다.

    (예: "조선 시대에는 백성들이 억울한 일을 당했을 때 '신문고'라는 북을 울려 임금님께 억울함을 이야기했대요.")

3. 우리가 만든 학급 규칙 중, 지키기 어렵거나 불만이 있는 규칙을 생각해 본다.

4. 스펀지 북채로 '신문고'를 치며, 바꾸고 싶은 규칙에 관해 이야기한다.

5. 왕 역할을 맡은 아이가 앞으로 나와 '규칙'에 관해 토론 활동을 진행한다.

    (예: 이전 규칙의 장점과 단점, 새로운 규칙의 장점과 단점 등)

바꾸고 싶은 규칙을 말하면서 신문고를 울려요.

왕과 함께 규칙을 바꿔 보아요.

💡 교사와 아이의 성장 이야기

학급을 운영할 때, 다양한 상황 속에서 교사는 최선의 방법과 모든 아이가 만족할 만한 결과가 무엇일지 고민합니다. 숲속 마을 하마 엄마도 교사와 같은 마음이었겠지요. 모든 동물들에게 맛있는 팬케이크를 나누어 주고 싶었지만, 동물들은 저마다의 상황과 사정으로 하마 엄마의 규칙에 불만을 가집니다. 팬케이크를 직접 만드는 요리 활동을 통해 아이들은 동물 친구들을 위해 팬케이크를 구운 하마 엄마의 수고를 경험하고, '핫 시팅 인터뷰 놀이'를 통해 동물들마다 느꼈던 생각과 감정을 이해해 보았습니다. 인터뷰 놀이 초반에는 아이들이 동물 입장이 되어 이야기하는 것을 부끄러워했습니다. 하지만 서로 질문하고 대답하는 과정이 여러 번 반복되자, 표정도 진지해지고 동물이 느꼈을 법한 속상하고 억울한 감정을 호소하는 모습을 보였습니다. 이 과정에서 아이들은 내가 아닌 다른 사람의 입장에서 생각하고, 그 사람의 감정에 공감하는 경험을 할 수 있었답니다.

모두가 안전하고 행복하게 생활하기 위해 다 함께 만든 규칙들이지만, 아이들 한 명 한 명 입장에서는 불편하고 어려운 점이 있겠지요. '어린이 신문고를 울려라, 둥둥둥!' 놀이를 통해 주기적으로 우리의 규칙을 점검해 보고, 모두를 만족시킬 수 있는 공평하고 공정한 규칙을 계속해서 찾아 간다면 모두가 행복하게 생활하는 교실이 될 것이라 생각합니다.

✉ 똑똑! 고민 상담소

Q. 규칙을 정할 때, 계속 자기 입장만 주장하며 고집을 피우는 아이가 있어요.

A. 아이가 원하는 것이 무엇인지 대화해 보고, 친구들과 선생님이 수용 가능한 부분이 있다면 "우리가 너를 위해 이만큼 양보할 수 있어. 너도 우리를 위해 이만큼 양보해 줬으면 좋겠어."라고 이야기해 주면 어떨까요? 아울러 양보해 준 친구들의 고마운 마음을 구체적으로 칭찬하고 격려해 줍니다.

4. 안전한 생활

우리는 교통 지킴이

📖 『수상한 신호등』

  현장 학습 가는 날! 들뜬 아이들이 버스에 탑승하려고 합니다. 희정이는 제일 먼저 뛰어가며 "내가 먼저 탈 거야!" 하고 소리칩니다. 버스 안에서는 지영이가 "아이, 더워! 창문 열어야겠다. 우아, 저기 나무 좀 봐!"라며 창문 밖으로 팔을 내밉니다. 교사가 "위험하니까 손은 밖으로 내밀지 말자."라고 하니, 지영이는 손을 안으로 넣은 후 안전벨트를 풀고 자리에서 일어섭니다. 교사가 "지영아, 위험해! 자리에 앉아서 안전벨트를 매자."라고 말하니, 지영이는 시무룩한 표정을 지으며 "안전벨트 매는 거 답답한데……." 하며 다시 안전벨트를 맵니다.

  이 시기 아이들은 호기심이 넘치고 자신의 욕구대로 하고 싶은 마음이 강합니다. 아이들이 자신의 욕구를 조절하고 안전 규칙을 스스로 지킬 수 있도록, 놀이를 통해 안전 지도를 할 필요가 있습니다. 『수상한 신호등』은 빨강, 초록, 주황의 기본 신호등 불빛뿐 아니라 다양한 불빛이 등장해 재미있고 신박한 일들을 펼칩니다. 아이들은 『수상한 신호등』과 함께 상상하고 놀면서, 안전 규칙을 하나씩 알아 갑니다.

『수상한 신호등』
더 캐빈 컴퍼니 글·그림, 송태욱 옮김, 비룡소

현실에는 없는 다양한 색깔의 신호등이 등장해 상상력과 창의력을 자극하는 그림책입니다. 신호등의 기발한 지시어에 따라 도로에서 일어나는 갖가지 상황들을 살펴보며, 즐겁게 안전 규칙을 배울 수 있는 책! 상상과 안전이 공존하는 수상한 신호등의 세계로 들어가 볼까요?

✦ 그림책 토크 ✦

그림책 앞표지를 보며 이야기 나눈다.

– 신호등의 표정이 어떤가요?

– 무슨 말을 하고 있을까요?

– 제목과 그림을 살펴보니 어떤 이야기가 펼쳐질 것 같나요?

그림책 속 이야기를 감상한다.

그림책을 감상한 다음, 아이들과 이야기 나눈다.

– 가장 기억에 남는 장면은 무엇인가요?

– 신호등 색이 바뀌면 어떻게 되었나요?

– 내가 신호등이라면 어떤 색으로 변하고 싶나요?

– 만약 이 세상에 신호등이 없다면 어떨까요?

– 신호등마다 정해진 규칙을 지키면 어떤 점이 좋을까요?

– 우리를 지켜 주는 신호등에게 어떤 말을 해 주고 싶나요?

그림책 읽어 주기 팁

★ 신호등의 색깔과 지시에 따른 여러 교통 기관의 모습을 살피며 이야기를 들려줍니다.

★ 다음 장면의 상황을 예측해 보며 이야기를 들려줍니다.

함께 읽어 주면 좋은 책

- 『마음버스』 김유 글, 소복이 그림, 천개의바람
- 『혼자 버스를 타고』 마리안 뒤뷕 글·그림, 선우미정 옮김, 느림보
- 『행복을 나르는 버스』 맷 데 라 페냐 글, 크리스티안 로빈슨 그림, 김경미 옮김, 비룡소

✦ 놀이 지원 ✦

한 걸음 신호등 놀이

✶ **놀이 도구**   접시 신호등(색깔 종이 접시, 도화지, 매직, 하드 막대, 테이프), 종이테이프

✶ **놀이 방법**

<접시 신호등 만들기>

1. 색깔 종이 접시마다 표정을 그린다.
2. 색깔 종이 접시마다 행동해야 할 지시어를 정한다.
   (예: '멈춰요' '지나가세요' '물구나무서세요')
3. 지시어를 도화지에 적어 색깔 종이 접시에 붙이고, 뒷면에 하드 막대를 테이프로 붙인다.

<한 걸음 신호등 놀이>

1. 바닥에 80cm 간격을 두고 종이테이프를 가로로 4줄 붙인다.
2. 두 팀(지시팀, 행동팀)으로 나누고, 게임에서 지켜야 할 약속에 관해 이야기 나눈다.
   (예: 친구와 앞뒤 간격 유지하기, 안전하게 놀이하기 등)
3. 지시팀의 지시어를 들으면, 행동팀은 한 줄씩 앞으로 나와 지시어에 맞게 행동한다.

접시 신호등

분홍색 신호등 - 물구나무를 서요.

우리가 만든 '버스 안전 약속판'

✱ 놀이 도구   전지 또는 광목천, 필기도구

✱ 놀이 방법
1. 버스 탈 때 지켜야 할 안전 약속에 관해 이야기 나눈다.
2. '버스 안전 약속판'을 함께 만들어 본다.
3. '버스 안전 약속판'은 버스 탑승 시 볼 수 있도록 현관에 게시한다.

['버스 안전 약속판' 예시]
- 옷과 가방, 끈이 끼지 않게 조심해요.
- 안전벨트를 매야 해요.
- 버스 안에서는 팔을 밖으로 내밀거나 장난치면 안 돼요.
- 버스를 탈 때는 차례를 지켜요.
- 버스에서 내릴 때는 왼쪽 오른쪽을 잘 살펴요.

약속판을 만들어요.

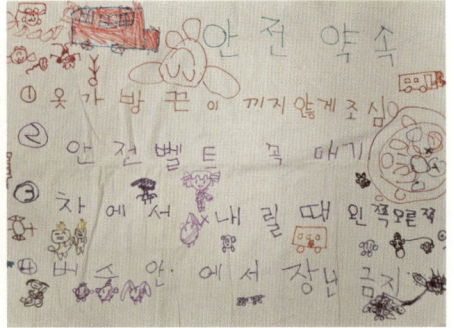
우리가 만든 '버스 안전 약속판'

타요, 타요! 안전 버스!

✱ **놀이 도구**   훌라후프

✱ **놀이 방법**

1. 두 명이 만나 가위바위보를 한다.
2. 가위바위보에서 진 사람이 훌라후프 운전대를 잡는다.
3. 이긴 사람은 훌라후프 버스 안으로 들어간다.
4. 두 명이 한 팀이 되어 팀끼리 마주 본다.
5. 운전대를 잡은 사람끼리 가위바위보를 한다.
6. 가위바위보에서 진 팀은 앞으로, 이긴 팀은 뒤로 가며 "안전하게 버스를 타요."라고 말한다.
7. 이긴 팀은 진 팀의 훌라후프를 함께 잡아 하나로 합체한다.
8. 훌라후프 버스가 하나로 완성되면 "타요, 타요! 안전 버스!"라고 외친다.

타요, 타요! 안전 버스!

가위바위보! 내가 졌다. 이긴 친구 내 뒤로!

💡 교사와 아이의 성장 이야기

 통학 버스를 이용하거나 현장 학습을 갈 때 교사는 한껏 들뜬 아이들을 안전하게 돌보느라 긴장합니다. 안전사고를 예방하기 위해 『수상한 신호등』을 읽고 놀이를 해 보았습니다.
 아이들은 다양한 지시어들을 몸으로 표현하면서 신나게 '한 걸음 신호등 놀이'에 참여했습니다. 한 걸음 다가갈 때마다 지시팀이 어떤 지시 신호등을 올릴지 기대하며 즐겁게 놀이했습니다. 또한 아이들과 함께 만든 '버스 안전 약속판'을 현관에 비치해 두었더니, 등하원 시 부모님이나 동생들에게 "버스에서는 안전벨트를 꼭 매야 해요.", "장난치지 않아요." 같은 약속 내용을 설명하였습니다. '버스 안전 약속판 만들기'와 '타요, 타요! 안전 버스!' 놀이에서는 안전하게 버스를 타고 내리는 모습을 보였습니다. 버스를 이용할 때 동생들이 장난을 치지 않도록 안내하면서 자신의 행동을 조절하였지요.
 아이들 스스로 안전 규칙을 지키려 노력하는 모습을 보면서 놀이의 힘을 다시 한번 느꼈습니다. 우리 아이들이 내일은 또 어떤 마음으로 안전 규칙을 지켜 나갈지 기대가 됩니다.

✉ 똑똑! 고민 상담소

Q. 버스 안에서 갑자기 소변 실수를 하거나, 멀미 때문에 구토를 하는 등의 돌발 상황에 안전하게 대처하는 방법이 궁금합니다.

A. 다양한 돌발 상황에 안전하게 대처할 수 있도록 아래와 같이 사전에 준비합니다.
 - 소변 실수 대처법 : 사전에 화장실 다녀오기, 여벌 옷 챙기기, 방수포·수건·물티슈 준비하기 등
 - 구토 대처법 : 학부모와 상의하여 사전에 멀미약 복용하기, 앞자리에 앉기, 창문 열어 주기, 여벌 옷 챙기기, 비닐봉지와 물티슈 준비하기 등
 - 버스 타고 내릴 때 친구를 밀었을 경우 대처법 : 사전에 안전 규칙 약속 안내하기, 구급함 준비하기 등

나의 몸은 소중해요!

📖 『이럴 땐 싫다고 말해요!』

"선생님, 동진이가 내 몸을 막 만져요."라고 수빈이가 교사에게 말하자, 동진이는 "아니에요. 그냥 모르고 부딪친 거예요."라고 합니다. 교사가 "동진아, 무엇 때문에 수빈이 몸을 만진 거야?" 하고 물으니, 동진이는 한참 생각하다 작은 목소리로 "몰라요. 그냥 장난하고 싶어서 그랬어요."라고 대답합니다. 아이들은 어른이 생각하는 '성'의 개념과는 다르게, 단지 궁금하거나 호기심으로 이렇게 행동하는 경우가 많습니다. 또 성폭력이나 성추행 같은 개념도 아직 잘 모르고, 나에게 일어난 일이 정확히 어떤 건지 구분하기 어려워합니다. 하지만 아이들과 함께 성교육을 하다 보니, 친구뿐 아니라 어른에게서도 자신의 몸을 지켜야 하고, 친구의 몸도 소중히 해야 함을 이해하게 됩니다.

'착한 아이'라는 이미지가 때로는 "싫어요."라는 말을 하기 어렵게 만듭니다. 『이럴 땐 싫다고 말해요!』를 통해 아이가 자신을 지킬 수 있는 내면의 힘을 기르기를 기대해 봅니다.

『이럴 땐 싫다고 말해요!』
마리-프랑스 보트 글, 파스칼 르메트르 그림, 홍은주 옮김, 문학동네

주인공은 다섯 가지 상황에서 느꼈던 감정과 대처 행동을 하나씩 들려줍니다. 또 나쁜 어른들로부터 자신을 보호하는 방법을 알려 줍니다. 물론 상황을 판단하는 기준도 알려 주지요. 아직 몸과 마음이 성장 중인 아이들은 주인공의 이야기를 통해 낯선 상황에서 올바른 결정을 내릴 수 있는 힘과 "싫어요."라고 말할 수 있는 용기를 얻게 됩니다.

✦ 그림책 토크 ✦

그림책 앞표지의 말풍선 속 제목을 포스트잇으로 가린 다음, 이야기 나눈다.

– 말풍선에 어떤 말을 넣고 싶나요?

– (포스트잇을 떼며) 어떤 때 싫다고 말해야 할까요?

그림책에 있는 다섯 가지 상황을 하루에 하나씩 들려준다.

그림책을 감상한 다음, 아이들과 이야기 나눈다.

상황 1 – 왜 아저씨는 수영장 탈의실에서 잠깐 와 보라고 했을까요?
 – 주인공은 그 아저씨에게 어떤 말을 했나요?

상황 2 – 모르는 사람이 여러분을 부르거나 만지려고 한 적이 있나요?
 – 주인공의 기분은 어땠을까요?

상황 3 – 여러분은 누가 껴안았을 때 기분이 좋았나요?
 – 왜 주인공은 아저씨가 이상하다고 말하지 못했나요?

상황 4 – 내가 만약 모르는 사람을 따라가는 친구의 모습을 보면 어떻게 해야 할까요?
 – 따라가는 친구에게 어떤 말을 해 주고 싶나요?

상황 5 – 간직해야 될 비밀과 말해야 되는 비밀은 무엇일까요?
 – 만약 누군가가 내 옷을 벗기려고 한다면 어떻게 해야 할까요?

그림책 읽어 주기 팁

★ '집에 혼자 있을 때를 생각해 볼까요?'부터 시작되는 생각 나눔과 놀이 부분은, 그림책을 감상한 뒤 후속 활동으로 하루에 하나씩 해 봅니다.

★ 나쁜 어른들에 대한 부정적인 이미지를 너무 강조해 '어른은 무섭다'라는 인식이 각인되지 않도록 유념하며 이야기를 들려줍니다.

함께 읽어 주면 좋은 책

- 『내가 안아 줘도 될까?』 제이닌 샌더스 글, 세라 제닝스 그림, 김경연 옮김, 풀빛

✦ 놀이 지원 ✦

손가락 인형극 놀이

✱ **놀이 도구**   색종이, 종이접기 순서 영상, 사인펜

✱ **놀이 방법**
1. 종이접기 순서를 영상으로 살펴본다.
2. 원하는 색깔의 색종이로 사람 접기를 한다.
3. 사인펜을 사용해 다양한 사람의 표정을 표현한다.
   (예: 다른 사람, 아이, 엄마, 선생님, 친구 등)
4. 양손 손가락에 내가 원하는 손가락 종이 인형을 꽂는다.
5. 그림책 속 주인공의 상황을 회상하며 손가락 종이 인형극 놀이를 한다.
   (예: 왼손 검지(다른 사람)-"넌 참 착하구나. 아저씨랑 저기 계단 있는 곳으로 가자." 오른손 검지(아이)-"싫어요! 엄마한테 갈래요!")
6. 친구와 마주 보고, 손가락에 내가 하고 싶은 주인공 종이 인형을 꽂는다.
7. 다른 사람들로부터 자신을 보호하는 방법을 알고, 친구와 자유롭게 종이 인형극 놀이를 하며 적용해 본다.

손가락 인형극 놀이를 해요.

종이 인형 접기 영상

좋아요! 싫어요! OX 퀴즈 한마당

* **놀이 도구**   OX 퀴즈 PPT, 컴퓨터

* **놀이 방법**
  1. '좋아요! 싫어요! OX 퀴즈 한마당' 개최를 선언한다.
     (예: "지금부터 우리 반 '좋아요! 싫어요! OX 퀴즈 한마당' 을 시작하겠습니다.")
  2. PPT에 제시된 문제를 아이에게 읽어 주면, 아이들은 두 팔을 머리 위로 올려 'O' 또는 'X'로 자신이 생각하는 답을 표현한다.
     (퀴즈 예: ① 평소에 아는 사람이라도 부모님 허락 없이 따라가면 안 된다. ② 다른 사람이 내 속옷 안으로 손을 넣어 만지려고 하면 싫다고 말한다. ③ 내 몸을 만지는 사람은 모두 남자들이다. ④ 친한 친구니까 친구가 화장실에서 볼일 보는 모습을 훔쳐봐도 된다. ⑤ 싫다고 하는데도 자꾸 숨을 쉴 수 없게 꼭 껴안아도 가만히 있는다. ⑥ 친구 몸의 소중한 곳이 궁금하면 보여 달라고 한다.)
  3. 퀴즈를 푼 뒤, 여러 상황에서 나를 보호할 수 있는 나만의 약속을 정해 본다.
  4. 개인 OX 푯말이 있다면 각자 개인 푯말을 사용해 놀이해도 좋다. 전체 OX 푯말이 있는 경우에는 강당 같은 넓은 공간에서 전체 OX 게임으로 놀이해도 된다.

퀴즈 문제를 잘 들어 봐요!

'O'일까, 'X'일까?

아이-부모님-교사, 우리는 트라이앵글!

다양한 성폭력 상황에서 우리는 어떻게 예방하고 대처해야 할까요? 아이, 부모님, 교사가 트라이앵글처럼 서로 연결되어 마음의 힘을 기른다면, 아이들이 살아가는 세상이 조금 더 안전하고 밝아질 것입니다. 아래는 가정 연계 자료로, 부모님과 공유해 주세요.

성폭력 예방 교육	- 남자와 여자의 신체 구조가 어떻게 다른지 정확하게 알려 주세요. - 누군가 몸을 만지려고 하거나 만졌다면 선생님이나 부모님께 바로 말하라고 알려 주세요. - 아이와 산책하면서 안전한 길과 위험한 길을 구분할 수 있도록 알려 주세요. - 성폭력 예방 교육을 하기 전에, '경계 존중 교육' 그림책을 통해 몸에는 보이지 않는 경계가 있다는 사실을 알려 주세요. (경계 존중 교육 그림책 예: 『좋아서 껴안았는데, 왜?』 『내가 안아 줘도 될까?』 등)
성폭력 피해 사실을 알게 되었을 때	- 아이를 꼭 안아 주며 "괜찮아. 그리고 말해 줘서 고마워. 엄마 아빠가 해결해 줄게. 걱정하지 마."라고 말해요. - 아이가 하는 첫 번째 증언이 가장 정확하니까 꼭 녹취해요. - 몸을 씻지 않고 옷차림 그대로 빨리 성폭력 전담 의료 기관에 가세요. - 증거 물품은 종이봉투에 넣어서 보관해요. - 아이 몸에 있는 상처나 멍은 꼭 사진을 찍어요. - 만약을 위해 가해자의 협박, 합의 종용 등은 수집, 녹취해요.
아이 보살핌	- 아이는 혼란을 겪고 있어요. 아이가 안정을 찾을 수 있도록 보살펴요. - 피해 후 아이가 정신적, 신체적 고통을 호소하면 전문 의료 기관이나 상담소에 연락해요. - 이런 말은 하지 말아 주세요! "왜 그런 곳에 따라갔니?" "네가 잘못해서 그런 거야." "너 때문에 못 살겠다." "왜 우리 가족한테 이런 일이 일어나는 거야." 등

출처 : 해바라기센터 「아동 및 청소년 성폭력의 이해」 내용 재구성

💡 교사와 아이의 성장 이야기

아동 관련 성폭력 범죄 뉴스를 접할 때마다 학부모와 교사는 분노합니다. 또 실험 카메라 같은 방송을 볼 때마다 교육의 필요성을 더욱 절감하지요. 그래서 아이들과 함께 성폭력 예방 그림책을 읽었습니다. 내용이 많아 하루에 한 가지씩 상황을 나누어 읽었더니, 아이들이 제시된 상황에 관해 조금 더 깊이 생각하는 모습을 보였습니다. 그림책 감상 후 첫날에는 '손가락 인형극 놀이'를 했습니다. 그림책 속 주인공이 만나는 상황이 날마다 바뀌자 아이들의 인형극 놀이 내용도 매일 바뀌었고, 아이들은 필요에 따라 다양한 인물을 등장시키기도 했습니다. 마지막 날 펼쳐진 퀴즈 대회! 중간중간 헷갈리는 아이들도 있었지만, 승패보다는 왜 답이 'O'이고 'X'인지 그 이유를 더 집중해서 알아보았습니다.

모두가 함께 살아가는 이 세상에서 아이들이 더 안전하게 생활하고, 자신을 지키는 내면의 힘을 표출하는 강한 마음과 몸을 갖길 기대합니다.

✉️ 똑똑! 고민 상담소

Q. 왜 영유아기 아이들은 낯선 사람을 따라갈까요?

A. 아이들에게 낯선 사람은 어떤 사람일까요? 현실에서 범죄를 저지르는 사람들은 인종, 나이, 성별에 관계 없이 모두 평범해 보입니다. 어떤 사람이라도 낯선 사람이 될 수 있지요. "모르는 사람은 무조건 도와주지 마!"라고 가르치기보다, 직접 도와주지 않는다고 해서 나쁜 아이가 아니라는 점을 강조해야 합니다. 또 누구나 도움을 요청할 수 있기 때문에, 도움을 요청하는 사람이 모두 나쁜 사람이 아니며 도움을 주기 전에 엄마, 아빠나 선생님께 물어보도록 알려 줘야 합니다.

아이들이 낯선 사람을 따라가지 않게 가르치려면 말로 알려 주기보다는 교육 기관과 집에서 '역할 놀이'를 많이 하는 게 좋습니다. 아이와 함께 연습하고 계속 반복하다 보면 아이는 스스로 자신을 지켜 낼 힘을 기릅니다.

Memo

3부
그림책으로 펼치는 우리들의 놀이

내 맘대로 놀이

📖 『넉 점 반』

바깥 놀이터에서 아이들이 저마다 신나게 놀고 있습니다. 친구와 함께 미끄럼틀을 타는 아이, "나 잡아 봐."라며 도망가는 아이, "너 열 번만 왔다 갔다 해야 돼." 하며 그네 타는 순서를 기다리는 아이, 손으로 모래를 파서 구덩이를 만드는 아이 등 각자 하고 싶은 놀이도 다양합니다. 이때 유준이가 텃밭으로 걸어가다 멈춰 섭니다. 그리고 식물을 유심히 관찰하더니 "어? 지렁이다!" 하고 외칩니다. 모래 놀이를 하던 아이들이 "뭐야? 뭐야?", "지렁이 어디에 있어?"라며 모여듭니다. 모래 놀이는 지렁이 관찰 놀이로 바뀝니다.

아이들은 같은 공간에서도 각자 원하는 놀이가 다르고, 하고 있는 놀이가 다릅니다. 『넉 점 반』의 주인공 아이는 심부름 갔다 오는 길에 어떤 놀이 친구를 만나는지 동행해 볼까요?

『넉 점 반』
윤석중 시, 이영경 그림, 창비

엄마 심부름으로 시간을 물으러 간 아이는 구복상회 할아버지가 알려 준 '넉 점 반'을 읊조리며 집으로 돌아갑니다. ('점'은 시간을 의미합니다.) 그런데 아이의 발걸음은 자꾸 엉뚱한 곳으로 이어지고, 아이의 시선을 따라가다 보면 새로운 놀이 공간이 펼쳐집니다. 자연 속에서 마음껏 놀고 싶은 아이의 마음도 느껴집니다.
시대가 변해도 마음대로 놀고 싶은 아이의 마음은 한결같습니다. 오늘, 교실과 가정에서 또는 자연에서 아이가 마음대로 놀 수 있는 날로 만들어 보는 건 어떨까요?

✦ 그림책 토크 ✦

『넉 점 반』의 배경인 1960년대 사진을 보며, 시대적 특징을 알아본다.
- 사진을 보니 어떤 느낌이 드나요?
- 이때는 왜 시계가 귀했을까요?

윤석중의 시로 만든 동요를 감상한다.
- 예: '똑같아요', '우산', '달 따러 가자', '새 신' 등

시 낭송하듯 그림책 이야기를 감상한 다음, 아이들과 이야기 나눈다.
- 주인공은 어떤 놀이를 했나요?
- 가장 기억에 남는 장면은 무엇인가요?
- 주인공은 왜 곧바로 집으로 가지 않았을까요?
- 주인공처럼 마음대로 놀 수 있다면 어떤 놀이를 하고 싶나요?
- 주인공이 집에 돌아왔을 때 엄마는 뭐라고 말했을까요?

그림책 읽어 주기 팁

★ 그림책을 감상하기 전에 윤석중의 시 '넉 점 반'을 들려줍니다.
★ 그림책을 모두 감상한 다음, 그림책 속 '점(시)', '시방(바로 이때)', '거둥(나들이, 행차)', '꼴딱(일정한 시간을 완전히 넘긴 모양)' 같은 단어의 의미를 수수께끼로 알아봅니다.

함께 읽어 주면 좋은 책

- 『구름 놀이』 한태희 글·그림, 미래엔아이세움
- 『얘들아 놀자!』 박현민 글·그림, 달그림
- 『오늘은 우리 집 놀이터』 박서현 글·그림, 한림출판사
- 『쉿! 수상한 놀이공원』 기디언 스테르 글, 마리아키아라 디 조르조 그림, 창비교육

◆ 놀이 지원 ◆

우리 반! 넉 점 반! 놀이 몰입의 순간!

✷ **놀이 도구**   우드락으로 만든 사진 전시판, 카메라(휴대폰 또는 디지털카메라), 분류 기본판(A4 크기 EVA판) 4개, 프린터 또는 미니 인화기, 놀이에 몰입하는 순간 찍은 사진 2세트, 집게

✷ **놀이 방법**

1. 교사는 아이들이 놀이에 몰입하는 순간을 사진으로 찍는다.
2. 친구의 놀이를 몰입해서 관찰하는 아이의 모습도 찍는다.
3. 프린터나 미니 인화기 등을 사용해 사진을 2세트 출력한다.
   (폴라로이드 카메라로 찍어도 된다.)
4. 우드락으로 만든 사진 전시판에 집게를 사용해 사진 1세트를 게시한다.
5. 아이들이 우드락의 '우리 반! 넉 점 반! 놀이 몰입의 순간!' 사진을 감상한다.
6. 나머지 사진 1세트를 아이들에게 주고, 자신이 생각하는 분류 기본 판에 자유롭게 놓게 한다.
   (예: '가장 느리게 간 것 같은 놀이 몰입 순간' '다시 만나고 싶은 놀이 몰입 순간' '재미있었던 놀이 몰입 순간' '나도 해 보고 싶은 놀이 몰입 순간')

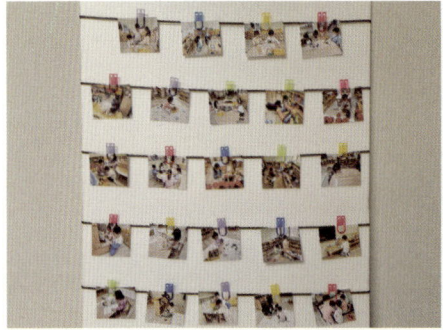

우리 반! 넉 점 반! 놀이 몰입의 순간!

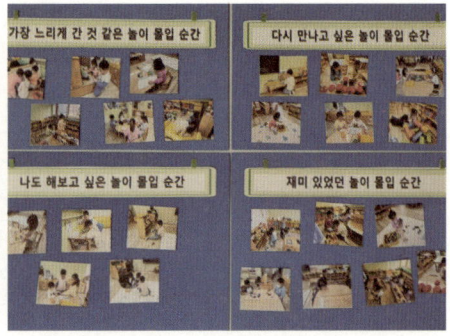

내가 생각하는 친구의 놀이 몰입 순간은?

내 마음대로 넉 점 반 세상!

* **놀이 도구** 작은 빈 상자 1개, 배경 그림 4컷(구복상회, 길가, 꽃밭, 집), 등장인물 그림(아이, 개미, 닭, 잠자리), 두꺼운 도화지, 하드 막대, 테이프, 가위, 풀, 사인펜, 색연필

* **놀이 방법**
  1. 배경 그림 4컷을 상자 크기대로 오린다.
  2. 배경 그림을 상자 네 면에 풀로 붙인다.
  3. 색연필이나 사인펜을 사용해 배경을 꾸민다.
  4. 등장인물 그림(아이, 개미, 닭, 잠자리)을 두꺼운 도화지에 붙이고 가위로 오린다.
  5. 각 등장인물 그림에 하드 막대를 테이프로 붙여 막대 인형을 만든다.
     (이때 하드 막대가 위로 향하도록 그림 위쪽에 막대 끝을 붙인다. 하드 막대가 없으면 제일 작은 종이컵에 붙여 스탠드 인형으로 만든다.)
  6. 각 배경에 따라 등장하는 인물과 그 인물이 할 만한 대사를 상상해 본다.
  7. 막대 인형을 사용해 자유롭게 '넉 점 반' 디오라마 인형극 놀이를 한다.

디오라마 배경과 등장인물을 만들어요.

마음대로 펼치는 '넉 점 반' 인형극 놀이!

똑딱똑딱! 내 손가락은 시곗바늘

* **놀이 도구**   시계(실물), 시계 그림(A4 1/2 크기)

* **놀이 방법**

1. 시계를 제시하고 시곗바늘에 관해 알아본다.

    (짧은 바늘-시, 긴 바늘-분, 반-30분)

2. 양쪽 검지손가락을 좌우로 흔들며, 해당 명칭의 시각 말하기 놀이를 한다.

    (예: 교사-"똑딱똑딱! 한 점 반!", 아이-"똑딱똑딱! 1시 30분!")

3. 같은 방법으로 열두 점 반까지 주고받기를 한다.

    (두 점 반-2시 30분, 석 점 반-3시 30분, 넉 점 반-4시 30분, 다섯 점 반-5시 30분, 여섯 점 반-6시 30분, 일곱 점 반-7시 30분, 여덟 점 반-8시 30분, 아홉 점 반-9시 30분, 열 점 반-10시 30분, 열한 점 반-11시 30분, 열두 점 반-12시 30분)

4. 시계 그림을 하나씩 나누어 가진 다음, 교사가 시각을 외치면 아이는 손가락을 사용해 해당 시각을 시곗바늘로 표현한다.

    (시-왼손 엄지손가락, 분-오른손 검지손가락. 아이들은 시침이 두 숫자 사이에 있을 때 30분이라는 걸 이해하기 어려울 수 있으므로 엄지손가락을 해당하는 시각의 숫자에 놓도록 한다.)

시각 주고받기 손가락 놀이를 해요.

내 손가락 시계는 몇 점 반일까요?

💡 교사와 아이의 성장 이야기

'내 마음대로!' 라는 말을 들으면, 자유를 얻은 것 같고 특권을 받은 것 같습니다. 하물며 아이들에게 이 말은 얼마나 매력적일까요? 마음대로 놀이할 때 주변 환경은 놀이터가 되고, 주변 사물은 놀잇감이 됩니다. 또 아이 스스로 놀이를 할 때 배움은 더 크게 이루어집니다.

교사로서 '놀이 시간에 놀이에 몰입하는 아이, 친구의 놀이를 관찰하며 몰입하는 아이의 모습을 주의 깊게 바라본 적 있었나?' 하는 의문이 들었습니다. 아이들은 친구의 놀이 사진을 분류해 보면서 관찰자의 입장이 되는 경험을 할 수 있었고, 우드락에 전시된 '놀이 몰입의 순간' 사진은 역사 속 벽화처럼 간직하고 싶은 작품이 되었습니다. 또 마음껏 상상하며 즐기는 디오라마 인형극 놀이는 아이들을 이야기 작가로 만들어 주었습니다.

부끄럽게도 시계를 앞에 놓고 시곗바늘 명칭과 시계 보는 법을 일방적으로 가르치던 때가 있었습니다. 아이의 가장 큰 배움의 도구는 몸(신체)이라고 하지요. 몸(신체)으로 활동을 하니 아이들은 자연스럽게 시계와 시간의 흐름에 관심을 보이고 친숙하게 다가갔습니다.

📩 똑똑! 고민 상담소

Q. 유아가 주도하는 놀이 흐름 속에서 교사는 어떤 역할을 해야 할까요?

A. 아이마다 성격과 기질에 따라 놀이하는 형식이 다릅니다. 놀이는 배울 필요도 부담을 느낄 필요도 없기 때문에 아이들에게 놀이는 자연스러운 일이며, 아이 스스로 놀이를 즐기고 표현할 수 있습니다. 아이에게 놀이를 강요하지 말고, 아이가 주도적으로 놀이할 기회를 주세요. 이때 교사는 '놀아 주는 사람'이 아닌 '같이 놀이하는 사람'이 되어 놀다 보면 지원해 줄 부분이 보일 겁니다.

아이는 통제력과 자제력을 발휘하기 어렵습니다. 자신이 원하는 것, 하고 싶은 것을 못 했을 때 감정이 폭발하지요. 아이는 자기 생각과 의견을 침해받는 것을 싫어합니다. 따라서 자기 주도 놀이로 자신의 생각이 존중받는다고 느낄 수 있도록 도와주세요.

생각이 커지는 상상 놀이

📖 『커졌다!』

　자유 놀이 후, 정리 시간입니다. 준우는 가지고 놀던 블록을 정리하고 있습니다. 여러 종류의 블록이 섞여 있어 한 개 한 개 바구니에 넣다가, "아~ 힘들어! 정리하기 싫다."고 합니다. 같이 정리하던 현준이가 이 말을 듣고 "나도 힘들어. 블록이 저절로 바구니에 들어갔으면 좋겠어."라고 합니다. 그러자 준우가 블록 한 개를 들고 "이 블록에는 다리가 있어. 그래서 이 블록은 저절로 갈 수 있어."라며, 들고 있던 블록을 걷는 것처럼 움직여 바구니에 넣습니다. 이 모습을 본 현준이도 양손으로 블록을 잡고 블록이 걸어가는 모습을 표현하며 바구니에 넣습니다.

　상상 놀이를 하며 정리도 즐겁게 하는 아이들에게 『커졌다!』는 무엇이든 할 수 있을 것만 같은 용기의 씨앗을 키워 줍니다.

『커졌다!』
서현 글·그림, 사계절

우리는 각자 바라는 소망이 있습니다. 나의 소망이 이루어지는 상상을 하면 어느새 표정에는 미소가, 마음에는 행복이 가득 차오르지요.
이 그림책에는 아이들이 한번쯤 상상해 봤을 법한 이야기가 있습니다. 주인공이 펼치는 상상의 세계를 함께하다 보면, 나의 키, 마음, 세상도 어느새 쑥 커진 것 같습니다.
아이가 내면에 있는 용기의 씨앗을 키울 수 있도록 『커졌다!』 속 상상의 세계로 떠나 보는 건 어떨까요?

✦ **그림책 토크** ✦

그림책 앞표지와 뒤표지를 펼쳐서 함께 보며 이야기 나눈다.

– 무엇이 보이나요?

– 왜 이런 표정을 짓고 있을까요?

그림책을 감상한 다음, 아이들과 이야기 나눈다.

– 이야기를 들어보니 어떤 느낌이 드나요?

– 주인공은 왜 커지고 싶었을까요?

– 여러분은 언제 키가 크고 싶다고 생각했나요?

– 키가 커진 주인공의 기분은 어땠을까요?

– 사람이 개미만 해 보이는 장면에서 길어진 것은 무엇일까요?

– 맨 마지막 페이지를 살펴볼까요? 집 밖에 있는 사람은 앞으로 어떻게 될 것 같나요?

– 주인공처럼 여러분도 소망이 있나요? 여러분의 소망은 무엇인가요?

– 여러분의 소망을 이루기 위해서는 어떻게 해야 할까요?

그림책 읽어 주기 팁

★ 그림책의 앞표지와 뒤표지가 연결되므로 표지를 보여 줄 때 책을 펼쳐서 보여 줍니다.

★ 앞 면지와 뒤 면지의 다른 점 찾기 놀이를 해 봅니다.

함께 읽어 주면 좋은 책

- 『수박 수영장』 안녕달 글·그림, 창비
- 『블록 친구』 이시카와 코지 글·그림, 김정화 옮김, 키다리
- 『박스 놀이터』 서석영 글, 조은비후·유치환 그림, 바우솔
- 『이건 막대가 아니야』 앙트아네트 포티스 글·그림, 김정희 옮김, 베틀북
- 『내 머리가 길게 자란다면』 타카도노 호오코 글·그림, 예상렬 옮김, 한림출판사

놀이 지원

커졌다! 작아졌다! 놀이

✸ **놀이 도구**   그림책 중 일부 장면 그림

✸ **놀이 방법**

1. 그림책에 나온 대사를 사용해 반대말로 말하기 놀이를 한다.

    (예: "커졌다."→"작아졌다.", "자꾸만 자꾸만 커져요."→"자꾸만 자꾸만 작아져요." 등)

2. 교사가 그림책의 일부 장면 그림을 제시하면, 아이는 장면의 대사를 말과 함께 신체로 표현한다. 사전에 지켜야 할 약속에 관해 이야기 나눈다.

    (예: 친구와 부딪치지 않게 자신만의 공간에서 신체로 표현하기, 친구의 표현 존중하기, 용기를 갖고 표현하기 등)

3. 이번에는 교사가 그림책 장면을 제시하면, 아이는 장면의 대사를 반대말로 말하며 신체로 표현한다. 이때 목소리 톤도 반대로 표현한다.

    (예: "(작은 목소리로)나는 작아요."→"(큰 목소리로)나는 커요.")

주인공처럼 내 몸이 작아졌어요.

앗! 이번에는 내 몸이 커졌어요!

커지고 길어지는 거인

✱ **놀이 도구**   신체 부분 외곽선이 그려진 흰 도화지, 사인펜, 포스트잇, 투명 테이프, 할핀

✱ **놀이 방법**
1. 만약 나의 신체 한 부분이 커진다면 무엇을 하고 싶은지 이야기 나눈다.
2. 커진 신체 부위로 하고 싶은 것을 동작으로 표현해 본다.
3. 교사는 신체 각 부위의 외곽선이 그려진 흰 도화지를 제시한다.
   (머리-A4 1장 / 몸-A4 2장 / 다리-A4 세로 1/2 2장 / 팔-A4 세로 1/2 2장 / 손-A4 2장 / 발-A4 2장)
4. 아이는 자신이 커지고(길어지고) 싶은 신체 부위로 무엇을 하고 싶은지 포스트잇에 그림이나 글로 표현한다.
   (예: '만약 내 머리(몸, 손, 발)가 커진다면?' '만약 내 다리(팔)가 길어진다면?')
5. 자신의 생각을 그림이나 글로 표현한 포스트잇을 해당하는 신체 부위 종이에 붙인다.
6. 각 신체 부위 종이를 할핀으로 연결하여 한 명의 거인을 완성해 벽에 붙인다.
7. 할핀으로 연결한 신체 부위를 자유롭게 움직이며 '커졌다! 작아졌다! 놀이'를 해 본다.
   (할핀으로 연결한 부분이 찢어지지 않도록 사전에 아이들과 약속을 정한다.)

만약 내 신체 부분이
커진다면(길어진다면) 어떨까요?

다리를 펴고 팔을 올렸더니 몸이 커졌어요!

하드 막대 블록의 변신

✳ <mark>놀이 도구</mark>   하드 막대 블록(1인당 10개), 비밀 상자, 미션 종이

✳ <mark>놀이 방법</mark>

1. 1인당 10개씩 하드 막대 블록을 나누어 갖는다.
2. 하드 막대 블록 연결 방법을 알아본다.
   (하드 막대 블록에 있는 홈의 크기를 살펴본 다음, 같은 크기의 홈끼리 끼워 연결한다.)
3. 교사가 비밀 상자에서 미션 종이를 하나 뽑는다.
   (예: '내 하드 막대 블록은 인형보다 높아.', '내 하드 막대 블록은 의자보다 낮아.', '내 하드 막대 블록은 자동차 장난감보다 높아.' 등)
4. 아이는 미션에 따라 하드 막대 블록을 연결한다.
   (각자의 상상대로 자유롭게 연결한다.)
5. 이때 각자 가지고 있는 하드 막대 블록 10개를 모두 사용해야 한다.
6. 익숙해지면 모둠별로 하드 막대 블록을 사용해 『커졌다!』 속에 나오는 물건을 크게 만들어 본다.
   (예: 우산, 우유, 책, 철봉, 상자, 자전거, 식탁 등)

내 하드 막대 블록은 인형보다 높아요.

내 하드 막대 블록은 종이컵보다 낮아요.

💡 교사와 아이의 성장 이야기

　교실 한쪽에서 서로 키를 비교하는 아이들의 모습을 가끔 봅니다. 이때 '혹시 키 작은 아이가 속상해하지 않을까?' 라는 걱정이 들기도 합니다.

　『커졌다!』는 키가 작은 주인공과 함께 상상의 세계로 여행을 떠나면서, 키가 작은 아이의 마음을 다정하게 어루만져 줍니다. 아이들과 먼저 반대말 놀이를 해서 그런지, 내향적인 아이들도 그림책 속 주인공이 되어 말과 신체로 표현할 때 조금 더 용기를 갖고 적극적으로 표현했습니다. 또 아이들의 생각을 붙인 신체 각 부위를 연결해 거인이 완성되자, 우리 반 교실은 거인도 함께 생활하는 공간이 되었습니다. 하드 막대 블록을 연결할 때는 미션은 있지만 정답은 없기에 자유롭게 상상의 나래를 펼칠 수 있었지요.

　상상의 세계에서는 정답이 없고, 무엇이든 이룰 수 있습니다. 아이에게 상상을 강요할 수 없지만 아이가 상상력을 마음껏 발휘하도록 교사가 적극적으로 지원한다면, 아이가 가지고 있는 상상의 씨앗은 꿈을 갖고 성장할 것입니다.

✉ 똑똑! 고민 상담소

Q. 우리 반 한 아이는 자기만의 상상 세계에서 혼자 놀이를 해요.

A. 이 시기의 아이들은 아직 경험이 많지 않고 상상력이 풍부해져, 자신의 상상력을 동원해 결과를 짐작해 봅니다. 또 어떤 사물, 상황, 사건 등에 실제와 다른 가상의 새로운 의미를 부여해 놀지요. 상상 놀이를 통해 풍부해진 상상력은 창의적 사고에 도움이 됩니다. 아이는 놀이를 통해 상상 속으로 들어가고, 현실에서는 인정받을 수 없는 것을 상상 놀이를 통해 표현하기도 합니다.

　상상 놀이는 성장하면서 자연스럽게 사라지기에 크게 걱정하지 않아도 되지만, 하루 종일 상상 놀이를 한다고 생각되면 놀이 시간 이후에는 현실 세계를 경험할 수 있도록 도와주면 좋습니다.

전래 놀이의 변신! 숨바꼭질 놀이

📖 『꼭꼭 숨어라 콩이, 치타 보일라!』

지금은 바깥 놀이 시간! "선생님, 지아가 없어졌어요." 예린이의 말을 들은 교사가 "지아야, 어디 있니?" 하고 큰 소리로 부르자, 지아가 미끄럼틀 밑에서 나오며 "저 여기 있어요." 라고 답하네요. "뭐야, 왜 숨었어? 없어진 줄 알고 깜짝 놀랐잖아."라는 예린이의 말에 지아는 "재미있게 해 주려고 숨었지."라며 웃습니다. 이 모습을 보던 아이들 몇 명이 모여서 "우리도 같이 숨바꼭질하자."라고 제안합니다. "우리 모두 숨으면 누가 찾지?" "그럼, 술래 한 명을 정하자." "술래는 가위바위보로 하면 어떨까?"라며 서로 이야기합니다. 아이들은 가위바위보로 술래를 정하고, 숨고 찾으며 즐겁게 숨바꼭질 놀이를 합니다. 옛날부터 전해 내려오는 숨바꼭질 놀이! 시간이 많이 흐르고 세상이 변해도 아이들의 마음을 대변하는 이 놀이는 아이들에게 재밌는 놀이 친구가 된답니다. 숨바꼭질 놀이를 그림책에서도 만날 수 있습니다. 치타와 콩이, 곤충들의 숨바꼭질 놀이! 우리 함께 찾아볼까요?

『꼭꼭 숨어라 콩이, 치타 보일라!』
최은진 글·그림, 뜨인돌어린이

고양이 '치타'가 새로운 친구들을 만나 숨바꼭질을 하며, 함께 노는 즐거움을 알아 가는 과정이 흥미롭게 그려집니다. 술래가 된 치타는 꼭꼭 숨은 친구들을 찾을 수 있을까요? 거실에서 방으로, 방에서 부엌으로, 지루할 틈이 없는 숨바꼭질 놀이! 콩이와 치타와 함께 숨바꼭질 놀이를 해 볼까요? "꼭꼭 숨어라! 머리카락 보일라!"

✦ 그림책 토크 ✦

그림책 앞표지를 보며 이야기 나눈다.

– 앞표지에 어떤 동물들이 보이나요?

– 숨바꼭질을 해 본 적 있나요?

– 누가 술래일 것 같나요?

그림책을 감상한 다음, 아이들과 이야기 나눈다.

– 이야기를 들어보니 어떤 느낌이 드나요?

– 어떤 장면이 가장 재미있었나요?

– 콩이와 치타 말고 숨바꼭질을 한 다른 친구들은 누구였나요?

– 치타 몸에 모두 숨었을 때 치타의 기분은 어땠을까요?

– 만약 여러분이 치타와 숨바꼭질을 한다면 어디에 숨고 싶나요?

– 만약 숨은 친구를 못 찾으면 어떻게 하면 좋을까요?

그림책 읽어 주기 팁

★ '꼭꼭 숨어라'가 나오는 부분은 아이들과 함께 구음으로 말해 봅니다.

★ 그림책을 읽으면서 책 속의 다양한 패턴, 모양, 색깔을 아이와 함께 찾아보면 더 재미있습니다.

★ 일상 공간 속에 숨어 있던 다양한 사물이나 동물들도 찾아봅니다.

함께 읽어 주면 좋은 책

- 『무궁화꽃이 피었습니다』 천미진 글, 강은옥 그림, 키즈엠
- 『반갑다! 대왕 딱지』 임서하 글, 장준영 그림, 키큰도토리

놀이 지원

꼭꼭 숨어라! 종이컵 숨바꼭질

✱ **놀이 도구** 종이컵 50~60개, 종이컵에 들어가는 작은 크기의 블록(아이들 수만큼 준비)

✱ **놀이 방법**

1. 사전 활동으로 운동장이나 놀이터 또는 교실에서 숨바꼭질 놀이를 한다.
2. 놀이 공간 바닥에 종이컵 50~60개를 뒤집어서 펼쳐 놓는다.
3. 두 팀으로 나누어 앉은 뒤, 술래 팀과 숨기는 팀을 정한다.
4. 술래 팀은 뒤로 돌아앉아 "꼭꼭 숨어라! 머리카락 보일라."를 5번 외친다. 술래 팀이 외치는 동안 숨기는 팀은 뒤집어 놓은 종이컵 속에 각자 가지고 있던 작은 블록 한 개씩을 자유롭게 숨긴다.
5. 종이컵 속에 블록을 다 숨기면, 숨기는 팀이 "꼭꼭 숨어라! 머리카락 보일라."를 5번 외칠 동안 술래 팀이 종이컵 속에 숨긴 블록을 찾는다.
6. 숨긴 블록을 모두 찾으면 역할을 바꾸어 놀이한다.

종이컵 속에 블록을 숨겨요.

숨어 있는 블록을 찾아요.

숨바꼭질 꽃이 피었습니다

* **놀이 도구**   술래 머리띠(치타 머리띠)

* **놀이 방법**
1. 콩이와 치타가 '무궁화꽃이 피었습니다'를 한다면, 어떻게 하고 싶을지 이야기 나눈다.
   (예: 기존의 '무궁화꽃이 피었습니다'를 '숨바꼭질 꽃이 피었습니다'로 바꾸어, 술래가 뒤돌아볼 때 아이들은 제자리에 서서 곧바로 뒤로 돌아 앞모습이 보이지 않게 한다.)
2. 아이들과 협의하여 술래(치타)를 정하고, 술래는 치타 머리띠를 착용한다.
3. 술래는 도착 지점에 서고, 다른 아이들은 출발선에 서서 기다린다.
4. 술래가 뒤돌아서서 눈을 감고 "숨바꼭질 꽃이 피었습니다."라고 외칠 때, 다른 아이들은 콩이처럼 흉내 내며 앞으로 간다.
   (이때 술래는 "숨바꼭질 꽃이 피었습니다."를 천천히 외쳐 아이들이 뒤로 돌 시간을 준다.)
5. 술래가 뒤돌아보는 동시에 아이들은 뒤로 돌아 자신의 앞모습을 보이지 않게 한다. 이때 술래는 뒤로 돌지 않은 친구나 완전히 뒤로 돌지 않은 친구의 이름을 부른다. 이름이 불린 아이는 술래의 손을 잡고 옆에 선다.
6. 술래에게 가장 가깝게 간 아이가 술래와 첫 번째 친구가 잡은 손을 치면, 잡혀 있던 모두가 출발선으로 달려온다. 이때 술래에게 잡힌 아이가 새로운 술래가 된다.

"숨바꼭질 꽃이 피었습니다."

술래(치타)와 잡은 손을 끊어요.

그림책 한 컷 숨바꼭질 놀이!

✱ **놀이 도구**   그림책 속 장면 활동지(3~4컷 정도)

✱ **놀이 방법**
1. 그림책 속 한 장면을 골라 활동지로 준비한다.
2. 준비된 활동지를 살펴보며 이야기 나눈다.
   (예: "거실에 친구들이 숨어 있네요." "누가 숨었을까요?" "어디에 숨어 있을까요?")
3. 다 함께 손으로 눈을 가리고 "꼭꼭 숨어라."를 2번 외친 후, 교사가 "○○를 찾아 주세요."라고 말하면 동시에 활동지에서 ○○를 찾아 표시한다.
   (예: "콩이를 찾아 주세요." "애벌레를 찾아 주세요.")
4. 다른 장면의 활동지를 사용해 다시 한번 숨바꼭질 놀이를 해 본다.
5. 활동이 끝나면 무엇을 찾았는지 친구들에게 소개해 본다.

"꼭꼭 숨어라."를 외칠 때 눈을 가려요.

숨어 있는 콩이(애벌레)를 찾아요.

💡 교사와 아이의 성장 이야기

우리 아이들이 각종 미디어와 함께 보내는 시간은 하루 중 얼마나 될까요? 놀이터에서 시작된 숨바꼭질 놀이는 '전래 놀이'에 관심을 갖는 계기가 되었습니다.『꼭꼭 숨어라 콩이, 치타 보일라!』가 아이들로 하여금 전래 놀이에 한층 더 흥미를 갖게 했지요. 교실과 바깥에서 서로 숨거나 찾고, 더 나아가 자연 속에 숨어 있는 것이 무엇인지 찾아보며 생물에 대한 놀이로 관심을 확장해 나갔습니다. 또 '숨바꼭질 꽃이 피었습니다' 놀이를 하며, 함께 규칙을 만들고 자신의 생각과 행동을 조절하는 모습에서 아이들의 성장을 느낄 수 있었습니다. '그림책 한 컷 숨바꼭질 놀이!' 와 '꼭꼭 숨어라! 종이컵 숨바꼭질 놀이'에서는 공간, 위치, 방향 등을 예측할 수 있었고, 집중력과 관찰력을 기르는 데 많은 도움이 되었답니다.

교사도 이 순간만큼은 아이들 놀이에 신나게 참여하며 전래 놀이가 주는 즐거움을 만끽했습니다. 앞으로도 다양한 전래 놀이를 체험하며 아이들이 우리나라 문화를 이해하고 지키는 데 관심을 가지기를 기대해 봅니다.

✉ 똑똑! 고민 상담소

Q. 교실에서 아이들과 쉽게 할 수 있는 전래 놀이에는 어떤 것이 있을까요?

A. 전래 놀이는 놀잇감이 없어도 친구들만 있으면 재밌게 할 수 있는 최고의 놀이입니다. 아이들의 관심사, 계절, 장소, 필요한 사람의 수에 따라 할 수 있는 다양한 전래 놀이가 있습니다. 아이들과 교실이나 운동장에서 쉽게 할 수 있는 전래 놀이에는 '어디까지 왔니?', '두꺼비 집 짓기', '감자에 싹이 나서', '대문놀이', '어깨동무 내 동무', '여우야 여우야', '우리 집에 왜 왔니?', '까막잡기', '기차놀이', '신발 숨기기', '무궁화꽃이 피었습니다', '숨바꼭질', '이 거리 저 거리 각 거리', '엉덩이 씨름' 등이 있습니다.

일상에서 아이들과 꾸준히 전래 놀이를 하다 보면, 매우 친숙한 놀이가 되고 후대 아이들에게도 즐거운 놀이로 전해질 것입니다.

톡톡톡! 빗소리와 함께하는 자연 놀이

📖 『비 오는 날 또 만나자』

우비를 입고 장화도 신은 수아가 큰 소리로 "선생님, 비 와요!"라며 등원합니다. 교실에 있던 미호도 "선생님, 저도 장화 신고 우산 쓰고 왔어요."라며, 비가 와서 좋은지 상기된 목소리로 말하네요. 친구들의 이야기를 가만히 듣고 있던 미아가 활짝 웃으면서 "나도 비 오는 거 봤는데, 나뭇잎도 비를 맞고 있었어."라고 하자, "나는 첨벙첨벙 뛰어왔어. 나가서 놀고 싶어!"라며 수아도 신이 나서 말합니다.

비 오는 날 아침은 '비'를 만난 아이들의 이야기로 시끌벅적하지요. 보슬보슬 내리는 비가 아이들의 친구가 되었네요! 아이들은 비 오는 날 만나고 싶은 자연 친구들이 많아서 어느 때보다 더 바깥 놀이를 하고 싶어 합니다. 비 오는 날 자연 친구들을 만나 볼까요? 쉿! 귀 기울여 보세요! 비 오는 날 어떤 소리들이 들리나요?

『비 오는 날 또 만나자』
사토우치 아이 글, 히로노 다카코 그림, 고광미 옮김, 한림출판사

비 오는 날, 우리는 어떤 친구들을 만날 수 있을까요?
나뭇잎과 풀은 비를 맞아 반짝반짝 윤이 나네요. 낙엽이나 돌 밑에 숨어 있던 달팽이, 창고 벽 틈에서 튀어나온 두꺼비도 비 오는 날이 궁금한가 봐요. 꽃 속에 숨어 있다가 나온 호랑나비 애벌레와 배추흰나비 애벌레도 만날 수 있네요. 비가 오면 더 신나서 밖으로 나오는 자연 속 친구들의 다양한 모습을 볼 수 있답니다.

✦ 그림책 토크 ✦

그림책 앞표지를 보며 이야기 나눈다.

- (빗소리를 들려주며) 어떤 소리가 들리나요?
- 그림책 표지 속 아이는 무엇을 하고 있나요?

그림책을 감상한 다음, 자신의 생각과 느낌을 말해 본다.

- 그림책을 읽고 나서 어떤 느낌이 드나요?
- 가장 기억에 남는 장면은 무엇인가요?
- 비 오는 날에 만날 수 있는 동물들은 누구일까요?
- 비 오는 날, 청개구리와 두꺼비는 어떤 기분일까요?
- 비 오는 날 만나는 자연 친구들과 무슨 이야기를 하면 좋을까요?
- 비 오는 날에 무엇을 가장 하고 싶나요?
- 지휘자가 되어 빗소리를 들으며 지휘해 본다면 어떨까요?

그림책 읽어 주기 팁

★ 빗소리 음악과 함께 이야기를 들려주면, 아이들은 비 오는 날의 풍경을 상상할 수 있으므로 더 실감 나게 감상할 수 있습니다.

★ 그림책에 나오는 다양한 소리의 특성을 살려 실감 나게 읽어 줍니다.

★ 아이들의 연령, 흥미, 특성 등을 고려해 글밥이 많은 장면은 글 양을 조절하며 읽어 줍니다.

함께 읽어 주면 좋은 책

- 『비 오는 날 생긴 일』 조히 글·그림, 봄봄
- 『노란 우산』 류재수 글·그림, 신동일 작곡, 보림
- 『비 오니까 참 좋다』 오나리 유코 글, 하타 고시로 그림, 황진희 옮김, 나는별
- 『접으면』 김윤정 글, 최덕규 그림, 윤 에디션

✦ 놀이 지원 ✦

비 오는 날 소리 산책

✱ **놀이 도구**　A4 크기 흰 도화지 1장, 색연필, 사인펜

✱ **놀이 방법**
1. 비 오는 날 우산을 쓰고 산책 활동을 한다.
2. 나무, 풀, 꽃 등이 많은 곳에서 잠시 걸음을 멈춘 뒤, 눈을 감고 어떤 소리가 나는지 들어 본다.
3. 교실에 돌아와서 산책 때 들었던 소리에 관해 이야기 나눈다.
4. 자신이 들은 빗소리를 다양한 방법으로 표현해 본다.
   (예: 신체로 표현해 보기, 말로 표현해 보기)
5. 흰 도화지에 내가 들은 빗소리를 그림이나 기호로 표현해 보고, 어떤 소리를 들었는지 친구들에게 소개한다.

비오는 날 산책 활동을 해요.

빗소리를 그림이나 기호로 표현해요.

도구의 변신-아름다운 비 세상!

* **놀이 도구** 다양한 빗소리 음악, 전지(모둠별 1장), 비를 표현할 수 있는 도구(칫솔, 붓, 면봉, 분무기, 물감. 각 재료는 모둠별 2개씩)

* **놀이 방법**
  1. 눈을 감고 준비된 다양한 빗소리를 들어 본다.
  2. 다양한 비를 표현해 볼 수 있는 여러 도구를 교실에서 찾아본다.
  3. 아이들이 찾은 도구(분무기, 칫솔, 붓, 면봉 등)로 비를 어떻게 표현하고 싶은지 이야기 나누어 본다.
     (예: 창문에 떨어지는 비는 면봉으로 톡톡 찍기, 소나기는 분무기로 뿌리기, 보슬보슬 내리는 비는 칫솔로 그리기 등)
  4. 자신이 원하는 도구로 비를 표현해 본다.
  5. 도구를 사용해 비를 표현해 본 느낌에 관해 이야기 나눈다.

다양한 도구로 비를 표현해요.

분무기로 비를 뿌리고 있어요.

비 온 다음 날, 자연을 만나다!

✶ **놀이 도구**   다양한 렌즈 모양의 액자 틀, 교사용 카메라

✶ **놀이 방법**
1. 산책 활동을 하기 전, 아이들과 함께 다양한 모양의 액자 틀을 만들어 꾸며 본다.
2. 비 온 다음 날, 놀이터나 공원 등 기관 주변에서 산책 활동을 한다.
3. 산책하면서 자연(꽃, 풀, 나무 등)을 살펴본 뒤, 비 오기 전과 후의 달라진 모습에 관해 말해 본다.
   (예: "비로 샤워해서 나무가 더 깨끗해진 것 같아요." "아직도 꽃잎에 물방울이 있어요.")
4. 주변을 둘러보고 가장 마음에 드는 곳을 고른다.
5. 자신이 만든 액자 틀로 자연을 촬영해 본다.
6. 교사는 아이가 사진 찍는 모습을 카메라로 촬영한다.
7. 교실로 돌아와 교사가 찍은 사진을 보며, 각자 무엇을 촬영했는지 친구들에게 소개한다.

비 온 다음 날 달라진 모습을 살펴봐요.

다양한 액자 틀로 촬영을 해요.

💡 교사와 아이의 성장 이야기

  비 오는 날은 아이들에게 재미있는 놀이가 펼쳐집니다. "선생님, 비 와요."라는 한마디에 반 아이들의 관심이 비에 집중되었지요. 비가 내리면 신발과 옷이 젖어 불편하다는 아이도 있었지만, 비 오는 날에 할 수 있는 다양한 활동을 통해 대부분 아이들이 비를 만나는 즐거움을 경험했습니다. 또 보고, 듣고, 만지는 오감 놀이로 자연의 아름다움을 느낄 수 있었습니다. 책 속에서 만난 동물과 식물 찾아보기, 빗소리를 기호나 그림으로 표현해 보기, 모양 액자 틀로 자연 사진 촬영하기 등의 활동은 자연과 친숙해지는 계기가 되었습니다.

  때로는 비 오는 날의 실외 활동이 교사에게 부담도 되지만, 각자 우산을 쓰고 빗속에서 만난 자연은 교사와 아이들에게 자연을 소중히 여기는 마음을 한 뼘 더 자라게 해 주었답니다. 자연에서 새로운 것을 발견하고 자연을 소중히 여기며, 자연과 더불어 살아가는 건강한 아이로 자라기를 기대해 봅니다.

✉️ 똑똑! 고민 상담소

Q. 생태 체험 활동을 자주 하고 싶은데 어떻게 하면 좋을까요?

A. 생태 체험 활동이 아이들의 정서와 신체 발달에 효과적이라는 사회 인식이 높아지면서, 현장에서도 생태 체험 활동에 관한 요구가 늘었습니다. 어려서부터 자연의 아름다움을 느끼고 자연과 친숙해지는 경험을 많이 한다면 자연스럽게 자연을 보호하고 소중히 여기는 태도를 가질 것입니다. 그러나 인공적 환경으로 둘러싸인 도심 속 영유아교육 기관은 다양한 생태 체험을 할 만한 장소를 찾기가 어렵습니다. 먼저 주변 공원이나 유치원 옥상, 텃밭 등을 이용해 보세요. 또는 관공서 등에서 운영하는 숲 체험 프로그램을 활용해 보세요. 숲 전문 해설가 선생님과 함께 다양하고 재미있는 생태 체험을 할 수 있습니다.

지구 사랑 환경 놀이

📖 『쓰레기 먹깨비』

　수정이가 집에서 가져온 우유를 다 마시고는 우유 팩을 일반 쓰레기통에 버리네요. 이 모습을 본 민경이는 "수정아, 우유 팩은 그냥 버리면 안 돼!"라고 말합니다. "왜 안 돼?" 하고 수정이가 묻자, 민경이는 "우유 팩은 물로 헹구고 말려서 버려야 해."라고 대답합니다. 옆에서 두 아이의 이야기를 들은 연호가 "우리 엄마는 그냥 버려도 된다고 했어."라며 고개를 갸우뚱하자, 민경이가 "아니야, 우유 팩끼리 따로 버려야 해! 안 그러면 지구가 아프다고!" 하고 힘주어 말합니다. 그러자 수정이가 "그래? 그럼 다시 버려야겠다."라며 쓰레기통에서 우유 팩을 꺼내어 씻은 뒤 창문틀에 올려놓습니다. 이 모습을 지켜보던 친구들이 박수를 치며 좋아합니다.

　지구를 지킬 수 있어 행복해하는 아이들의 모습을 보며, 내일의 '환경'은 더 깨끗해질 거라 기대해 봅니다.

『쓰레기 먹깨비』
로랑스 케메테 글·그림, 이세진 옮김, 책읽는곰

'완전 청결'이 우리의 목표! 먹깨비호가 나가신다!
부들 마을 친구들이 쓰레기란 쓰레기는 다 먹어치우는 먹깨비호를 타고 36번째 강 청소를 위해 출발했습니다. 대도시 주민들이 함부로 버린 쓰레기로 강이 커다란 쓰레기장이 되었기 때문이지요. 강과 자연을 지키기 위한 부들 마을 친구들의 알록달록 대작전이 성공할까요?

✦ **그림책 토크** ✦

그림책 앞표지를 보며 이야기 나눈다.

— 무엇이 보이나요?

— 먹깨비가 무엇일까요?

그림책을 감상한 다음, 아이들과 이야기 나눈다.

— 그림책을 보니 어떤 느낌이 드나요?

— 가장 기억에 남는 장면은 무엇인가요?

— 먹깨비호는 무엇을 하고 있었나요?

— 왜 먹깨비호는 쓰레기를 먹을까요?

— 마을을 깨끗하게 만드는 방법에는 무엇이 있을까요?

— 그림책 속 마을 중 여러분은 어떤 마을에 제일 가 보고 싶은가요?

— 우리가 37번째 작전을 펼친다면 작전 이름을 무엇으로 짓고 싶나요?

— 내가 먹깨비호를 만든다면 어떻게 만들고 싶나요?

그림책 읽어 주기 팁

★ 이 그림책은 만화처럼 말풍선이 이어지므로 대화하듯 읽어 줍니다.

★ 글밥이 많아 한 번에 읽기 어려우면, 첫날은 각 장면의 핵심 포인트를 중심으로 읽어 줍니다.

(예: 대화 중심으로 읽기)

다음 날은 나머지 부분을 읽어 주며 그림책에 흥미를 갖도록 돕습니다.

함께 읽어 주면 좋은 책

- 『지구를 지켜라! 슈퍼 재활용 우주 비행선』 루스 퀘일 글, 제즈 투야 그림, 김현희 옮김, 사파리
- 『그린피스의 집』 오이카와 겐지 글, 다케우치 마유코 그림, 김난주 옮김, 시공주니어
- 『재활용 아저씨 고마워요』 알리 미트구치 글·그림, 김경연 옮김, 풀빛

✦ 놀이 지원 ✦

쓰레기 먹깨비호를 만들어요

✱ **놀이 도구**   8절 도화지, 색연필, 다양한 재활용품, 목공 풀, 가위, 투명 테이프, 색종이

✱ **놀이 방법**
1. 내가 만들고 싶은 먹깨비호에 관해 이야기 나눈다.
2. 모둠별로 먹깨비호 설계도를 그려 본 뒤, 어떤 재료가 필요한지 알아본다.
   (예: "먹깨비호 안은 어떻게 생겼을까요?" "무엇으로 만들어 볼까요?" "어떻게 만들고 싶나요?")
3. 설계도를 보고 여러 가지 재료를 이용해 먹깨비호를 만든다.
4. 완성된 먹깨비호를 전시한 다음 이름을 지어 본다.

먹깨비호 설계도를 그려요.

재활용품으로 먹깨비호를 만들어요.

먹깨비호를 꾸며요.

우리들의 먹깨비호 완성!

쓰레기 줍줍줍 댄스!

* **놀이 도구**   '쓰레기를 줍줍줍' 영상 (출처: '유튜브 www.youtube.com')

* **놀이 방법**
  1. 지구를 지키기 위해 내가 할 수 있는 일을 알아본다.
     (예: 분리수거하기, 쓰레기 줍기, 전기 아껴 쓰기 등)
  2. 쓰레기 줍기를 재미있게 할 수 있는 방법에 관해 이야기 나눈다.
  3. '쓰레기를 줍줍줍' 영상을 시청한 후, 다 함께 노래에 맞춰 동작을 해 본다.
  4. 모둠별로 우리들의 '줍줍줍' 댄스를 만들어 본다.
  5. 아이들과 유치원 주변을 돌며 '줍줍줍' 댄스 동작에 맞춰 쓰레기 줍기 활동을 한다.
  6. 가정 연계 활동으로 '우리 가족 쓰레기 줍줍줍'을 안내해, 가족이 함께 '줍줍줍' 댄스를 추며 쓰레기를 주운 영상이나 사진을 교육 기관으로 보낸다. '우리 가족 쓰레기 줍줍줍' 사진전을 열어 본다.

우리들이 만든 '쓰레기 줍줍줍' 댄스

'줍줍줍' 댄스에 맞춰 쓰레기를 주워요.

알록달록 비밀 작전!

* **놀이 도구** 다양한 종류의 재활용품(휴지 심, 페트병, 플라스틱 일회용 컵, 종이컵 등), 여러 가지 종이, 가위, 투명 테이프, 실

* **놀이 방법**
  1. 그림책에 나온 먹깨비호의 36번째 작전에 이어, 우리가 만들 '37번째 알록달록 비밀 작전'에 관해 이야기 나눈다.
  2. 우리 교실을 알록달록하게 만드는 방법에 관해 이야기 나눈다.
     (예: 씨앗 심기, 꽃 화분 꾸미기, 그림 그리기 등)
  3. 알록달록 화분을 무엇으로 만들면 좋을지 생각해 본다.
  4. 재활용품을 사용해 알록달록 화분을 꾸미며 이야기 나눈다.
     (예: "화분을 무엇으로 꾸미면 좋을까요?" "화분에 어떤 꽃을 심을까요?" "화분을 어디에 놓을까요?")
  5. 알록달록 화분을 완성한 뒤 자기가 원하는 곳에 전시한다.
  6. 교실을 꾸미고 나서 달라진 점을 이야기한다.

재활용품으로 화분을 만들어요.

알록달록 화분을 전시해요.

💡 교사와 아이의 성장 이야기

교실에서 아이들과 활동하면서 분리수거에 관해 자주 이야기합니다. 하지만 분리수거 하기를 잊어버려서, 쓰레기를 어떻게 나누는지 몰라서 등 여러 이유로 분리수거를 실천하지 못할 때가 종종 있습니다. 아이들의 환경 사랑이 일상에서 지속적으로 실천되길 바라는 마음으로 들려준 『쓰레기 먹깨비』는 아이들이 환경의 중요성을 되새기고 환경 보호에 더욱 관심을 갖는 계기가 되었지요.

아이들은 그림책과 관련한 다양한 놀이에 흥미를 갖고 참여하며, 새로운 놀이로 확장해 나갔습니다. 한 아이의 말에서 시작된 우유 팩 분리수거하기가 그렇습니다. 쓰레기를 분리하는 작은 행동이 지구를 지키는 일이라는 사실을 알고 즐거워하는 아이들의 모습을 보니 뿌듯했답니다. 또한 교사가 주도하기보다는 아이가 주도적으로 하는 놀이가 얼마나 효과적인지에 관해 다시 한번 생각하는 시간이었습니다. 일상에서 환경 사랑을 실천하며 행복한 미래를 가꿔 나가는 아이들의 의지가 꾸준히 발현되길 소망해 봅니다.

✉️ 똑똑! 고민 상담소

Q. 교실에서 만들기를 할 때 재료를 무제한 제공해야 할까요? 재료를 마음껏 사용하는 것이 또 다른 환경 파괴의 원인이 되지는 않을까요?

A. 아이들이 신나게 놀이하며 탐구할 수 있는 환경을 만들어 주는 일은 매우 중요합니다. 재활용품 외에도 비구조적인 재료를 지원하는 것은 환경을 보호하는 태도뿐 아니라 창의력 발달에도 많은 도움이 됩니다. 다만 재료 사용에 한계를 정해 주는 것이 필요합니다. 유아들이 재료를 조절하며 사용할 수 있도록 지속적인 토의와 격려가 뒤따라야 하지요. 이와 더불어 재활용품을 활용한 다양한 놀이 경험은 환경 보호를 실천하는 습관을 길러 주어, 아이 스스로 재료를 조절하며 사용할 수 있게 합니다.

어휘 부자! 문해력 놀이

📕 『모자섬에서 생긴 일』

    학기 초 학부모 상담을 할 때면 "선생님, 유치원에서 한글 학습지는 안 하나요?", "우리 아이는 글자에 관심이 없어서 걱정이에요.", "우리 아이는 한글을 가르친 적이 없는데, 유치원에 다니면서 글자를 익혔어요. 어떻게 지도하시나요?" 하는 질문을 많이 받습니다.

    글자에 관심이 많거나 글을 잘 알아서 문장으로 표현하는 아이들이 있는 반면, 글자 배우기는 재미없다고 생각해 아예 관심을 두지 않는 아이들도 있습니다. 이렇듯 아이들의 특성에 따라 글자에 대한 관심 정도가 다양하지만, 글자를 읽고 쓰는 것은 아이들의 발달 특성과 관련이 있습니다. 따라서 아이들이 글자에 관심을 갖고 글 익히기에 즐겁게 참여할 수 있도록 '글자'와 관련된 다양한 놀이 경험을 제공하는 것이 중요합니다.

    『모자섬에서 생긴 일』은 모음과 자음을 만나 다양한 상황을 몸으로 표현해 보면서, 자연스럽게 글자의 특성을 알아 가는 그림책입니다. 우리도 모자섬에 놀러 가 볼까요?

『모자섬에서 생긴 일』
홍미령 글, 최서경 그림, 쉼어린이

모음과 자음이 한 글자씩 나와서 대화와 문장이 되는 그림책! 『모자섬에서 생긴 일』은 '몽이'와 '피그'가 모자섬으로 놀러 가 겪는 에피소드를 쉽고 단순한 글자로 재미있게 풀어냈습니다. 이야기 맥락과 더불어 등장하는 글자와 주인공들의 표정이 한글을 한결 친숙하게 느끼게 해 주지요. 몽이와 피그를 따라 모음과 자음을 순서대로 만나 볼까요?

✦ 그림책 토크 ✦

사전 활동으로 자음과 모음을 활용한 '한 글자 연극 놀이'를 진행한다.(놀이 지원 참고)

그림책 표지를 보며 이야기 나눈다.

– (그림책 앞표지를 보며) 모자섬은 어떤 섬일까요?

– (표지 전체를 펼쳐서 보여 주며) 어떤 모양이 보이나요?

– 정말 모자 모양의 섬일까요?

– 표지에 나오는 몽이와 피그는 무엇을 하고 있나요?

– 모자섬에서 어떤 이야기들이 펼쳐질 것 같나요?

그림책을 함께 살펴본다.

– 피그가 가시에 찔렸을 때 표정이 어떤가요? 어떻게 말을 하나요?

– 우리도 피그처럼 표현해 볼까요?

– 몽이가 조개를 가지고 무엇을 할까요?

– 몽이처럼 입을 오므리고 가시를 빼 볼까요?

– 운전하던 차가 모래에 갇혔을 때 어떻게 하면 좋을까요?

그림책을 감상한 다음, 아이들과 이야기 나눈다.

– 모음의 '모', 자음의 '자'가 만난 섬이 '모자섬'이랍니다.

– 모자섬에서 어떤 일이 일어났나요?

– 가장 기억에 남는 장면은 무엇인가요?

그림책 읽어 주기 팁

★ 그림책 장면마다 나오는 표정과 글을 살펴보고, 그 상황에 맞게 연기해 봅니다.

함께 읽어 주면 좋은 책

- 『뭐든지 나라의 가나다』 박지윤 글·그림, 보림
- 『다른 사람이 말할 때 끝까지 잘 들어 보렴』 이찬규 글, 남주현 그림, 애플비

✦ 놀이 지원 ✦

한 글자 연극 놀이(사전 활동)

✱ **놀이 도구**   자음과 모음 글자 종이

✱ **놀이 방법**
1. 자음과 모음 글자 종이를 하나씩 보여 준다.
2. (아픈 척 연기하며) "아!"라고 말하며 표정을 지어 본다.
3. 교사의 표정을 살펴보며 함께 이야기 나누어 본다.
   (예: "선생님이 어떤 것 같아요?" "아플 때 어떤 말을 했나요?")
4. ('아' 글자 종이를 보여 주며) 아플 때 말고 언제 "아"라고 말하는지 알아본다.
   (예: 슬플 때, 깜짝 놀랐을 때, 애교 부릴 때, 깨달았을 때 등)
5. 아이들이 말한 것처럼 "아"를 연기해 본다.
6. "야"와 "어" 등도 연기해 보고 싶은 친구들은 앞에 나와서 표정을 지으며 연기해 본다.

"아!" 아파서 밴드를 붙였어요.

"아!" 새로운 생각이 떠올랐어요.

"야~" 너무 재미있어요.

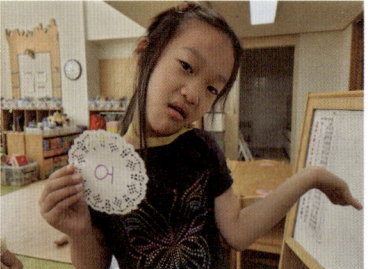

"어?" 이상해요.

돌려 돌려~ 모자 놀이

✱ **놀이 도구** 색깔 종이컵 6개, 가위, 매직

✱ **놀이 방법**

<자음과 모음 따로따로>

가나다라마 조합

1. 색깔 종이컵에 자음 'ㄱ', 'ㄴ', 'ㄷ', 'ㄹ', 'ㅁ'을 가로로 1.5cm 정도 띄어 쓴다.
2. 각 자음 사이를 세로 2cm, 가로 1.2cm 정도 가위로 자른다.
3. 자음을 쓴 종이컵 안쪽에 또 다른 종이컵을 넣어 합체한다.
4. 합체한 종이컵에서 자음 옆 빈칸에 모음 'ㅏ', 'ㅑ', 'ㅓ', 'ㅕ', 'ㅣ'를 하나씩 쓴다.
5. 자음 종이컵을 돌려 '가, 나, 다, 라, 마'를 만들거나, 모음 종이컵을 돌려 '가, 갸, 거, 겨, 기' 등 글자를 만들어 본다.

ㄱ, ㄴ, ㄷ, ㄹ, ㅁ 자음과 ㅏ, ㅑ, ㅓ, ㅕ, ㅣ 모음 종이컵

고노도로모 조합

1. 색깔 종이컵을 가로로 반 자른다.
2. 색깔 종이컵에 자음 'ㄱ', 'ㄴ', 'ㄷ', 'ㄹ', 'ㅁ'을 가로로 1.5cm 정도 띄어 쓴다.
3. 자음 종이컵을 다른 종이컵에 올려 합체한다.

4. 합체된 종이컵에서 자음 아래 빈 곳에 모음 'ㅗ', 'ㅛ', 'ㅜ', 'ㅠ', 'ㅡ'를 돌려 가며 하나씩 쓴다.

5. 자음 종이컵을 돌려 '고, 노, 도, 로, 모'를 만들거나, 모음 종이컵을 돌려 '고, 교, 구, 규, 그' 등 글자를 만들어 본다.

ㄱ, ㄴ, ㄷ, ㄹ, ㅁ 자음과 ㅗ, ㅛ, ㅜ, ㅠ, ㅡ 모음 종이컵

<글자 조합 놀이>

1. 색깔 종이컵을 가로로 반 자른다.
2. 색깔 종이컵에 '가', '나', '다', '라', '마'를 가로로 1.5cm 정도 띄어 쓴다.
3. '가', '나', '다', '라', '마'를 쓴 종이컵을 다른 종이컵에 올려 합체한다.
4. 합체된 종이컵에서 글자 아래 빈 곳에 '사', '자', '차', '카', '타'를 하나씩 쓴다.
5. 종이컵을 돌려 '가자', '나사', '마차' 등의 글자를 만들어 본다.

위아래 돌려 가며 여러 가지 글자를 만들어요.

글자야, 모자섬에서 놀자!

* **놀이 도구**　　일회용기(라면 용기), 글자 스티커, 종이테이프, 가위, 매직, 꾸밀 재료

* **놀이 방법**
  1. (그림책 표지 전체를 펼쳐서 보여 주며) 어떤 모양이 있는지 이야기 나눈다.
  2. 그림책에 어떤 글자들이 나왔는지 떠올려 본다.
  3. 일회용기로 모자섬을 만들어 본다면, 어떤 재료로 꾸미고 싶은지 말해 본다.
  4. 일회용기에 종이테이프로 길을 만든다.
  5. 일회용기에 어떤 글자 스티커를 붙일지 생각한다.
  6. 글자 스티커를 활용해 자신이 만들고 싶은 글자를 자유롭게 붙여 본다.
  7. 매직과 꾸밀 재료를 활용해 모자섬을 자유롭게 꾸며 본다.
  8. 완성된 모자섬을 착용하고 '모자섬 패션쇼'를 한다.

종이테이프로 길을 만들어요.

모자섬에 글자를 붙이고 꾸며요.

'모자섬' 모자 패션쇼를 열어요.

'모자섬' 모자를 쓰고 친구와 함께 찰칵!

💡 교사와 아이의 성장 이야기

『모자섬에서 생긴 일』을 보여 주기 전, 사전 활동으로 '한 글자 연극 놀이'를 진행했습니다. 아이들은 '아'라는 한 글자가 말투, 억양, 표정에 따라 의미가 달라지는 데 흥미를 느끼며 연극 놀이에 적극적으로 참여했습니다. '한 글자 연극 놀이'에 신이 난 아이들은 다른 글자에도 도전해 직접 연기하며 즐겁게 놀이했습니다. 뿐만 아니라 종이로 글자들을 다양하게 조합해 단어를 만들고 친구에게 자랑하기도 했습니다. '돌려 돌려~ 모자 놀이'는 종이컵으로 손쉽게 만들 수 있어, 아이들은 다양한 단어를 조합하며 창의성을 마음껏 발휘했습니다. 이후 글자 스티커와 다양한 재료로 일회용기를 꾸며 모자섬을 만든 뒤, 아이들의 의견에 따라 단어 책 만들기와 모자 패션쇼 놀이로 확장하였습니다.

다양한 놀이를 통해 글자를 알게 되면서, 아이들은 글자에 더 관심을 보였고 스스로 글자를 구성해 보며 어떤 글자인지 친구들에게 소개하는 모습이 인상 깊었습니다.

✉ 똑똑! 고민 상담소

Q. 그림책만 보아도 한글을 익힐 수 있을까요?

A. 글밥이 적고 아이가 좋아하는 그림책이면 충분히 한글을 익힐 수 있습니다. 아이는 똑같은 책을 반복해 읽으면서 새로운 글자나 내용을 발견합니다. 그림책에서 새롭게 발견한 글자나 아이가 좋아하는 글자를 하루에 한 번씩만 읽고 써도 한글을 익히는 데 크게 도움이 됩니다. 또한 그림책을 볼 때, 내용도 함께 살펴보며 줄거리와 주인공에 관해 충분히 이야기를 나눈다면, 듣기와 말하기 능력도 길러집니다.

Q. 아이가 글자를 읽기는 하지만 쓰는 것을 너무 싫어합니다.

A. 성과를 빨리 확인하고 싶어 하는 아이, 읽기 능력이 먼저 발달한 아이, 소근육 협응력이 아직 부족한 아이들은 쓰기를 싫어할 수 있습니다. 그렇지만 쓰기는 두뇌 발달에 영향을 미치므로 다양한 도구를 활용해 글자를 조금씩 써 보도록 권해 주세요.

일상에서 만나는 수 놀이

📖 『잘잘잘 123』

지환이와 다호가 종이컵으로 탑을 쌓으며 놀이하고 있습니다. 지환이가 "하나" 하고 말하며 컵을 놓으면, 다호가 "둘"이라고 말하며 그 위에 컵을 놓네요. 빠른 속도로 성처럼 생긴 탑이 완성되자 지환이가 "이거 몇 층이야?"라고 물어봅니다. 다호는 아래에서부터 "하나, 둘, 셋……." 세더니 "14층이야!"라고 크게 외칩니다. 이때 지나가던 주원이가 탑을 건드려 탑 가운데가 5개 층 정도 무너졌습니다. 지환이와 다호는 화를 내기보다 "어? 쌍둥이 탑처럼 되었어.", "진짜! 쌍둥이야!"라며 종이컵 탑을 신기하게 바라보네요.

아이들이 놀이하는 중에 숫자 세는 소리가 종종 들립니다. 수에 관심이 생기는 이 시기의 아이들이 즐거운 마음으로 수를 접할 수 있도록 『잘잘잘 123』으로 숫자를 만나 볼까요?

『잘잘잘 123』
이억배 글·그림, 사계절

교사가 전래 동요 '잘잘잘'에 맞춰 이야기를 들려주면, 아이는 눈으로 그림을 보고 귀로 이야기를 들으면서 숫자와 친해지게 됩니다. 이렇게 수와 그림을 짝지어 만나면서 한 장 한 장 페이지를 넘기다 보면 어느새 숫자 10에 도착합니다.

『잘잘잘 123』을 통해 아이들은 우리나라 정서와 문화가 고스란히 담긴 그림에 한 번 폭 빠지고, 1에서 10까지 즐거운 수 세기에 또 한 번 폭 빠집니다. 아이들에게 수는 공부가 아니라 일상에서 만나는 놀이 친구가 되지요.

✦ 그림책 토크 ✦

사전 활동으로 '로켓 발사 수 놀이'를 진행한다.(놀이 지원 참고)

그림책 앞표지와 뒤표지를 펼쳐서 보며 이야기 나눈다.

- 무엇이 보이나요?
- 주인공들이 무엇을 하고 있나요?

전래 동요 '잘잘잘' 노래에 맞춰 그림책을 감상한 다음, 아이들과 이야기 나눈다.

- 이야기를 들으니 어떤 느낌이 드나요?
- 이야기 속에 어떤 숫자가 나왔나요?
- 이 중 여러분이 다시 만나고 싶은 숫자는 무엇인가요?
- 가장 기억에 남는 장면은 무엇인가요?
- 왜 제목을 '잘잘잘 123'이라고 지었을까요?
- 맨 마지막에 여행을 떠나는 주인공은 무슨 생각을 하고 있을까요?
- 만약 그림책 속 주인공이 된다면 누가 되고 싶나요?

그림책 읽어 주기 팁

★ 전래 동요 '잘잘잘'에 맞춰 신나게 노래 부르면서 이야기를 들려줍니다.

★ 각 면마다 한 개인 것, 두 개인 것, 세 개인 것…… 열 개인 것을 찾아봅니다.

함께 읽어 주면 좋은 책

- 『꽃들의 시간』 황상미 글·그림, 향
- 『형은 크다 나는 작다』 박정선 글, 김영수 그림, 비룡소
- 『다음엔 너야』 에른스트 얀들 글, 노르만 융에 그림, 박상순 옮김, 비룡소
- 『하나 둘 셋 공주』 마이크 브라운로우 글, 사이먼 리커티 그림, 노은정 옮김, 비룡소

✦ 놀이 지원 ✦

로켓 발사 수 놀이(사전 활동)

✱ **놀이 도구**   비밀 상자, 숫자 막대

✱ **놀이 방법**

1. 로켓 발사 놀이를 할 때 지켜야 할 안전 약속을 알아본다.

    (예: 제자리에서 움직이기, 점프할 때 넘어지지 않기, 친구랑 부딪치지 않기 등)

2. 마주 댄 두 손을 가슴 앞에 두고 제자리에 앉는다.
3. 교사는 비밀 상자에서 숫자 막대 하나를 뽑는다.

    (아이 연령에 따라 1~5 또는 1~10 사이의 숫자 막대를 제시한다.)

4. 교사가 막대의 숫자를 말할 때마다 다리를 조금씩 펴면서 몸을 일으킨다.
5. 마지막에 "로켓 발사!"라고 외치면서 마주 댄 두 손을 머리 위로 쭉 올리며 제자리에서 점프한다.
6. '로켓 발사' 대신 '개구리 점프', '깡총 토끼', '빙글 팽이' 등을 할 수 있다.

로켓 발사 준비를 해요!

점프하며 두 손을 머리 위로 올려요. "로켓 발사!"

마음대로 몸 치기 마사지

✳ **놀이 도구** 없음

✳ **놀이 방법**
1. 자신의 신체 부분을 살펴본다.
2. 자신의 신체 중 몸 치기를 할 수 있는 곳을 찾아본다.
    (예: 다리, 어깨, 엉덩이, 허리 등)
3. 몸 치기 마사지를 할 때 지켜야 할 약속에 관해 알아본다.
    (예: 마사지하듯 살짝 치기, 친구랑 부딪치지 않기, 자신의 공간 안에서 움직이기 등)
4. 한 아이가 앞으로 나와 자신이 찾은 몸 치기를 소개한다.
5. 교사가 미션을 말하면 아이들은 해당하는 수만큼 "짝" 하고 말하며 자신의 신체 중 원하는 곳을 손으로 친다.
    (예: (교사) "호박 하나 이고서" – (다 같이) "짝!", (교사) "땅굴 두 번 파면서" – (다 같이) "짝! 짝!", (교사) "도토리 다섯 개 나르며" – (다 같이) "짝! 짝! 짝! 짝! 짝!")
6. 익숙해지면 아이들이 돌아가면서 미션을 말한다.
7. 친구의 미션을 듣고, 나머지 아이는 해당하는 수만큼 "짝"을 말하며 자신의 신체 중 원하는 곳을 손으로 마사지하듯 친다.

몸 치기를 할 수 있는 곳은 어디일까?

숫자만큼 몸 치기 마사지를 해요!

수는 내 친구!

교실 속 일상생활에서 아이들이 자연스럽게 수학적 경험을 할 수 있도록 도와주세요. 수는 아이들에게 재미없는 존재가 아니라 친구 같은 존재가 됩니다.

<수 세기>
- '열 작은 아이' 노래 부르며 손으로 숫자 꼽기
- 숫자 세며 집게로 폼폼이 옮기기
- 거꾸로 수 세기

  (예: 십, 구, 팔, 칠, 육, 오……)
- '열(10)의 노래' 부르며 고유 수 단어와 한자 수 단어 익히기

<수 표상>
- 몸으로 숫자 만들기
- 다양한 자료(돌멩이, 끈, 점토 등)를 활용해 숫자 구성하기
- 주변 환경에서 숫자가 쓰여 있는 곳 찾아보기

<공간과 도형>
- 생활 중 공간과 관련된 용어 사용하기

  (예: 사이, 맨 위, 앞으로, 붙어 있는, 열린 등)
- 보물 지도 놀이(장소 찾아가기)
- 호키포키 신체 놀이
- 종이접기(분할과 합성)

<측정>
- 노래 부르기 : '깊고도 넓고도', '맹꽁', '더 빠른 것 더 느린 것' 등
- 비표준 단위로 길이 재기

  (예: 블록으로 그림책 길이 재기, 색종이로 책상 면적 재기 등)
- 100초 동안 음악을 들려주며 놀잇감 정리하기

<규칙성>
- 주변 환경, 자연물, 사물에서 패턴 찾기

   (예: 옷 무늬, 요일의 반복, 보도블록 색깔 등)

- 악기로 패턴 리듬 만들기
- 놀잇감을 패턴으로 정리하기

<자료 수집>
- 아이들의 대화를 듣고 통계 경험으로 연결하기

   (예: "나는 장미꽃 좋아해." "나는 개나리꽃이 좋아!" - 우리 반 아이들이 가장 좋아하는 꽃을 그래프로 알아보기)

- 짝꿍 찾기

   (예: 빗자루+쓰레받기, 치약+칫솔, 연필+지우개, 숟가락+젓가락)

- 블록을 같은 종류끼리 분류하여 정리하기
- 그래프 놀이

   (그래프 표현 방법 예: 실물 사용하기, 블록을 높이 쌓아서 나타내기, 그림 일렬로 붙이기, 그래프 칸 색칠하기, O 또는 X로 표현하기, 색종이 붙이기 등)

💡 교사와 아이의 성장 이야기

일과를 회상해 보면 교사가 의도했든 아니든 아이는 알게 모르게 매 순간 수학 개념을 경험하고 있습니다. "나 숫자 알아.", "난 100까지 셀 수 있어."라고 자랑하는 아이도 있지만, 아직 숫자가 익숙하지 않거나 숫자를 건너뛰며 세는 아이도 있습니다. 그런데 그림책을 감상할 때는 아이들이 전래 동요로 수를 만나서 그런지 1~10까지 수에 집중했고, 전이 시간이나 귀가 시간에 '잘잘잘' 노래를 흥얼거리기도 했습니다. '로켓 발사 수 놀이'와 '마음대로 몸 치기 마사지' 놀이를 할 때는 장난으로 자신의 신체를 강하게 치는 아이가 있어 안전 약속을 다짐하기도 했지만, 몸(신체) 놀이를 통해 즐겁게 수의 양과 개념을 이해할 수 있었지요.

유아기 수학은 정답을 맞히는 결과보다 수학적 개념을 이해하는 과정이 더 중요합니다. 수, 공간, 도형, 측정, 규칙성 등 다양한 수학적 개념을 일상생활에서 경험할 수 있도록 교사는 어떤 환경을 제공해 주어야 할지 오늘도 고민합니다.

✉ 똑똑! 고민 상담소

Q. 수학적 활동을 위해 교사는 어떤 준비를 해야 할까요?

A. 전에는 수학적 활동의 초점이 주로 수 세기와 수 개념 발달에 맞추어졌습니다. 그러나 최근에는 수와 연산, 공간과 도형, 측정, 규칙성, 자료 수집과 결과 나타내기 등 다양한 내용을 포함하고 있지요. 이렇게 다양한 수 놀이 개념을 익히기 위해 학습지의 힘을 빌리는 경우가 있습니다. 학습지 역할을 부정하지는 않습니다. 다만 학습지를 하기 전 아이가 일상생활에서 수학적 상황을 인식하고 해결하는 과정을 경험하며, 수학적 사고를 하고 수학을 즐기는 태도를 형성하는 것이 무엇보다 중요합니다. 특히 일상에서의 수학 활동이 아이에게 의미 있는 학습으로 연결되기 위해서는 교사의 민감성이 꼭 필요합니다. 아이는 '능동적인 수학자'입니다. '학문으로서의 수'가 아닌 '삶에 필요한 수'로 인식할 수 있도록, 교사의 적절한 지원이 중요하다는 점을 기억해 주세요.

4부
그림책으로 통하는 문제 행동 & 긍정 행동 지도

1. 문제 행동 & 긍정 행동 지도 전략

아이들은 일상에서 다양한 상황을 접합니다. 아이들이 만나는 상황이 긍정적일 땐 더없이 행복하지만, 자신의 뜻대로 되지 않거나 친구와 갈등이 빚어지는 등 부정적인 상황에서는 때리기, 꼬집기, 밀치기 같은 문제 행동이 나타납니다. 이런 행동을 자세히 들여다보면 기질적 성향, 자기중심적 사고, 감정 조절의 어려움, 사회적 경험 부족, 부모의 양육 태도 등에서 원인을 찾을 수 있습니다.

문제 행동을 지도할 때는 행동에만 초점을 맞추기보다 아이의 특성, 속마음, 가정 환경이나 현재 상황 등 그 행동을 하게 된 이면을 살펴보는 것이 중요합니다. 이 시기 아이들은 언어 표현에 능숙하지 못해 자신의 부정적인 감정을 행동으로 표현하기도 합니다. 문제 행동에만 집중해 지도한다면 일시적으로 행동이 감소할 수는 있으나, 아이들의 진짜 감정을 놓칠 수 있어 지속적인 변화를 기대하기 어렵습니다. 특히 자신의 관점에서 세상을 바라보는 아이들은 행동만 보고 야단치는 어른들에게 억울함이나 답답함, 죄책감 등 부정적인 감정을 더 쌓게 됩니다. 아이 스스로 자신의 감정을 알아차리는 시간, 자신이 선택한 행동의 옳고 그름을 돌아볼 수 있는 시간, 긍정적인 해결 방법을 찾아보는 시간이 필요합니다. 아이들이 문제 행동을 보일 때는 먼저 마음을 살피고 부정적인 감정을 가라앉힐 수 있도록 기다린 다음, 그 행동을 지도하는 것이 무엇보다 중요합니다.

이 시기는 자아 존중감이 발달하는 시기입니다. 아이들은 다양한 경험을 통해 자아를 찾아가면서 자신이 얼마나 소중한 존재인지 알게 됩니다. 따라서 일상에서 아이의 강점을 찾아 격려하고 지지해 주는 것이 필요합니다. 아이들은 자신이 한 행동에 대해 구체적으로 격려를 받으면 긍정적인 행동을 하려고 노력합니다. 이런 노력이 습관화될 수 있도록 교사는 아이의 긍정 행동을 포착해 구체적으로 알려 주고 지지해 줍니다.

아이들을 지지하고 지도하면서 문제 행동을 긍정 행동으로 바꾸도록 돕는 일은 생각처럼 쉽지 않습니다. 때로는 아이의 부정적인 행동에 지치기도 하고, 방법을 찾느라 한참을 고민하기도 합니다. 성장 중인 아이들은 여러 시행착오를 거치면서 자신의 삶을 만들어 갑니다. 아이들의 유능함을 믿고 매듭을 하나씩 풀어 가는 마음으로 기다려 봅니다. 또한 아이들의 부정적인 행동은 부모의 양육 태도나 가정 환경의 영향도 간과할 수 없으므로, 지속적으로 가정과 연계해 지도하는 것이 필요합니다. 교사의 이런 노력은 아이들이 긍정적으로 살아가는 데 나침반이 되어 줄 것입니다.

아이들이 자아 존중감을 높이고 스스로 문제를 해결해 나갈 수 있도록 '긍정 행동 지도 전략'을 구체적으로 알아봅시다.

긍정 행동 지도 전략

① 아이의 문제 행동 뒤에 숨은 속마음을 살펴봅니다.

아이가 분노를 조절하지 못하여 소리를 지르거나 물건을 던지고 친구를 때리는 등의 부정적인 행동을 할 경우, 교사는 그 행동에만 초점을 맞춰 옳고 그름을 따질 수 있습니다. 화난 아이의 속마음을 보기보다는 친구 입장에 서서 그 행동에 대해 사과를 요구할 때가 있지요. 또는 규칙을 어긴 것에만 초점을 맞춰 행동을 수정하는 데 집중하기도 합니다. 물론 위험한 행동을 할 때는 허용 한계를 정해 단호하게 대처해야 합니다. 그러나 이런 지도를 하기 전에 감정의 불바다가 된 아이의 마음을 살피는 것이 우선입니다. 감정의 불바다가 된 상태에서는 어떤 말도 들리지 않기 때문입니다. 제일 먼저, 아이의 화난 마음을 진정시키는 '감정의 소화기'가 필요합니다. "○○가 지금 화가 많이 나 보이는구나. 그런 거야?"라고 물으며, 천천히 아이의 마음에 머물러 그 감정에 이름을 붙여 줍니다.

<아이의 마음이 변화하는 단계>

감정의 불바다	안정 찾기	돌아보기
자신의 요구가 수용되지 않으면 부정적인 감정을 쏟아 냄	아이의 마음을 살피며 공감해 줄 때, 아이의 부정적인 감정이 서서히 안정되기 시작함	마음이 안정되면 자신의 행동을 돌아보며, 긍정적인 방법을 찾아볼 수 있음

② **부정적인 감정을 해소할 수 있는 시간을 지원합니다.**

아이들은 아직 언어 표현이 제한적이라, 화나거나 속상한 감정을 말로 표현하기보다 부정적인 행동으로 표현할 때가 많습니다. 이로 인해 다양한 문제 상황이 발생합니다. 이런 경우 아이들은 선생님께 야단맞을까 봐 경직되거나, 선생님의 단호한 한마디에 눈물을 글썽이며 자신을 미워한다고 생각할 수도 있습니다. 아이의 분노 수치가 올라가 있을 때는 마음을 진정시키는 것이 우선이며, 이 과정에서 선생님이 자신의 편이라고 느끼게 해 주는 것이 중요합니다. 아이들이 마음을 돌아보며 휴식을 취할 수 있도록, 아이들과 의논해 '마음

<'마음 카페' 초대하기 예시>

'마음 카페'를 만들어요.

아이들과 의논해 '마음 카페'에서 할 수 있는 일을 알아보아요.

카페'를 만들어 봅니다. 아이가 화가 났거나 속상한 일이 있을 때 '마음 카페'로 초대해, 이름을 부르며 따뜻한 눈빛으로 쳐다보고, 손을 잡거나 어깨를 토닥이는 등 가벼운 스킨십으로 아이의 마음을 진정시켜 줍니다. 따뜻한 비언어적 표현은 하늘 높이 치솟은 부정적 감정을 서서히 제자리로 돌아오게 만듭니다.

③ '왜?' 대신 '무엇 때문에?'로 질문을 시작합니다.

아이와 이야기할 때는 먼저 '상황 탐색'이 필요합니다. 상황 탐색을 할 때는 질문의 첫머리가 중요합니다. '왜?'라는 말은 인지적인 질문이기 때문에 아이는 더 긴장하고 지적받는 느낌을 갖게 됩니다. 그러면 경직되어 제대로 이야기하지 못할 수 있으므로, '무엇 때문에?'와 같이 상황을 중심으로 질문하는 것이 좋습니다.

④ 아이에게 기대하는 행동을 긍정적인 언어로 표현해 봅니다.

아이의 특정한 행동에 대해 지도할 때는 부정적인 언어보다 긍정적이고 구체적인 언어를 사용해 기대하는 바를 전달합니다. 그러면 아이는 그 행동을 떠올리며 실천해 볼 수 있습니다. 아이에게 행동 수정을 부탁할 때는 한 번에 두 가지를 말하지 말고, 한 가지씩 간결하고 명료하게 전달합니다.

<긍정적인 언어 지도 예시>

'~ 하지 마!'에 초점을 맞추지 말고, '무엇을 해야 하는지'에 초점을 맞춥니다.

예시 1) "때리지 마!" → "말로 하자.", "뛰지 마!" → "천천히 걸어 보자."

예시 2) "던지지 마!" → "말로 하자.", "소리 지르지 마!" → "목소리를 낮춰 말해 보자."

⑤ 문제 행동을 지도할 때는 허용 한계를 정해, 부드러우면서도 단호하게 'I-메시지(나-전달법)'로 전달합니다.

아이들은 욕구가 앞서 간혹 위험한 행동이나 부정적인 행동을 할 수 있습니다. 평소 아이들과 함께 우리 반 교실에서 할 수 있는 일과 해서는 안 되는 일을 알아보면서, 최소한의 허용 한계를 정해 봅니다. 만약 아이들이 허용 한계를 넘어서는 부정적인 행동을 한다면, 다 함께 정한 허용 한계를 떠올리면서 자신의 행동을 돌아보도록 지도합니다. 또 아이의 행동에 대한 교사의 생각은 'I-메시지(나-전달법)'로 전달합니다. 'I-메시지(나-전달법)'를 전달할 때는 교사의 주관적 감정이 실리지 않도록 유의하며, 아이가 자신의 행동을 알아차릴 수 있도록 아이의 행동에 대한 교사의 생각이나 느낌을 객관적으로 전달합니다.

⑥ 일상에서 아이의 긍정 행동이 보이면 그 순간을 놓치지 않고 구체적으로 격려하고 지지합니다.

아이의 내면에는 긍정성과 부정성이 함께 있습니다. 아이의 부정적인 부분에만 집중하면, 아이는 자신이 그런 행동을 하게 된 이유가 있는데 그 마음을 몰라 주는 어른에게 속상한 마음이 들어 더 부정적으로 행동할 수 있습니다. 따라서 교사는 일상에서 아이의 강점, 노력, 긍정 행동 등을 순간 포착하여 긍정적으로 격려하고 지지합니다.

⑦ '마음 스틱'을 사용해 다른 사람 말을 주의 깊게 듣는 연습을 합니다.

이 시기 아이들은 자기중심적 사고가 강해 듣기보다 말하는 데 더 익숙합니다. 특히 친구와 갈등이 발생했을 때, 자신의 억울한 상황이나 답답한 마음을 먼저 이야기하려고 합니다. 이런 때는 누가 먼저 말할지 순서를 정한 뒤, 차례대로 자신의 마음을 이야기하도록 합니다. 친구가 이야기할 때는 자신이 하고 싶은 말을 참고 기다려야 하므로, 잘 듣는 습관을 형성할 수 있도록 '마음 스틱'을 활용해 봅니다. '마음 스틱'은 아이들과 의논해 만들 수 있습니다. 아이들과 함께 만든 '마음 스틱'을 잘 보이는 곳에 비치하고, '마음 스틱'이 필요한 아이는 스틱을 들고 자신의 마음을 이야기합니다. 듣는 아이는 말하는 아이가 '마음 스틱'을 내려놓을 때까지 주의 깊게 들으며 '경청'을 경험합니다.

<'마음 스틱'을 사용해 주의 깊게 듣기>

'마음 스틱'을 만들어요.

친구가 '마음 스틱'을 들고 이야기할 때는 잘 들어 줘요.

⑧ 일상에서 그림책을 활용한 놀이, 감정을 해소하는 놀이, 더불어 살아가는 경험을 지원합니다.

아이들은 다양한 경험을 통해 세상을 알아 갑니다. 세상과 만나는 방법을 배우는 과정에서 많은 시행착오를 거치며 자신만의 해결 방법을 찾게 되지요. 교사는 아이들이 자신의 감정을 알아차리고 스스로 문제를 해결해 나갈 수 있도록, 감정 카드로 자신의 감정 알아보기, 달리기, 점토 사용하기 등 감정을 해소하는 놀이 경험하기와 친구들과 협력해 놀이하기 같은 다양한 경험을 지원해 줍니다. 이런 경험을 통해 아이들은 내면의 힘을 길러 세상을 향해 자신 있게 발걸음을 내디딜 것입니다.

2. 화를 잘 내는 아이

마음 탐색 및 교사의 지도 포인트

① 왜 그럴까?

- 평소 부모가 아이에게 화를 내거나 공격적인 행동을 자주 보인 경우
- 아이의 행동이나 말을 통제하고 억압해 욕구 불만이 생긴 경우
- 존중받는 경험이 부족하고 주변으로부터 무시 당한다고 느끼는 경우
- 자신의 감정과 욕구를 제대로 발산하지 못했을 경우
- 자신의 요구가 수용되지 않았을 경우

② 교사의 지도 포인트

- '공감의 소화기'가 필요해

아이의 행동보다는 감정에 초점을 맞춰, 무엇 때문에 화가 났는지 마음을 읽어 주는 것이 먼저입니다. 아이들은 감정이 불타오르기 쉬우므로, 부적절한 행동을 지도하기 전에 먼저 화난 감정에 초점을 맞춰 공감해 주는 것이 필요합니다.

– 지금은 '마음 호흡' 시간

아이는 화가 나면 자신의 감정을 조절하기 어렵습니다. 이런 때는 심호흡을 하면 도움이 됩니다. 아이의 눈높이에 맞춰 심호흡을 '마음 호흡'이란 말로 바꾸고, 아이가 편하게 마음 호흡을 할 수 있도록 돕습니다. 평소 일과를 시작하기 전에 다 함께 모여 마음 호흡하는 시간을 가지면 좋습니다.

– '마음 카페'로 초대하기

아이들과 의논하여 '마음 카페'를 만듭니다. 아이가 화가 났거나 화가 나기 직전이라면 마음 카페에 가서 자신의 감정을 조절하도록 유도합니다. 마음 카페에서 아이들은 '자신을 안아 주며 토닥토닥하기', '마음 호흡하기', '숫자 세기', '물 마시며 마음 진정하기' 등 다양한 방법으로 화를 조절해 봅니다.

– 놀이와 활동 지원하기

아이들에게 감정을 해소할 수 있는 다양한 놀이나 활동을 지원해 주어, 아이 스스로 화를 가라앉힐 수 있는 방법을 찾도록 도와줍니다.

아이의 속마음 인터뷰 '마음 거울이 필요해!'

사소한 일에도 화를 내고 짜증이 많은 아이라면, 순간적으로 감정이 폭발해 소리를 지르고 과격하게 행동할 수 있습니다. 그런데 화를 내면 속이 시원해질까요? 화를 조절하지 못하는 아이에게 상대방이 똑같이 화를 낸다면 어떤 상황이 벌어질까요? 왜 화가 나는지, 화를 푸는 방법에는 어떤 것들이 있는지 이야기를 나누다 보면 아이들에게 가장 필요한 것은 공감과 위로임을 알게 됩니다.

"놀이를 더 하고 싶은데 정리하라고 해서 화가 나요!"
- 블록으로 놀이공원을 만드는데, 선생님이 정리 시간이라고 하니까 다 완성하지 못해서 화가 났어요.
- 친구와 수수께끼 놀이를 하다가 내 차례가 되어 문제를 맞히려고 하는데, 정리 시간이 되니까 너무 억울했어요.

"신발을 신는데 잘 안돼서 화가 나요!"
- 슬리퍼는 잘 신을 수 있는데 오늘은 끈 달린 운동화를 신고 와서, 발이 잘 안 들어가고 신발 끈도 풀어지니까 화가 나서 울고 싶었어요.
- 엄마한테 신발이 작아서 불편하다고 했는데 그냥 신고 가라고 해서 짜증이 났어요. 친구들과 바깥 놀이 나갈 때 신발이 잘 안 신어져 맨 뒷줄에 섰어요. 엄마가 미웠어요.

"엄마가 내 물건을 함부로 버릴 때 화가 나요!"
- 유치원에서 재활용품으로 칼을 만들었는데 엄마가 "뭐 이런 걸 가지고 왔어?"라고 말하며 버렸을 때 화가 났어요.
- 엄마가 가방에 붙어 있는 스티커를 지저분하다고 몰래 떼서 버렸어요. 친구가 준 소중한 선물인데, 정말 정말 화가 났어요.

폭발 직전의 화산에서 잔잔한 바다로!

📖 『소피아의 화를 푸는 방법』

　친구가 내 말을 들어주지 않아서, 일등으로 줄을 서고 싶은데 친구가 먼저 줄을 서서, 놀이 시간에 선생님이 정리를 하자고 해서, 하루 종일 시시때때로 화가 나는 희정이! 사소한 일에도 그냥 넘어가지 않고 예민한 반응을 보이며 때로는 물건을 던지거나 친구를 때리는 행동으로 화를 풉니다. "쟤가 잘못했으니까 때려도 괜찮아요."라며 폭발 직전의 화산처럼 부글거리는 희정이의 마음을 어떻게 하면 잔잔한 바다처럼 가라앉힐 수 있을까요?
　『소피아의 화를 푸는 방법』에는 건강하고 안전하게 화를 푸는 방법들이 나옵니다. 아이 스스로 마음을 조절하는 과정을 통해 자신만의 화를 푸는 방법을 경험할 수 있지요.

『소피아의 화를 푸는 방법』
제인 넬슨 글, 빌 쇼어 그림, 김성환 옮김, 교육과실천

'소피아'가 열심히 만든 블록 건물이 동생 '노아'의 실수로 무너지자, 화가 난 소피아는 동생을 때리려고 합니다. 바로 그때 엄마가 나타나 소피아를 저지합니다. 엄마는 소피아의 화난 마음을 인정해 주면서, 화를 내는 건 당연한 감정이지만 화를 풀기 위해 다른 사람에게 피해를 주면 안 된다는 사실을 알려 줍니다.
소피아는 스스로 생각해 낸 '화를 푸는 6가지 방법'을 통해 곧 폭발할 화산처럼 뜨거웠던 마음의 화를 슬기롭게 다독입니다.

✦ 그림책 토크 ✦

그림책 표지를 살펴본다.

– 소피아가 무엇을 하고 있는 것 같나요?

그림책을 감상한 다음, 자신의 생각과 느낌을 말해 본다.

– 소피아는 엄마에게 보여 주려고 무엇을 만들었나요?

– 소피아는 무엇 때문에 화가 났을까요?

– 화가 난 소피아는 어떻게 했나요?

– 소피아의 화를 푸는 6가지 방법은 무엇이었나요?

– 여러분은 화가 나면 어떻게 화를 푸나요?

– 화가 많이 난 친구를 보면 어떤 말을 해 주고 싶나요?

그림책 읽어 주기 팁

★ 화가 난 소피아의 마음과 점점 화가 풀려 가는 심리적 변화를 목소리 높낮이를 조절하며 실감 나게 들려줍니다.

함께 읽어 주면 좋은 책

- 『불 뿜는 용』 라이마 글·그림, 김금령 옮김, 천개의바람
- 『왱왱왱』 레모니 스니켓 글, 릴라 알렉산더 그림, 김영선 옮김, 미세기
- 『나, 비뚤어질 거야!』 허은실 글, 조원희 그림, 한솔수북
- 『나쁜 기분이 휘몰아칠 때』 루이즈 그레이그 글, 훌리아 사르다 그림, 한성희 옮김, 키즈엠
- 『안 돼, 데이비드!』 데이비드 섀넌 글·그림, 김경희 옮김, 주니어김영사
- 『나 진짜 화났어!』 폴리 던바 글·그림, 김효영 옮김, 비룡소
- 『화가 둥!둥!둥!』 김세실 글, 이민혜 그림, 시공주니어

✦ 놀이 지원 ✦

'나의 화를 푸는 6가지 방법' 피자판 만들기

✱ **놀이 도구**   종이 접시, 색연필 또는 사인펜, 6등분 피자판 종이, 풀

✱ **놀이 방법**
1. 화를 푸는 방법에 관해 이야기 나눈다.
2. 종이 접시와 6등분 피자판 종이를 나누어 가진 뒤, 종이 접시 위에 피자판 종이를 붙인다.
3. 내가 화를 푸는 방법들을 생각해 보고 그림과 글로 표현한다.
4. '나의 화를 푸는 6가지 방법' 피자판을 친구들에게 소개한다.
5. 피자판이 완성되면 교실 벽면에 게시하고, 화가 났을 때 자신이 정한 방법으로 표현해 본다.

6가지 화를 푸는 방법을 글과 그림으로 표현해요.

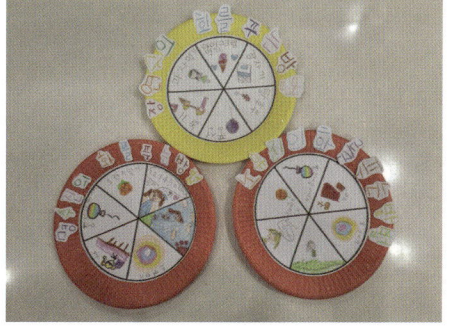

'나의 화를 푸는 6가지 방법' 피자판을 친구들에게 소개해요.

화 블록 온도계

* **놀이 도구**   여러 가지 블록(빅 블록, 레고 블록, 벽돌 블록 등)

* **놀이 방법**
  1. 자신의 화난 정도를 다양한 블록(빅 블록, 레고 블록, 벽돌 블록 등)으로 쌓아 표시해 본다.
     (일부러 쓰러뜨리지 않도록 사전에 약속을 정한다.)
  2. 블록 온도계의 높이만큼 화가 난 표정을 지어 본다.
  3. '화가 난다 둥둥!' 체조로 화난 마음을 풀어 본다.
     (예: 발 구르기, 박수 치기, 만세 부르기 등. '화가 난다 둥둥!' 체조 예시: 화가 난다 둥둥! 화가 난다 둥둥! 사라진다 둥둥! 사라진다 둥둥!)
  4. 화가 풀어진 만큼 블록을 내려 본다.
  5. 화가 났을 때의 블록 온도계와 화가 가라앉았을 때의 블록 온도계를 비교해 본다.

화가 났을 때와 가라앉았을 때의 기분을 블록으로 표시한 뒤, 각각의 표정을 지어요.

화가 났을 때와 화가 가라앉았을 때의 블록 온도계를 비교해 봐요.

'바꾸기' 챌린지 - '바꾸기 마법'을 부려 볼까?

화나는 마음을 잔잔한 바다로 바꾸려면 어떻게 해야 할까?

하루 종일 같은 공간에서 생활하다 보면 아이들끼리 말다툼이 생기기도 하고, 놀잇감을 먼저 차지하려고 싸우기도 합니다. 어떤 아이는 화나는 마음을 그대로 표출하며 소리를 지르거나 과격한 행동을 보이고, 또 어떤 아이는 울음으로 표현하거나 속으로 꾹 참기도 하지요. 화가 나는 감정은 잘못된 것이 아닙니다. 다만 화나는 마음을 그대로 표출하기보다는 잔잔한 바다로 바꾸는 방법을 함께 찾아보고, 긍정적인 행동으로 바꿔 가는 연습이 필요합니다.

<아이들이 생각해 낸 해결 방법>
- 주먹을 꽉 쥐었다 폈다를 5번 해요.
- 실리콘 뽁뽁이를 누르며 좋아하는 노래를 불러요.
- 눈을 감고 숨을 크게 마신 다음, 후~ 뱉어 보아요.
- 밖에 나가서 내가 좋아하는 친구의 이름을 크게 불러요.
- 공원을 산책하며 나무와 꽃의 향기를 맡아 보아요.

아이의 성장을 발견하다!

역할 놀이방에서 작은 소란이 일어납니다. 희수가 "너만 매일 엄마 하니까 나는 한 번도 못 해 봤잖아. 오늘은 내가 엄마 할 거야!"라며 수지가 들고 있던 앞치마를 뺏네요. 평소대로라면 수지도 끝까지 양보하지 않고 화를 냈겠지만, 희수의 단호한 태도에 잠시 머뭇거리더니 "그래, 오늘은 네가 엄마 해. 그 대신 다음에는 내가 해도 되지?"라고 말합니다. 교사는 그런 수지의 모습에 감동받아 머리를 쓰다듬어 주며 "양보하기 어려웠을 텐데 친구에게 양보해 줘서 친구가 더 즐겁게 놀이할 수 있겠구나."라고 격려해 줍니다.

<찰나의 순간을 격려하는 교사의 말! 말! 말! 예시>
- 친구가 놀리는 말에 화가 났지만, 친구에게 화를 내지 않고 먼저 놀자고 말하는 모습이 참 멋지구나! 친구를 용서하고 먼저 놀자고 말하기가 쉬운 일이 아니거든.
- 늦게 온 친구가 어디에 줄을 서야 할지 몰라 네 앞에 섰을 때, "오늘은 ○○가 잘 모르니까 내가 양보할게."라며 양보해 주는 모습이 참 아름다웠어.
- 친구가 너의 스티커를 말없이 가져갔을 때 화를 내지 않고 "○○야, 앞으로 스티커를 가져갈 때는 나한테 꼭 말해 줘."라고 말로 차근히 설명하는 네가 참 대견해!

반 아이들과 함께 만드는 '바꾸기' 챌린지

오늘도 우리 반에서는 크고 작은 다툼으로 화를 내는 친구들의 모습을 만납니다. 반 아이들과 함께 '화가 나는 마음을 어떻게 하면 즐거운 마음으로 바꿀 수 있을까?' 의논하며 각자 생각을 자유롭게 이야기합니다. 화를 내는 대신에 '플라스틱 통 뒤집어쓰고 소리 지르기', '종이 북북 찢기', '뽁뽁이를 누르며 노래하기', '고깔을 만들어서 확성기처럼 입에 대고 소리 지르기' 등 다양한 의견이 나왔고, 이들을 모아 '바꾸기 Day'를 열었습니다.

플라스틱 통을 뒤집어쓰고 소리를 질러 보아요.

뽁뽁이를 누르며 노래 부르기 대회를 열어요.

종이를 북북 찢어요.   고깔 확성기에 입을 대고 소리 질러요.

가족과 함께하는 '바꾸기' 챌린지

<가정 연계 '바꾸기' 챌린지 안내문 예시>

아이들은 성장 과정에서 다양한 상황을 겪으며 자신의 감정을 표현하는 법을 배워 갑니다. 가끔은 화나는 감정을 주체하지 못해 물건을 던지고 발로 차는 등 부정적인 행동을 할 때도 있지요. 이럴 때 가정에서는 어떻게 지도하면 좋을까요?

화가 나는 감정은 나쁜 것이 아닙니다. 먼저 화가 난 아이의 마음을 읽어 준 다음, 산책하기, 실리콘 뽁뽁이 누르기, 풍선 터트리기 등 아이와 의논해 다양한 방법으로 화를 표출할 수 있도록 도와주세요.

이번 주 미션은 '화난 마음 바꾸기' 입니다. 화나는 마음을 건강하게 풀고, 자신의 감정을 조절해 나가는 우리 아이의 '마음 성장'을 응원해 주세요.

🎓 교사와 아이의 성장 이야기

자기 뜻대로 되지 않으면 짜증과 화를 내는 아이가 있다면 먼저 이야기를 나누어 보세요. 아이에게는 화를 내야만 했던 100가지 이유가 있습니다. 그러나 이유가 있다고 해서 다른 사람에게 피해를 주는 행동이 정당화될 수는 없지요.

『소피아의 화를 푸는 방법』을 함께 읽으며, 아이들은 화가 나는 감정을 건강하게 다스리는 방법에 대해 알고 나의 감정과 다른 사람의 감정을 조금씩 이해하기 시작했습니다. 그림책을 본 뒤 아이들은 나만의 화 푸는 방법을 정했고, 폭발할 것 같은 감정을 스스로 조절하면서 화를 가라앉히려 노력하는 모습을 보였습니다. 교사는 감동스러운 순간을 놓치지 않고 아이를 격려하고 지지해 주었습니다.

✉️ 똑똑! 고민 상담소

Q. 반 아이가 동생이 태어난 뒤로 유난히 짜증을 부리고 친구를 때리기도 해요.

A. 동생에게 모든 관심과 사랑을 뺏겼다고 느끼는 순간 아이는 불안한 마음을 공격적으로 표현할 수 있습니다. 그런 아이에게는 야단이나 질책보다는 칭찬과 격려로 자신이 존중받고 사랑받고 있음을 느끼게 해 줍니다. 엄마, 아빠와 함께 동생 돌보기에 참여시켜, 동생은 돌봄이 필요한 존재라는 사실도 알게 해 주세요.

Q. 화가 나면 소리를 지르고 주먹이 먼저 나가는 아이가 있어요.

A. 영유아기 아이들은 자신의 감정을 온전히 이해하기 어렵고, 자기중심적 사고로 인해 감정을 공격적으로 표현할 때가 있습니다. 이런 경우 아이의 행동에 초점을 맞추기보다 화난 감정에 공감해 주고, 화가 났을 때 올바르게 표현하는 방법을 알려 줍니다. 어떤 상황에서도 타인을 공격하는 행동은 옳지 않으며, 부정적인 행동은 삼가야 한다고 단호하게 이야기해 주는 것도 필요합니다. 또 공격적인 행동을 대체할 수 있는 방법을 아이 스스로 찾아내도록 옆에서 도와주세요.

3. 놀리기 좋아하는 아이

마음 탐색 및 교사의 지도 포인트

① 왜 그럴까?

- 다른 사람에게 관심받고 싶은 욕구가 강한 경우
- 놀리는 말에 친구들이 보이는 반응이 재미있어서
- 친구들이 내 마음을 알아주지 않는다고 느끼는 경우
- 자신의 뜻대로 되지 않을 경우
- 친구들이 놀아 주지 않을 경우

② 교사의 지도 포인트

- 교사의 감정 상태 점검

아이의 놀리는 행동이 반복되면 교사도 지치고 화가 날 수 있습니다. 아이를 지도하기 전에 먼저 교사의 감정 상태를 파악하고, 필요하다면 심호흡을 하며 자신의 감정을 조절합니다.

– **교사가 삼가야 할 말과 행동 살피기**

교사가 아이를 지도할 때 부정적으로 사용하는 말과 행동이 있었는지 평가해 봅니다. 이때 자책보다는 반성적 사고로 자신의 말과 행동을 돌아보는 태도가 필요합니다.

– **함께하는 즐거움 알려 주기**

친구들하고 사이좋게 지내는 경험, 재미있게 노는 경험이 필요하므로, 다 함께 놀이하며 즐거움을 찾을 수 있도록 지원합니다.

– **격려의 말 전하기**

아이가 자유 놀이 시간에 친구와 즐겁게 놀이하거나 친구에게 기분 좋은 말을 해 줄 때, 교사는 아이에게 "친구와 사이좋게 지내는구나!", "즐겁게 놀이하는구나!" 등의 말을 건네며 즉각적이고 구체적으로 격려합니다. 친구와 관계 맺기가 어려워 오히려 놀리는 행동을 하는 경우가 있으므로, 아이가 친구들과 사이좋게 지내는 경험을 할 때 곧바로 지지해 주면 아이는 그 행동을 잘 기억해 긍정적인 행동을 습관화하게 됩니다.

아이의 속마음 인터뷰 '마음 거울이 필요해!'

자신보다 친구의 행동이나 말에 더 관심을 보이며 놀리기 좋아하는 아이들의 속마음은 어떤 것일까요? 아이들의 속마음 인터뷰를 통해 아이의 마음을 이해해 봅니다.

"친구가 나랑 놀아 주지 않아서요."

- 나랑 블록 놀이 한다고 약속해 놓고, 다른 친구랑 놀고 있어서 화가 나 놀렸어요.
- 내가 같이 놀자고 여러 번 얘기했는데, 내 말을 못 들은 척하잖아요. 그래서 놀렸어요.

"친구가 자기 것만 멋지대요."

- 친구가 자기 팽이는 빨리 잘 돌아간다고 자랑해요. 근데 내가 만든 팽이는 잘 돌아가지 않는다고 웃어요. 화가 나 팽이가 못생겼다고 놀렸어요.
- 친구와 함께 블록으로 로봇 만들기를 했는데, 내가 만든 로봇은 멋지지 않고 자기가 만든 로봇만 멋지다고 자랑해서 화가 났어요. 그런데 친구가 자기를 놀렸다고 울어서 조금 미안했어요.

"친구가 달리기하다가 넘어지는 모습이 너무 재밌었어요."

- 달리기 대회에서 일등 하던 친구가 넘어져서 내가 일등을 했어요. 그래서 기분이 좋아 웃었는데, 친구가 놀리지 말라고 화를 냈어요.
- 달리기하다가 넘어지는 친구의 모습이 재밌어서 "선생님, 쟤 넘어졌어요!"라고 말하며 웃었는데, 친구가 자기를 놀렸다고 화를 냈어요. 그래서 속상해요.

재밌는 걸까? 놀리는 걸까?

📖 『내가 곰으로 보이니?』

"하린아, 너 왜 안경 썼어? 안경 쓰니까 이상해!"라며, 안경을 쓰고 등원한 하린이 모습이 어색했는지 유리가 졸졸 따라다니며 이상하다고 하네요. 그렇지 않아도 안경이 익숙하지 않은 하린이는 유리 말에 주눅이 들어 울음이 터지기 일보 직전입니다. "선생님, 유리가 자꾸 놀려요!"

유리는 하린이를 놀리는 걸까요? 아니면 단순한 호기심일까요? 유리는 궁금해서 한 이야기라고 하지만, 하린이는 왜 놀리는 것처럼 느껴졌을까요? 누군가의 말 한마디에 주눅이 들고 인정받지 못하는 느낌을 받았을 때 여러분은 어떤 마음이 드나요? 다양한 색과 콜라주 기법을 사용해 아이들의 감정과 마음을 나타낸 『내가 곰으로 보이니?』를 통해 나 자신이 얼마나 가치 있고 소중한 존재인지 알아봅니다.

『내가 곰으로 보이니?』
야엘 프랑켈 글·그림, 황정혜 옮김, 후즈갓마이테일

'에밀리아'는 새로운 학교생활에 기대감이 크지만, 친구들은 "개를 닮았다."거나 "곰을 닮았다."며 에밀리아를 놀립니다. 친구들의 말에 에밀리아는 마음의 상처를 입고 자신감을 잃어 갑니다. 그때 항상 곁에 있어 준 친구 '피트'가 "네가 어떤 모습이어도 난 네가 좋아. 넌 그냥 너니까." 라며 에밀리아를 있는 그대로 인정해 줍니다. 친구들에게 놀림받고 상처 입은 에밀리아의 마음이 점차 다양한 표정과 색감으로 변해 갑니다.

✦ 그림책 토크 ✦

그림책 표지를 살펴본다.

– 표지에 무엇이 보이나요?

– 곰은 무슨 생각을 하고 있을까요?

그림책을 감상한 다음, 자신의 생각과 느낌을 말해 본다.

– 친구들은 에밀리아에게 어떤 말을 했나요?

– 친구들의 말을 듣고 에밀리아의 마음은 어땠을까요?

– 친구들이 무엇 때문에 에밀리아에게 이런 말들을 했을까요?

– 유치원(어린이집)에서 새로운 친구를 만나면 어떻게 대해 주고 싶나요?

– 피트는 에밀리아에게 어떤 말을 해 주었나요?

– 피트의 말을 들은 에밀리아는 어떤 생각이 들었을까요?

– 내가 만약 에밀리아를 만난다면 어떤 말을 해 주고 싶나요?

그림책 읽어 주기 팁

★ 등장인물의 감정 변화에 초점을 맞춰, 목소리 높낮이를 달리하고 표정에 변화를 주어 실감 나게 들려줍니다.

함께 읽어 주면 좋은 책

- 『쪼르르 또또』 이상희 글, 혜경 그림, 상상스쿨
- 『내 귀는 짝짝이』 히도 반 헤네흐텐 글·그림, 장미란 옮김, 웅진주니어
- 『언제 고자질해도 돼?』 크리스티안 존스 글, 엘리나 엘리스 그림, 천미나 옮김, 책과콩나무

✦ 놀이 지원 ✦

칭찬 케이크

* **놀이 도구**   케이크 모형, 메모지, 색연필 또는 사인펜

* **놀이 방법**
  1. 칭찬을 받았던 경험에 관해 이야기 나눈다.
  2. 칭찬을 받았을 때 어떤 기분이 들었는지 이야기한다.
  3. 친구나 선생님의 칭찬할 점을 찾아본다.
  4. 칭찬 케이크를 소개하며 놀이 방법에 관해 이야기 나눈다.
  5. 칭찬할 내용을 메모지에 적어 칭찬 케이크에 붙이며 완성한다.
  6. 축하 노래를 함께 부른다.
     (예: 생일 축하 노래를 개사해 함께 불러 본다. "칭찬 감사합니다~ 칭찬 감사합니다~ 사랑하는 우리 반, 칭찬 감사합니다~")

메모지에 우리 반 친구들과 선생님의 칭찬을 적어요.

칭찬 케이크에 칭찬 메모지를 붙여요.

'선택' 챌린지-'선택 마법'을 부려 볼까?

재밌는 걸까? 놀리는 걸까? 어떻게 반응해야 할까?

"연지는 왜 안경을 썼어? 안경 쓰니까 좀 이상해.", "너는 키가 나보다 작아서 동생 같아." 등의 말에 상처받은 아이에게 무슨 말을 해 주면 좋을까요? 친구들이 놀리는 걸까요? 아니면 재밌어서 하는 행동일까요?

영유아기는 자기중심적인 사고가 강한 시기이므로 자신의 입장에서 말할 때가 많습니다. 때로는 그 말들이 친구에게 상처가 되거나 기분을 상하게 해 다툼으로 번질 때도 있습니다. 아이들이 친구에게 말을 할 때 듣기 좋은 말인지 생각해 보는 시간을 자주 가지고, 그 말을 스스로 선택해 말할 수 있도록 격려하여 상대를 존중하고 배려하는 마음을 길러 봅니다.

<아이들이 생각해 낸 해결 방법>
- '다섯 글자 예쁜 말'을 매일 친구들에게 해 줘요.
- 친구가 기분 상하는 말을 했을 때 내 기분을 얘기해 줘요.
- 내가 해결하지 못할 때는 선생님 찬스를 써서 도움을 요청해요.

아이의 성장을 발견하다!

부끄럼이 많은 수한이가 주말 사이 파마를 하고 등원했습니다. 교실 앞에서 쭈뼛거리며 눈치를 살피는 수한이. 교사가 먼저 알아채고 "어머, 우리 수한이 머리했구나! 어쩜 파마가 이렇게 잘 나왔니? 정말 잘 어울린다!"라고 칭찬하자, 친구들도 달려가 "어! 너 머리가 바뀌었네?", "파마했나 봐!" 하며 수한이를 맞이합니다. 친구들의 말이 놀림인지 칭찬인지 헷갈리는 수한이는 선생님한테 안기며 얼굴을 파묻습니다. 평소 같았으면 친구들이 건네는 말에 무조건 "싫어!", "저리 가!", "하지 마!"라는 반응을 보였을 수한이데 이번만큼은 친구들의 관심이 싫지 않나 봅니다.

"친구들이 말할 때 수한이가 싫다고 하지 않고 끝까지 들어주니까 친구들도 기분이 좋은가 봐. 수한이도 기분 좋지? 이럴 땐 고맙다고 이야기해 보면 어떨까?"라고 교사가 권하자, 수한이가 아주 작은 소리로 "고마워."라고 말합니다. 교사는 수한이를 꼭 안아 주며 "정말 잘했어. 마음이 아주 커졌구나."라고 말해 줍니다.

<찰나의 순간을 격려하는 교사의 말! 말! 말! 예시>
- 친구가 키가 작다고 말했을 때, 속상해하지 않고 "나는 밥 많이 먹고 금방 키 클 거야."라고 말하는 소희의 마음이 바다처럼 넓구나!
- 혼자 밥을 못 먹는다고 친구가 놀리니까, 스스로 먹으려고 노력하는 윤호가 대견해!

반 아이들과 함께 만드는 '선택' 챌린지

재밌는 걸까? 놀리는 걸까? 친구들 말이 헷갈릴 때가 있습니다. 재미로 한 말이 친구의 마음을 상하게 한 적은 없는지, 또 일부러 놀린 적은 없는지 생각해 보며, 그랬을 때 상대방 마음이 어땠을지 함께 토론해 봅니다. 토론 과정에서 아이들은 우리 반 친구들이 좋아하는 말, 싫어하는 말을 조사하고 싶다는 의견을 냈고, 조사 결과를 반영해 '선택 Day'를 열기로 했습니다. 반 아이들과 친구의 마음을 상하게 하는 말, 기분을 좋게 하는 말을 안내판으로 만들어 교실 벽면에 붙여 봅니다. 일상에서 아이들이 자신의 생각이나 느낌을 표현할 때 벽에 붙여 둔 '마음을 상하게 하는 말과 기분을 좋게 하는 말'을 보면서 어떤 말을 선택할지 결정합니다. 자신이 선택한 말이 기분 좋은 말인지 다시 한번 생각해 본 뒤 친구에게 기분 좋은 말을 건넵니다.

마음을 상하게 하는 말, 기분을 좋게 하는 말을 조사해요.   친구에게 기분 좋은 말을 해 줘요.

가족과 함께하는 '선택' 챌린지

<가정 연계 '선택' 챌린지 안내문 예시>

아이들은 타인으로부터 자신의 말이나 행동을 인정받지 못한다고 느꼈을 때 상처받거나 좌절감을 느낍니다. 이런 경험이 반복되면, 그냥 지나가는 말이나 행동도 가볍게 넘기지 못하고 자신을 놀린다고 생각하게 되지요. 재미로 하는 말과 놀리는 말을 어떻게 구분할 수 있을까요?

이번 주 미션은 '선택'입니다. 가족끼리 하는 말 중에 듣기 좋은 말과 듣기 싫은 말에 관해 이야기 나눈 뒤, 바른 말 고운 말 리스트를 만들어 보세요. 오늘 가장 듣고 싶었던 말과 가장 듣기 싫었던 말을 선택해 함께 이야기 나누면서 아이들은 서로 존중하며 배려하는 마음을 배워 갑니다.

💡 교사와 아이의 성장 이야기

"선생님, ○○가 계속 뛰어다녀요.", "○○는 왜 뚱뚱해요?" 등 교실에서 친구의 행동이나 외모를 일일이 지적해서 친구 마음을 상하게 만드는 일이 가끔 일어납니다. 유난히 친구 이야기를 많이 하고 지적하기를 좋아하는 아이들의 진심은 무엇일까요? 친구를 위해서 하는 행동일까요? 아니면 놀리는 걸까요?

교사는 이런 상황에서 아이의 행동을 곧장 지적하기보다 놀이와 활동을 지원하며, 자신의 말과 행동이 친구 기분을 상하게 할 수 있고 기쁘게 할 수도 있다는 사실을 알아차리게 도와주었습니다. 아이들은 '다섯 글자 예쁜 말하기', '친구가 기분 상하는 말을 했을 때 내 기분 말하기' 등 다양한 활동을 통해 친구의 속마음을 알게 되었습니다.

✉ 똑똑! 고민 상담소

Q. 자기 잘못을 인정하기보다 다른 사람 탓을 해요.

A. 분명히 자기가 잘못한 일인데도 "이래서 그랬어, 저래서 그랬어!" 하며 핑계를 대고 남 탓을 하는 아이가 있지요. 그 아이 내면에는 잘못을 인정하고 싶지 않고 혼나는 데 대한 두려운 마음이 깔려 있을 수 있습니다. 자존감이 낮은 아이들은 자기 잘못과 대면할 용기가 없어 순간을 모면하려고 핑계를 대고 남 탓을 할 수 있어요. 이럴 때일수록 아이의 마음을 헤아려 주는 교사의 공감과 위로가 필요합니다. "뜻대로 안 되니까 속상하지?", "괜찮아, 이해해." 같은 말로 심리적 안정감을 제공해 아이의 자존감을 길러 줍니다.

4. 거짓말을 하는 아이

마음 탐색 및 교사의 지도 포인트

① 왜 그럴까?

- 자신의 상상을 실제 일어난 일이라고 믿을 경우
- 자신이 잘못한 것에 대해 혼날까 봐 두려운 경우
- 주변 사람에게 관심을 받고 싶은 경우
- 다른 사람에게 과시하고 싶은 경우
- 내가 좋아하는 친구 이야기만 믿고 무조건 편들어 주는 경우

② 교사의 지도 포인트

- **아이의 마음 읽기**

거짓말을 한 아이는 표정 변화나 특정한 제스처를 보입니다. 아이가 거짓말을 했는지 안 했는지를 따지기보다는, 거짓말을 한 상황을 살펴보고 아이의 마음을 먼저 읽어 주는 것이 필요합니다.

– 놀이에서 답을 찾다

"거짓말하지 마."라며 직접적으로 지도하지 말고 그림책을 활용하거나 진실을 말할 수 있는 다양한 놀이를 지원하여, 아이들 스스로 솔직하게 말할 수 있도록 도와줍니다.

– 'I-메시지(나-전달법)'로 전하기

다양한 방법으로 '솔직하게 말하기'를 지도하였는데도 아이가 반복해서 거짓말을 한다면, 'I-메시지(나-전달법)'로 거짓말의 안 좋은 점을 분명하게 이야기합니다.
(예: "네가 솔직하게 말하지 않으면 나중에 친구들이 너의 말을 믿어 주지 않을까 봐 걱정이 돼.")

– 순간 포착! 틈새 공략!

아이가 조금이라도 솔직하게 말하면 그 틈을 놓치지 않고 "솔직하게 이야기해 줘서 고마워."라고 말해 줍니다. 시간이 흐른 뒤에는 어떤 상황이었는지, 왜 칭찬받았는지 이해하지 못할 수 있으므로 즉각적인 격려가 중요합니다.

아이의 속마음 인터뷰 '마음 거울이 필요해!'

'거짓말'을 떠올리면 어떤 느낌이 드나요? 아이들의 거짓말은 어른들이 하는 거짓말과 다르답니다. 아이들은 거짓말을 어떻게 생각하는지 살펴봅니다.

"혼이 나고 내가 치워야 하니까 거짓말이 나왔어요!"

- 블록을 망가뜨렸는데, 사실대로 말하면 혼날 것 같아서 그랬어요.
- 선생님이 정리하지 않은 자리를 보고 누가 놀았는지 물었는데, 제가 아니라고 했어요. 제가 놀았다고 말하면 정리해야 되잖아요. 저 혼자만 논 것도 아닌데…….

"거짓말했는데 친구들이 부럽다며 관심을 보여서 기분이 좋았어요."

- 친구가 강아지를 키운다고 자랑해서 우리 집에도 강아지가 있다고 거짓말을 했어요. 그랬더니 친구들이 부럽다고 말했어요.
- 우리 집에 장난감이 많다고 거짓말을 했는데 친구들이 부러워해요. 그러면 제 어깨가 올라가고 기분이 좋아져요.
- 보드게임을 잘해서 일등만 한다고 거짓말했어요. 그랬더니 친구들이 대단하다고 칭찬해 줘요.

"솔직하게 말하면 부끄럽고 자존심 상할 때가 있어요."

- 좋아하는 친구가 있는지 물어보면 사실대로 말하기 부끄럽잖아요. 그래서 없다고 해요. 이런 거짓말도 나쁜가요?
- 친구들은 방학 동안 여행을 다녀왔는데 나만 못 갔다고 말하면 기분이 좋지 않아요. 그래서 저도 여행 다녀왔다고 말했어요.

참말과 거짓말

📖 『릴라가 그랬어요』

　채원이는 아빠가 사 주신 장난감을 친구들에게 자랑하고 싶어서 유치원에 가지고 왔네요. 가방에서 꺼내 옆에 있는 지민이한테 "이거 우리 아빠가 사 줬다!"며 자랑합니다. 지민이가 관심을 보이며 만지려 하자, 채원이는 "만지면 안 돼! 망가지니까 보기만 해!"라고 합니다. 마음이 상한 지민이는 "우리 집에 그거 1000개 있어!"라며 자랑하듯 말하네요. 채원이는 "거짓말이지? 한번 가지고 와 봐!" 하고 목소리를 높이면서 장난감을 다시 가방에 넣습니다. 장난감이 1000개 있다는 지민이의 말은 참말일까요, 거짓말일까요?
　아이들이 하는 말에는 여러 마음이 담겨 있습니다. 『릴라가 그랬어요』에는 어떤 마음이 담겨 있는지 찾아봅시다.

『릴라가 그랬어요』
송아주 글, 에스더 그림, 맑은물

'릴라'와 숨바꼭질하던 '토미'는 실수로 쓰레기통을 엎습니다. 선생님이 누가 그랬는지 묻자, 토미는 겁이 나서 릴라가 그랬다고 거짓말하지요. 실수할까 봐 조심조심 행동하는 릴라를 보며, 토미는 용기를 내 선생님께 솔직하게 이야기합니다.
내가 한 거짓말로 다른 사람에게 불편함을 준 적이 있다면, 토미처럼 용기 내서 말해 보세요. "사실은요……."

✦ 그림책 토크 ✦

앞표지 제목을 가리고 이야기 나눈다.

− 릴라와 토미는 어떤 표정을 짓고 있나요?

− 무엇 때문에 이런 표정을 짓고 있을까요?

제목을 보여 준 뒤 어떤 내용일지 상상해 본다.

− 릴라는 무엇을 했을까요?

그림책을 감상한 다음, 아이들과 이야기 나눈다.

− 토미는 왜 릴라가 쓰레기통을 엎었다고 말했나요?

− 쓰레기통을 엎었다고 생각한 릴라의 마음은 어땠을까요?

− 거짓말을 한 토미의 마음은 어땠을까요?

− 여러분도 토미와 같은 경험을 한 적 있나요?

− 여러분은 릴라(토미)에게 어떤 말을 해 주고 싶나요?

그림책 읽어 주기 팁

★ 등장인물들의 특징을 살려 상황에 따라 목소리 높낮이를 달리하며 이야기를 들려줍니다.

★ 릴라의 관점에서 대화해 보며, 마음을 살필 수 있도록 도와줍니다.

함께 읽어 주면 좋은 책

- 『거짓말하고 싶을 때』 팀 합굿 글, 데이비드 타지맨 그림, 이정은 옮김, 키즈엠
- 『진짜 진짜 거짓말 아니야!』 조영글 글·그림, 봄볕
- 『혼날까 봐 그랬어』 나넨 글·그림, 문주선 옮김, 후즈갓마이테일

✦ 놀이 지원 ✦

주인공 토크 콘서트

✱ **놀이 도구**　릴라 머리띠, 토미 머리띠, 토크 콘서트 가랜드

✱ **놀이 방법**

1. 그림책 주인공(릴라와 토미) 역할을 누가 맡을지 정한다.
2. 주인공이 된 아이는 해당하는 머리띠를 쓰고 친구들 앞에 앉는다.
3. 다른 아이들은 머리띠를 쓴 릴라와 토미에게 궁금한 것을 질문한다.
    (예: "나는 릴라(토미)야, 궁금한 거 있으면 물어봐!" "나는 릴라에게 질문하고 싶어. 릴라야, 너는 토미가 쓰레기통을 엎었다고 솔직하게 말해 줬을 때 기분이 어땠어?" "나는 토미한테 질문할게. 토미야, 너는 왜 선생님께 솔직하게 말하지 않았어?" 아이가 질문하기 어려워할 땐 교사도 토크 콘서트에 함께 참여해 주인공들에게 궁금한 점을 물어본다.)
4. 주인공 인터뷰가 끝난 뒤, 주인공 마음이 어땠을지 함께 이야기 나눈다. 또 주인공에게 해 주고 싶은 말을 표현해 본다.
    (예: "사랑해." "힘내." "괜찮아." "용기를 내줘서 고마워.")

토크 콘서트를 준비해요.

주인공들에게 하고 싶은 말을 몸으로 표현해요.

'솔직 풍선'에게 고백해!

✱ **놀이 도구**   1인당 풍선 1개, 핸드 에어 펌프 1개

✱ **놀이 방법**

1. 그림책 속 토미처럼 거짓말을 한 적 있는지 말해 본다.
2. 거짓말을 했을 때 마음이 어땠는지 이야기 나눈다.
3. 거짓말을 고백하는 '솔직 풍선'을 소개한다.
   (예: "안녕! 나는 솔직 풍선이야. 너희들이 했던 거짓말을 나에게 솔직하게 말해 줄래? 나에게 하고 싶은 말도 좋아!")
4. '솔직 풍선'에게 고백하는 방법을 교사가 먼저 보여 주고, 아이들에게 풍선을 나눠 준다.
5. '솔직 풍선'을 받은 아이는 자신이 했던 거짓말을 풍선 입구에 대고 말한 다음, 교사에게 건네준다.
6. 교사는 핸드 에어 펌프로 풍선에 적당히 바람을 넣은 뒤, 입구를 묶지 않은 채로 아이에게 전달한다.
7. 풍선을 받은 아이는 "거짓말아, 잘 가!"라고 말하며, 거짓말을 고백한 '솔직 풍선'을 자유롭게 날린다.

'솔직 풍선'에게 거짓말을 고백해요.

거짓말을 고백한 풍선을 자유롭게 날려요.

'참말' 챌린지-'참말 마법'을 부려 볼까?

거짓말을 하지 않으려면 어떻게 해야 할까?

　아이들은 순간의 잘못을 감추기 위해, 때로는 돋보이고 싶어서 거짓말을 합니다. 이런 거짓말이 잠깐은 도움이 될지 모르지만, 시간이 지나면 자신과 상대방 모두에게 좋지 않다는 사실을 깨닫게 되지요. 거짓말을 하지 말아야 한다는 점은 알지만 솔직하게 말할 용기가 부족한 아이들에게 '너의 마음을 이해한다.'는 공감과 '너를 믿고 있다.'는 마음을 전달하면 거짓말을 하지 않으려고 노력할 것입니다. 나아가 점차 긍정적으로 변화해 가는 자신을 느끼며, 친구들과의 관계에서 솔직한 아이로 인정받을 수 있습니다.

<아이들이 생각해 낸 해결 방법>
- "나는 진실을 말하는 용기 있는 사람이야."라고 주문을 외워요.
- 선생님의 손을 잡아요. 선생님은 제 마음을 알아주실 거예요.
- 솔직하게 말하기로 내 마음과 약속해요.
- 친구들에게 거짓말하는 대신 '솔직 풍선'을 만들어서 날려요.

아이의 성장을 발견하다!

　즐겁게 놀이하던 아이가 놀잇감을 정리하지 않고 자리를 옮깁니다. 다른 친구가 놀이하려고 와서 지저분한 책상을 보고 "선생님, 누가 책상을 안 치우고 갔어요."라고 말합니다. 그때 평소에는 "제가 안 그랬어요."라며 거짓말하던 아이가 "내가 지금 치우려고 했어." 하며 책상을 정리하기 시작합니다. 그 모습을 바라보던 교사는 정리하는 아이와 눈을 마주친 후 미소 지으며 엄지손가락을 들어 줍니다. 다른 말은 필요가 없지요. 아이는 솔직하게 변한 자신의 모습에 뿌듯함을 느끼며 오늘도 한 뼘 성장합니다.

<찰나의 순간을 격려하는 교사의 말! 말! 말! 예시>
- 놀잇감을 망가뜨린 사실을 솔직하게 이야기해 줘서 고마워! 덕분에 친구들이 다 치지 않을 수 있었어. 다음에는 조심히 놀이해 주길 바라!
- 친구들에게 너의 마음을 솔직하게 이야기해 줘서 정말 자랑스러워!
- 너의 실수를 솔직히 이야기하는 게 쉽지 않았을 텐데, 용기를 내다니 대단한걸!

반 아이들과 함께 만드는 '참말' 챌린지

서로에게 솔직해지는 날! 오늘은 '참말 Day'를 열었습니다. 무엇을 하면 좋을지 묻자, 한 아이가 자신과 약속하는 '솔직 약속판'을 만들자고 제안했습니다. 다른 아이가 약속에 손가락으로 하트 도장도 찍자고 의견을 냈고, 또 다른 아이는 '솔직 풍선'에게 고백한 것처럼 종이컵 안쪽에 고백한 다음 컵 쌓기를 하자고 제안했습니다. 쌓은 컵을 부수면서 거짓말했던 불편한 마음도 함께 부서지길 바라는 것이지요. 거짓말한 행동을 후회하고 참말을 말하기로 약속하는 아이들의 얼굴에 웃음이 한가득입니다.

나에게 하는 '솔직 약속판'을 만들어요.

'솔직 약속판'을 친구에게 소개해요.

거짓말을 고백한 종이컵으로 컵 쌓기 놀이를 해요.   와르르~ 거짓말아, 잘 가!

가족과 함께하는 '참말' 챌린지

<가정 연계 '참말' 챌린지 안내문 예시>

옳지 않다는 것은 알지만, 누구나 해 본 적 있는 거짓말. 하지만 우리 아이는 솔직하게 자랐으면 하는 것이 부모의 마음입니다.

아이에게 솔직하기를 강요하기보다, 솔직하지 못했을 때 어떤 결과가 생길지 이야기 나눠 보세요. 또 솔직하게 말했을 때는 그 용기를 칭찬해 주세요. 스스로 솔직해지기 위해 더 노력할 것입니다. 가정에서도 아이와 '참말' 챌린지를 열어 보세요!

- 거짓말하지 않겠다는 '솔직 약속판'을 함께 만듭니다.
- 내가 한 거짓말을 색종이에 적은 다음, 비행기를 접어 날려 봅니다.

이번 주 미션은 '솔직하게 말하기' 입니다. 서로 마음에 담아 두었던 말을 솔직하게 이야기해 보세요. 사소한 일이라도 좋습니다. 서로의 마음을 고백하다 보면, 잘못을 용서하게 되고 무거운 마음도 가벼워집니다.

💡 교사와 아이의 성장 이야기

 아이들은 그림책 표지 속 고릴라의 생김새에 흥미를 보이며 그 모습을 따라 하다가, 왜 이런 표정을 짓고 있는지 궁금해합니다. 토미가 자신의 실수를 릴라에게 뒤집어씌우는 장면에서는 릴라의 표정을 보며 안타까워했지요. 만일 같은 상황이 벌어지면 어떻게 할지 교사가 묻자 "솔직하게 말해요.", "모른다고 해요."라고 대답하는 아이들도 있었지만, 자신도 릴라가 그랬다고 거짓말했을 거라며 토미의 마음에 공감하기도 했습니다.

 '솔직 풍선' 활동에서 아이들은 풍선에게 거짓말한 사실을 고백한 뒤 한참을 진지하게 바라보다가, 풍선의 바람이 금세 빠지자 "1초 만에 바람이 빠졌어요."라고 말하며 홀가분해했습니다. 풍선이 터질까 봐 조마조마한 마음이 거짓말을 했을 때 들킬까 봐 걱정하는 마음과 비슷하다고 느꼈나 봅니다. 거짓말하지 않고 편안한 마음으로 지내야겠다고 다짐하는 아이들의 얼굴이 더욱 해맑아 보입니다.

✉ 똑똑! 고민 상담소

Q. 한 아이가 거짓말을 했는데, 그 뒤로 친구들이 자신의 말을 믿어 주지 않는다며 속상해합니다.

A. 아이들은 친구가 자신에게 거짓말을 했다는 부정적인 기억 때문에 '저것도 거짓말일 거야.'라고 생각합니다. 다 함께 모여 솔직하게 말하면 어떤 점이 좋은지 알아보고 거짓말한 친구에게 어떤 말을 해 주면 좋을지 이야기 나눠 봅니다. 또 '좋은 점 찾기 놀이'를 통해 거짓말한 아이에 대한 부정적인 기억을 줄여 나가는 것도 좋습니다.

Q. 아이에게 잘못한 행동을 이야기하면, 끝까지 자신이 안 했다고 거짓말해요.

A. 아이가 왜 거짓말을 했을지 마음을 먼저 헤아려 준 다음, 솔직하게 말할 수 있도록 기다려 주세요. 솔직하게 말하는 것은 매우 큰 용기가 필요합니다. 이때 교사는 아이를 믿고 있다는 점을 이야기해 주세요. 아이는 선생님이 주는 믿음을 지켜 나가기 위해 거짓말을 하지 않으려고 노력할 것입니다.

5. 욕과 비속어를 사용하는 아이

마음 탐색 및 교사의 지도 포인트

① 왜 그럴까?

- 다른 사람에게 관심을 받고 싶은 경우
- 주변에서 욕이나 비속어를 듣고 그대로 모방하는 경우
- 다른 사람의 말이 재미있다고 생각한 경우
- 자신이 친구들보다 힘이 세다는 것을 과시하기 위해
- 화가 나거나 속상한 마음을 부정적으로 표현하는 경우

② 교사의 지도 포인트

- 아이 속마음 들여다보기

아이가 욕이나 비속어를 사용하는 이유는 다양합니다. 먼저 무엇 때문에 욕이나 비속어를 사용하는지 속마음을 들여다보며 이유를 탐색합니다.

– 지나친 반응은 금물

다양한 언어를 습득하는 이 시기의 아이들은 자신이 사용하는 단어들의 옳고 그름을 판단하기 어렵습니다. 뜻은 잘 모른 채 그저 재미있어서 또는 화가 나서 욕과 비속어를 사용하기도 하지요. 이런 상황에서 어른들이 지나치게 반응하면 아이들은 어른 몰래 사용할 수 있으므로, 욕과 비속어의 부정적 기능을 알려주어 바르고 고운 말을 쓸 수 있게 도와줍니다.

– 바른말 고운 말 실천 경험 제공

'우리말 나들이' 시간을 마련해 아이들이 바르고 고운 말을 하도록 도와줍니다. 또 바르고 고운 말을 사용하는 아이를 보면 구체적으로 격려한 뒤, 회상하기 시간을 통해 아이가 사용한 바르고 고운 말에 관해 이야기 나눕니다.

– 알아차림의 신호

바르고 고운 말을 사용하도록 열심히 지도했음에도 불구하고 아이들은 무심코 욕과 비속어를 사용할 수 있습니다. 아이들이 이런 말을 무의식적으로 반복하는 경우에는 옐로카드와 레드카드를 단계별로 제시해 아이 스스로 알아차릴 수 있게 합니다.
(색깔 카드는 사전에 아이들과 협의한 후 제시하며, 경고의 의미가 아닌 알아차림의 의미로 사용합니다.)

아이의 속마음 인터뷰 '마음 거울이 필요해!'

아이들은 정확한 뜻은 모르지만 익숙하게 들었던 말을 자기도 모르게 사용할 수 있습니다. 그중에서도 욕과 비속어를 사용했을 때 친구들이 놀라는 반응을 보면서 자신을 힘이 센 존재로 생각하게 되지요. 한편, 화가 나서 무심코 내뱉은 욕과 비속어가 상대방을 힘들게 하기도 합니다. 자신의 존재를 인정받길 원하고, 자신의 이야기를 들어주길 바라는 아이들의 속마음을 들여다봅시다.

"화가 나는데 어떻게 고운 말을 써요?"

- 친구한테 계속 말했는데 못 들은 척하니까 화가 났어요. 그런데 어떻게 고운 말을 해요?
- 친구가 제가 만든 블록을 망가뜨렸는데 미안하다고 사과도 안 했어요.
- 엄마한테 혼나서 기분이 안 좋은데, 친구들까지 내 말을 안 들으니까 짜증이 나요.

"다른 사람도 많이 쓰잖아요."

- 친구가 먼저 욕을 하잖아요. 그래서 저도 한 거예요.
- 이게 나쁜 말인지 몰랐어요. 누나랑 형들도 많이 한단 말이에요.
- TV에서 나온 말이라 재미있어서 따라 했어요.

"내가 강해진 것 같아요."

- 내가 욕을 하면 아이들이 무서워하니까 힘이 세지는 것 같아요.
- 큰 소리로 말하니까 친구들이 내 말을 잘 들어요.
- 엄마, 아빠가 욕을 하면 나쁘다고 했는데, 내가 욕을 하면 아이들이 꼼짝도 못해요. 그래서 자꾸 욕을 해요.

아름다운 말은 힘이 세다!

📖 『말하면 힘이 세지는 말』

수빈이와 서아가 나무 블록을 사용해 도미노를 만들고 있습니다. 그 모습을 지켜보던 예린이가 "블록을 거기에 놓으면 안 돼! 여기에 놓아야지!" 하며 참견합니다. 수빈이가 "우리가 알아서 할 테니 신경 쓰지 마."라고 해도, 예린이는 곁에서 지켜보다가 "여기에 놔."라거나 "이거는 여기에 놔야지." 하고 계속 참견하네요. 화가 난 수빈이가 "너 저리 가!"라고 하자 예린이는 "싫은데! 내가 왜?"라며 장난스럽게 대답합니다. 속상한 수빈이가 선생님께 이른다고 하니 예린이는 "어쩌라고?" 하며 자리를 뜹니다. 아이들은 다양한 매체와 주변 사람들의 영향으로 정확한 뜻을 모른 채 여러 말을 모방합니다. 즐거움을 주는 말도 있지만, 들으면 힘이 빠지거나 다른 사람의 마음에 상처를 주는 말도 있지요. 긍정 에너지를 주는 말에는 어떤 것들이 있는지 『말하면 힘이 세지는 말』을 읽으며 함께 생각해 봅시다.

『말하면 힘이 세지는 말』
미야니시 다쓰야 글·그림, 김지연 옮김, 책속물고기

'눈썹 아저씨'는 별나게 행동하고 엉뚱한 말을 하는 괴짜입니다. 달에 가고 싶은 꿈을 이루기 위해 노력하고, 위험한 상황에서도 포기하지 않는 마음을 지녔지요. 그늘이 필요한 사람에게 자리를 내어주고, 다른 사람의 아픔을 위로하기도 합니다. 무엇보다 아저씨가 하는 말은 힘이 있어서, 깜짝 놀랄 결과를 가져오기도 합니다. 고운 말 사용이 필요한 아이들에게 눈썹 아저씨의 마음이 전해지길 바랍니다.

✦ 그림책 토크 ✦

그림책 앞표지를 보며 이야기 나눈다.

– 표지에 무엇이 보이나요?

– 아저씨는 무슨 생각을 하고 있을까요?

그림책을 감상한 다음, 자신의 생각과 느낌을 말해 본다.

– 눈썹 아저씨의 꿈은 무엇이었나요?

– 눈썹 아저씨는 어떻게 공룡에게서 빠져나올 수 있었나요?

– 눈썹 아저씨는 왜 느려도 괜찮다고 했나요?

– 햇볕이 뜨거운 날 다른 사람들은 왜 땀을 흘리는 남자를 모른 척했을까요?

– 만약 여러분이 눈썹 아저씨라면 어떤 소원을 말하고 싶나요?

– 눈썹 아저씨에게 어떤 말을 해 주고 싶나요?

그림책 읽어 주기 팁

★ 눈썹 아저씨가 겪는 다양한 상황을 떠올리며 감정을 담아 읽어 줍니다.

★ 다음 이야기를 상상할 수 있도록 페이지를 천천히 넘깁니다.

함께 읽어 주면 좋은 책

- 『나쁜 말 먹는 괴물』 카시 르코크 글, 상드라 소이네 그림, 김수진 옮김, 그린북
- 『말들이 사는 나라』 윤여림 글, 최미란 그림, 위즈덤하우스
- 『행복한 ㄱㄴㄷ』 최숙희 글·그림, 웅진주니어

✦ 놀이 지원 ✦

우리 반 '긍정 꽃밭'

✱ **놀이 도구**   색종이, 사인펜, 색연필, 투명 테이프

✱ **놀이 방법**
1. 긍정의 말에는 어떤 것들이 있는지 함께 알아본 뒤, 친구들과 긍정의 말을 나눈다.
2. 색종이로 꽃과 화분을 만든 다음, 투명 테이프로 화분 위에 꽃을 붙인다.
3. 친구들에게 들은 긍정의 말 중 가장 마음에 드는 말을 화분 위에 적어 본다.
4. 교실 한쪽에 우리가 만든 꽃 화분을 붙여 '긍정 꽃밭'을 완성한다.

친구들과 놀이하며 긍정의 말을 나눠요.

색종이로 꽃을 만들어요.

친구에게 들은 긍정의 말을 화분에 적어요.

'긍정 꽃밭'이 완성되었어요.

훌라후프 투호 말놀이

* **놀이 도구**   그림책 속 '힘이 세지는 말' 카드 5장, '힘이 세지는 말'이 적혀 있는 종이 5장, 훌라후프 5개, 나무젓가락 투호 막대 4개, 비밀 상자

* **놀이 방법**
  1. '힘이 세지는 말' 카드를 붙인 훌라후프를 아이들 연령에 맞추어 거리를 두고 놓는다.
  2. 비밀 상자에서 그림책 속 '힘이 세지는 말'이 적힌 종이를 2장 뽑은 다음, 투호 막대를 2개씩 나누어 갖는다.(종이 예: '포기 안해요.', '상냥해요.' 등)
  3. 종이에 적혀 있는 말을 외치며 같은 말이 붙어 있는 훌라후프에 투호 막대를 던진다.
  4. 투호 막대가 훌라후프에 들어가면 친구들은 "넌 최고야!"라고 말해 준다.

놀이 도구를 준비해요.

비밀 상자에서 종이 2개를 뽑아요.

종이에 적혀 있는 말을 외치며 투호 막대를 던져요.

끝까지 도전한 나를 안아 주며 칭찬해요.

'고운 말' 챌린지-'고운 말 마법'을 부려 볼까?

'고운 말'을 사용하려면 어떻게 해야 할까?

아이들은 일상에서 다양한 말을 하고, 또 듣습니다. 그중에는 기분이 좋아지는 말이 있고, 기분을 상하게 만드는 말도 있지요. 욕과 비속어를 사용하는 아이를 보면 고민이 커집니다. 이럴 땐 아이들과 함께 의미를 모르고 사용했던 말들의 의미를 알아보면서, '힘이 세지는 긍정의 말'을 찾아봅니다. 욕과 비속어를 습관처럼 사용하는 아이들이라면 단기간에 변화를 기대하긴 어렵지만, 고운 말을 사용하도록 꾸준히 지도하고 격려하다 보면 아이들은 스스로 노력하면서 '바르고 고운 말 습관'의 발판을 만들어 갈 것입니다.

<아이들이 생각해 낸 해결 방법>
- 고운 말이 나오는 그림책을 읽어요.
- 화가 날 때는 '신문지 찢기' 놀이를 해요.
- 크게 숨을 3번 쉬어요.
- '참 좋은 말' 노래를 불러요.
- 고운 말 카드를 만들어서 잘 보이는 곳에 붙여요.

아이의 성장을 발견하다!

"저리 가!", "아이 씨."라는 말을 습관처럼 사용하던 정우가 그림을 그리고 있습니다. 한 친구가 다가가 "사인펜 뚜껑 닫아야지!"라고 말하자, 잠깐 쳐다보다가 "다 하고 닫을 거야."라며 무뚝뚝하게 대답합니다. 줄을 설 때도 "새치기하지 말고 뒤로 가서 줄 서!"라는 친구의 말에 잠깐 숨을 고른 다음 "뒤로 가려고 했어."라고 합니다. "내 맘이야, 아이 씨."라던 평소와는 다른 모습이네요. 고운 말을 사용하려고 노력하는 정우와 눈을 마주친 뒤 미소 지으며 손으로 '최고' 표시를 해 보이자, 정우가 멋쩍게 웃습니다.

> <찰나의 순간을 격려하는 교사의 말! 말! 말! 예시>
> - "색연필 좀 빌려줄래?"라며 고운 말을 사용해 줘서 고마워! 친구가 좋아했겠구나!
> - 네가 만든 작품을 망가뜨려 속상했을 텐데, 화내지 않고 앞으로 조심하라고 이야기해 주었구나! 노력해 줘서 감동이야!
> - "어쩌라고~" 대신 "그랬구나!"라고 표현해 주었구나! 고운 말을 사용하려고 노력하는 네가 자랑스러워!

반 아이들과 함께 만드는 '고운 말' 챌린지

아이들이 고운 말을 사용하길 바라는 마음으로 '고운 말 Day'를 열었습니다. 한 아이가 보물찾기처럼 고운 말 찾기를 합니다. 자신이 찾은 고운 말을 친구들에게 소개하네요. 이 모습을 가만히 살펴보던 한 아이가 '최고 머리띠'를 만들어서 쓰고 하면 더 재미있겠다고 제안합니다. 또 다른 아이는 고운 말을 사용하는 친구들의 모습을 사진으로 찍어 벽에 게시하자고 합니다. 고운 말을 하면 기분 좋은 표정이 나온다면서요. 고운 말 챌린지는 아이들의 다양한 제안 덕분에 더욱 즐거워집니다.

'최고 머리띠'를 준비해요.

'최고 머리띠'를 쓰고
고운 말하는 친구를 칭찬해요.

고운 말을 한 친구의 표정을 찰칵!   고운 말을 한 친구들의 표정을 게시해요.

가족과 함께하는 '고운 말' 챌린지

<가정 연계 '고운 말' 챌린지 안내문 예시>

어른과 마찬가지로 아이도 주어진 상황에 따라 다양한 감정을 표현합니다. 기분이 좋으면 긍정의 말을 쏟아 내고, 기분이 좋지 않으면 욕이나 비속어를 사용하기도 합니다. 자신의 감정을 솔직하게 표현하는 것은 바람직하지만, 부정적인 감정을 여과 없이 표출하는 경우라면 마음 다스림이 필요합니다.

① 마음 헤아리기

- 아이가 짜증이 났거나 화가 났을 경우 "그랬구나!" 하며 마음을 헤아려 주고, 괜찮아질 때까지 기다려 줍니다.

② 즐거운 하루 떠올리기

- 아이가 안정되었다면 하루 중 기쁜 일과 재미있던 일을 떠올려 보며 긍정의 마음과 행복감이 솟아날 수 있도록 격려합니다. 재미있는 일이 없다고 말해도, 마음을 헤아려 주는 가족들이 있다고 이야기하며 응원해 주세요.

이번 주 미션은 '말하면 힘이 세지는 긍정의 말' 입니다. 아이와 함께 "나는 할 수 있어!", "도전해 볼게요!", "느려도 괜찮아!", "오늘도 행복해요!" 등 긍정의 말을 나눠 보세요. 우리 가족이 진정한 고운 말 챔피언입니다!

💡 교사와 아이의 성장 이야기

기다리고 기다리던 '고운 말 Day'! 아이들은 등원하자마자 고운 말 보물찾기를 시작했습니다. 자신이 찾은 고운 말을 사용하기 위해 놀이도 뒤로하고 주변을 서성일 정도였지요. 평소 비속어를 많이 사용하던 아이에게 한 아이가 다가가 '최고 머리띠'를 쓰고 칭찬하니, 칭찬받은 아이는 집에 갈 때까지 얼굴에서 웃음이 떠나지 않았습니다. 그 행복한 표정을 액자로 만들어 게시했더니, '고운 말 Day' 효과가 다음날에도 계속되었지요.

눈썹 아저씨의 '말하면 힘이 세지는 말'이 아이들에게 자연스럽게 스며드는 것을 보며, 교사가 "고운 말을 사용해 줄래?"라고 반복해서 말하는 것보다 때로는 그림책이 더 좋은 효과를 낸다는 사실을 알 수 있었습니다. 평소 "미안해.", "사랑해." 같은 표현을 잘 못하던 아이들도 힘이 세지는 말을 나누며 뿌듯해했습니다.

✉️ 똑똑! 고민 상담소

Q. 아이가 교사 몰래 친구들에게 욕을 합니다.

A. 아이들은 욕의 정확한 뜻을 알고 사용한다기보다 다른 사람들이 하니까 따라 할 때가 많습니다. 아이에게 욕은 상대를 기분 나쁘게 하고, 관계를 불편하게 만드는 말이라는 점을 분명히 알려 줍니다. 욕을 하고 싶은 마음이 들 때는 심호흡을 3번 한 다음, "네가 ~해서 기분이 안 좋아. 그러니까 ~해 주면 좋겠어."라며 자신의 감정을 분명하게 표현하도록 도와줍니다.

Q. 친구에게 인상을 쓰며 기분 나쁜 말투로 "~하지 말아 줄래?"라고 말해 놓고, 자신은 친구에게 좋게 말했는데 친구가 짜증을 냈다고 교사한테 이릅니다.

A. 이 시기 아이들은 자신이 하는 말 자체에 집중해, 자신의 말하는 태도나 표정을 함께 살피기 힘듭니다. 생각이나 느낌을 전할 때는 부드러운 말과 함께 표정도 중요하다는 사실을 알려 주세요. 또 "네가 ~해서 불편하니까, 그렇게 하지 말아 줄래?"라며 감정과 그 이유를 상대방에게 정확히 설명하도록 안내합니다.

6. 양보하지 않는 아이

마음 탐색 및 교사의 지도 포인트

① 왜 그럴까?

- 지나치게 허용적인 양육 환경에서 자란 경우
- 놀잇감, 음식 등 어떠한 것에 집착할 경우
- 다른 사람과 물건을 나누어 본 경험이 적을 경우
- 양보의 경험이 자신에게 불편함으로 다가온 경우

② 교사의 지도 포인트

- **소유 개념이 발달하는 시기**

이 시기는 소유 개념이 발달합니다. 자기 것에 대한 애착과 자기중심적 사고가 강해 물건을 나누거나 양보하는 것이 쉽지 않지요. 놀이를 통해 내 것과 네 것, 우리 것을 구분해 볼 수 있게 도와줍니다.

- "양보해서 고마워."

아이들이 친구와 무언가를 나누었을 때 "○○는 블록 6개를 똑같이 3개씩 나누어 △△에게 주었구나! ○○ 덕분에 △△도 이 블록을 사용할 수 있게 되었네!"라며, 무엇을 어떻게 나누었는지 구체적으로 격려합니다.

- "거절해도 괜찮아!"

친구가 필요해서, 함께 나누고 싶어서, 칭찬받고 싶어서, 다른 사람이 양보하라고 해서 등 양보하는 이유는 다양합니다. 먼저 아이의 속마음을 들여다본 다음, 양보하고 싶지 않을 때는 거절해도 괜찮다는 점을 알려 주세요. 꼭 필요할 때 양보할 수 있도록 균형 있는 지도가 필요합니다.

- 계단식 경험이 필요해

아이들은 무언가를 누구와 나누는 데 익숙하지 않기 때문에, '나 한 번 너 한 번'과 같이 순서를 정해 사용해 보기, 함께 사용하기, 나누는 방법 및 나눌 수 없는 것 알아보기 등을 점진적으로 경험해 보는 것이 필요합니다. 이런 계단식 경험을 통해 아이들은 양보가 필요한 순간을 알게 될 것입니다. 무조건 양보를 제안하기보다는 아이 스스로 양보할 수 있도록 도와줍니다.

아이의 속마음 인터뷰 '마음 거울이 필요해!'

'양보'의 사전적 정의는 '남을 위하여 자신의 이익을 희생한다.' 입니다. 공동체 생활에서 양보는 필요하지만, 무조건 자신을 희생할 수는 없지요. 그럴 때 필요한 것이 거절하는 용기입니다. 양보의 필요성과 더불어, 거절하고 싶은 상황에서는 자신의 마음을 솔직하게 표현하는 용기도 함께 알아보는 것이 필요합니다. 또 양보하면 어떤 점이 좋은지, 양보가 필요한 순간은 언제인지, 아이들과 함께 알아보면서 서로 나누고 배려하는 경험을 해 봅니다. 이런 경험은 타인을 이해하며 더불어 살아가는 데 긍정적인 효과를 가져다 줄 것입니다.

아이들은 '양보'를 어떻게 생각할까요? 아이들의 속마음을 들여다봅니다.

"양보해서 좋아요!"

- 내가 하던 게임을 오빠한테 양보했는데, 고맙다고 사탕을 나눠 줬어요.
- 친구에게 자리를 양보해 줘서 선생님께 칭찬받았어요. 그래서 기분이 좋아요.
- 내 과자를 동생한테 줬더니 엄마가 착하다며 과자를 하나 더 주셨어요.

"양보하기 싫어요!"

- 블록이 필요하다고 친구가 짜증 내면서 말하니까 양보하기 싫어요.
- 엄마가 자꾸 동생한테 양보하라고 해요. 매일 동생 편만 드니까 화가 나서 더 양보하기 싫어요.
- 장난감을 똑같이 잡았다고 가위바위보로 정하기로 했어요. 정말로 제가 먼저 잡았는데, 가위바위보에서 지면 어떡하죠?

양보가 필요한 순간!

📖 『내 거야 다 내 거야』

   서아와 현준이가 블록 놀이를 하네요. 서아가 작은 세모 블록으로 오리를 만들고 있는데, 블록 바구니를 뒤적이던 현준이가 자기도 작은 세모 블록이 필요하다고 합니다. 서아가 "내가 힘들게 찾은 거야! 안 돼!"라고 하자, 현준이는 "다 찾아봤는데 네가 다 써서 하나도 없단 말이야. 넌 10개나 있잖아!"라며 큰 소리를 냅니다. 오리 10마리를 만들어야 한다는 서아와, 로봇을 만들기 위해 블록이 필요하다는 현준이는 자신이 원하는 것을 가졌을까요?

   유아기는 소유 개념이 발달하면서 자기 것에 애착이 강해지므로, 무언가를 친구에게 나눠 주기가 쉽지 않습니다. 기질과 성향에 따라 차이는 있지만, 자기중심적 사고에서 세상을 바라보는 아이들은 양보하기보다 양보를 받고 싶은 마음이 더 크지요. 『내 거야 다 내 거야』에 나오는 남매의 모습을 통해 양보가 필요한 순간이 언제인지 살펴봅시다.

『내 거야 다 내 거야』
노인경 글·그림, 문학동네

양보를 잘하는 누나 '달이'와 욕심쟁이 남동생 '밤이'! 오늘도 밤이는 달이의 과자와 색종이를 욕심냅니다. 엄마 심부름으로 파를 사서 집으로 돌아올 때도 밤이는 자기가 들고 가겠다고 욕심을 부리네요.
밤이가 커다란 파를 집으로 가지고 오는 동안 벌어지는 일들을 통해, '같이'가 주는 힘, 양보할 때의 따뜻한 마음, 양보받았을 때의 행복을 함께 경험할 수 있습니다.

✦ 그림책 토크 ✦

파(채소)를 소개한 뒤, 탐색해 본다.

− 어떻게 생겼나요? 무슨 맛일까요? 냄새는 어떨까요?

− 이 파로 무엇을 할 수 있을까요?

− 파를 살펴보기 전 어떤 약속이 필요할까요?

　　(예: 파는 매울 수 있으므로 '눈 비비지 않기' 약속을 정한다.)

그림책 앞표지를 보며 이야기 나눈다.

− 그림처럼 큰 파를 집으로 가져가야 한다면, 어떤 방법으로 가져갈 수 있을까요?

그림책을 감상한 다음, 자신의 생각과 느낌을 말해 본다.

− 밤이는 어떤 욕심을 부렸나요?

− 양보만 하는 달이의 마음은 어땠을까요?

− 엄마 심부름으로 파를 사서 집으로 돌아오는 길에 어떤 일이 있었나요?

− 심부름을 다녀온 남매는 감잣국을 사이좋게 나누어 먹었지요. 왜 밤이는 욕심내지 않았을까요?

파를 가지고 간 호랑이는 어떻게 되었을지 상상해 본다.

− 호랑이는 파로 무엇을 했을까요?

− 파를 가져간 호랑이에게 어떤 말을 해 주고 싶나요?

그림책 읽어 주기 팁

★ 그림책 속 남매의 표정을 살펴보며, 각 상황에 맞는 어투로 실감 나게 들려줍니다.

함께 읽어 주면 좋은 책

- 『무지개 물고기』 마르쿠스 피스터 글·그림, 공경희 옮김, 시공주니어
- 『한 입만』 경혜원 글·그림, 한림출판사

✦ 놀이 지원 ✦

똑같이! 우리 같이!

✱ **놀이 도구**   밤이와 달이 그림, 초코 과자 그림, 가위, 나눌 수 없는 놀잇감(교실에 한 개밖에 없는 놀잇감)

✱ **놀이 방법**
1. 밤이와 달이가 초코 과자를 먹던 모습을 떠올려 보고, 초코 과자를 똑같이 나누는 방법에 관해 이야기 나눈다.
2. 초코 과자 그림을 가위로 잘라서 밤이와 달이에게 똑같이 나누어 준다.
3. 그림책 속 파처럼 생김새가 달라 똑같이 나눌 수 없는 물건은 어떻게 하면 좋을지 이야기해 본다.
4. 친구와 나눌 수 없는 놀잇감 하나로 함께 놀이하는 방법을 찾아보고, 그 방법대로 놀이해 본다.
    (예: 양보하며 놀이하기, 한 번씩 번갈아 가며 놀이하기 등)
5. 나눌 수 없는 놀잇감으로 친구와 어떻게 놀이했는지 다른 아이들에게 소개한다.

과자 그림을 자르고 똑같이 나눠요.

나눌 수 없는 놀잇감은 어떻게 함께 놀이할까요?

영차영차 릴레이로 파 나르고! 양보하고!

* **놀이 도구**   백업 파(지름 3cm 흰색+초록색 백업) 4개, 색 테이프 1개, 반환점 2개

* **놀이 방법**
1. 두 팀으로 나눈 다음, 각 팀에서 2명씩 나와 백업 파 한 개를 잡고 출발선에 선다.
2. 출발 신호에 따라 둘이 함께 반환점을 돌아오면, 친구들에게 백업 파를 전달한다.
3. 파를 망가뜨리거나 떨어뜨리지 않고 팀원 전원이 먼저 도착하면 성공한다.
4. 게임을 마치면 교실로 이동한 뒤, 사용한 백업 파를 손으로 자유롭게 자른다.
5. 잘라 놓은 파를 가운데 두고 친구와 가위바위보를 해서 파 가져가기 놀이를 한다.
   (예: 이기면 가져가기, 비기면 "누가 양보할까?"라고 말하며 양보할 사람 정하기)

준비물을 소개해요.

팀을 나누어 릴레이로 파 나르기를 해요.

백업 파를 손으로 잘라요.

가위바위보 양보 게임을 해요.

'양보' 챌린지-'양보 마법'을 부려 볼까?

'양보'를 하기 위해서는 어떻게 해야 할까?

양보하기 위해서는 먼저 타인의 입장을 이해해야 합니다. 양보를 하면 함께 나눠 쓸 수 있어 좋을 때도 있지만, 이 시기는 자기중심적 사고가 강해 내 것을 빼앗긴다고 생각할 수도 있습니다. 아이들이 내 것을 빼앗겼다는 기분이 들지 않도록, 양보하기 힘들어하는 아이의 마음에 먼저 공감해 줍니다. 또 양보가 필요할 때, 친구가 양보해 줬을 때의 기분, 양보하기 싫을 때 등 아이들과 함께 양보와 관련한 생각과 느낌을 충분히 나눕니다.

<아이들이 생각해 낸 해결 방법>
- 나 한 번! 친구 한 번! 똑같이 양보하기로 약속해요.
- 내가 먼저 친구에게 양보해요.
- 양보가 힘들면 힘들다고 말하고 다음에 양보해요.
- 양보 쿠폰을 만들어요.
- 양보는 나에게도 기분 좋은 일이라고 생각해요.

아이의 성장을 발견하다!

한 아이가 색깔 종이컵으로 성을 만들고 있습니다. 자신이 생각한 패턴대로 차근차근 성을 쌓고 있는데, 다른 친구가 파란색 종이컵이 필요하다며 나눠 달라고 합니다. 처음에는 거절했지만, 친구가 노란색으로 하면 어떻겠냐고 제안하자 잠깐 고민하다가 노란색 종이컵을 받고 자신한테 있던 파란색 종이컵을 나누어 줍니다. 무조건적인 양보가 아니라, 친구의 의견을 수용하며 함께 놀이하는 방법을 찾은 것이지요. 두 아이는 종이컵을 이용해 난타 놀이를 하며 즐거워했습니다. 이렇게 양보하는 찰나의 순간을 발견할 때마다 격려와 칭찬을 해 준다면 훌쩍 성장한 아이들을 만날 수 있을 것입니다.

<찰나의 순간을 격려하는 교사의 말! 말! 말! 예시>
- 좋은 마음으로 양보하며 블록 놀이를 하는 지우의 모습이 참 대견해!
- 친구에게 자리를 양보해 주었구나. 친구를 배려하는 모습이 감동이야!
- 클레이를 많이 쓰고 싶었을 텐데 친구와 나누며 놀이해 줘서 고마워!

반 아이들과 함께 만드는 '양보' 챌린지

양보는 기분 좋은 행동이라는 사실을 느낄 수 있도록 '양보 Day'를 제안했습니다. '양보 Day'에 무엇을 하면 좋을지 교사가 묻자, 한 아이가 '양보 빙고'를 하자고 말합니다. '양보 빙고'는 양보받은 친구가 양보한 친구의 빙고 판에 그림이나 스티커를 붙이는 놀이입니다. 또 다른 아이는 양보하는 우리의 모습을 그림으로 그린 다음, 그림을 모아 '양보'라는 글자를 만들자고 합니다. 이때 한 아이가 "정말 양보하기 힘들면 어떻게 해요?"라고 묻습니다. 양보가 힘들 땐 거절해도 괜찮다고 이야기해 주었습니다. 또 거절할 때 상대방이 기분 나쁘지 않게 하려면 어떻게 말하면 좋을지 함께 알아보았습니다.

'양보 빙고'를 완성했어요.

양보하는 모습을 그려 글자를 완성했어요.

함께 불러요! '양보하는 사이'

양보 챌린지를 즐겁게 진행할 수 있었던 또 하나의 히든카드! '양보하는 사이' 노래를 소개합니다.

> * 양보하는 사이 *
>
> 내 거야 다 내 거야 욕심꾸러기
> 내 거야 다 내 거야 심술꾸러기
> 사이좋게 반씩 나누는 사이
> 우리 서로 양보하는 사이

'양보하는 사이' 노래

가족과 함께하는 '양보' 챌린지

<가정 연계 '양보' 챌린지 안내문 예시>

'양보' 하면 무엇이 떠오르나요? 상황에 따라 나눔, 협력 같은 긍정적인 단어와, 불편함이나 싫음 같은 부정적인 단어도 떠오를 수 있습니다. 특히 영유아기는 자기중심적 사고가 강한 시기라 양보하기가 쉽지 않습니다.

한 사람만 양보하는 것이 아니라 서로 양보해 보고, 양보했을 때와 양보받았을 때의 기분 등을 탐색하며 양보의 긍정적 효과를 경험하는 기회를 제공합니다. 이 과정에서 다양한 시행착오가 생길 수 있습니다. 성장 과정에 나타나는 자연스러운 현상이므로, 아이의 마음에 공감해 주면서 어떤 방법으로 하면 좋을지 함께 궁리해 봅니다.

① 양보가 힘든 아이에게 : "무엇 때문에 양보하기 싫은지 궁금하구나.""어떻게 하면 좋을까?""다음에는 기분 좋은 양보에 도전해 보자!""넌 할 수 있어!"

② 양보한 아이에게 : "양보하니까 기분이 어떠니?""기분 좋게 양보하니까 엄마(아빠)도 기분이 좋구나!""양보하면 어떤 점이 좋을까?"

이번 주 미션은 '양보하기' 입니다. 가족을 위해 기분 좋은 양보를 한 가지씩 해 보면 어떨까요?

💡 교사와 아이의 성장 이야기

그림책을 읽고 나서 "우리 동생이랑 똑같아요."라며 공감하는 아이가 많았습니다. 한 아이는 "선생님, 원래 밤이는 초코 과자를 누나랑 나누어 먹으려고 했을지도 몰라요."라고 말했답니다. 교사가 왜 그렇게 생각하는지 묻자 "처음에는 나눠 먹으려고 했는데 작은 것을 먹어 보니 너무 맛있어서 자기도 모르게 큰 것도 먹었을 거예요."라고 합니다. 처음부터 욕심을 부린 게 아니라는 것이지요. 그러자 다른 아이들이 "그러면 색종이는 어떻게 된 거야?" 하고 되물으며 서로 의견을 나눕니다. '양보 빙고' 활동에서는 기분 좋게 양보하는 친구의 모습을 보며 예쁘게 그림을 그려 주기도 했지요.

그림책 주인공의 입장이 되어 토론하기, 놀잇감 나누기, 양보하기 등 양보와 관련한 다양한 경험을 하면서 아이들은 자연스럽게 '양보의 즐거움'을 알아 갑니다.

✉ 똑똑! 고민 상담소

Q. 거절해도 괜찮다고 했더니 매번 거절해요.

A. 거절했을 때 상대방의 기분이 어땠을지 이야기 나누고, 원만한 관계를 유지하는 방법으로 양보도 필요하다는 점을 알려 주세요. 양보는 싫지만 함께 놀고 싶은 마음은 강하기 때문에, 그 즐거움을 느끼게 해 준다면 점차 양보하는 방법을 배우게 됩니다.

Q. 양보를 잘하는 아이가 엄마한테는 친구들이 장난감을 뺏어서 속상하다고 말합니다.

A. 양보 요구를 거절하면 친구가 자신을 싫어할까 봐 양보하기 싫어도 양보하는 아이들이 있습니다. 어머님께는 오해가 생기지 않도록 이 시기 아이들의 특성과 어떤 상황이었는지 구체적으로 말씀드립니다. 아이에게는 친구들과 즐겁게 놀이하려면 솔직함이 필요하다는 사실과, 양보하기 싫을 때는 거절하는 방법도 있다고 알려 주세요. 처음에는 거절하기가 어렵겠지만, 한 번 두 번 용기를 내다 보면 자신의 생각을 분명하게 말할 수 있는 자신감이 생깁니다.

7. 두려움이 많은 아이

마음 탐색 및 교사의 지도 포인트

① 왜 그럴까?

- 기질적 성향이나 유전적인 요인으로 인해
- 부모의 과보호적 양육 태도로 인해 아이 스스로 해 본 경험이 적은 경우
- 실수나 실패했을 때 지적받거나 혼난 경험으로 인해 마음의 상처가 큰 경우

② 교사의 지도 포인트

- 하나뿐인 내 편

두려움이 많은 아이들은 걱정이나 두려운 상황에 맞닥뜨리면, 순간 세상이 정지된 느낌과 함께 모든 것이 걱정과 두려움의 장벽으로 막혀 있다고 생각할 수 있습니다. 아이 혼자 두려움에 휩싸이지 않게 선생님이 늘 함께한다는 믿음을 주는 것이 중요합니다. 또한 "두려워하지 마."라는 말 대신 "두려워할 수 있어."라고 공감해 주며 든든한 지원군이 되어 주세요.

– 허용의 마법

작은 실수는 넘어가 주는 태도가 필요합니다. "그럴 수 있지.", "다시 해 보면 돼!"라는 허용의 언어로 반응해 주어, 아이가 자신의 실수를 유연하게 받아들이도록 도와줍니다.

– 사전 예고제

새로운 장소에 가거나 자신이 경험해 보지 못한 놀이를 할 때, 두려움을 배로 느끼는 아이들이 있습니다. 새로운 활동에 관해 사전에 예고해 주어 두려움을 줄이도록 배려합니다.

– 사다리 교육

두려움이 많은 아이는 도전하는 데 많은 노력과 시간이 필요합니다. 처음에는 아이가 손쉽게 할 수 있는 작은 미션을 제공해 도전의 즐거움을 경험하게 합니다. 또 조금이라도 변화된 모습을 보이면 바로 격려해 주어 스스로 방법을 찾아 나갈 수 있도록 지원합니다.

아이의 속마음 인터뷰 '마음 거울이 필요해!'

사소한 일에도 쉽게 도전하지 못하고 두려움과 불안감이 높은 아이를 지도할 때는, 용기와 격려의 말을 건네기 전에 아이의 속마음을 먼저 생각해 보아야 합니다. 용기를 내고 싶지만 마음처럼 잘 되지 않아 아이 자신도 무척 답답할 겁니다. 이런 아이의 마음을 들여다보며 충분히 공감해 주고, 작은 것부터 용기를 내면서 자신감을 가질 수 있도록 기다려 주는 시간이 필요합니다.

"화장실에 혼자 가기 무서워요!"
- 화장실에 혼자 가면 괴물이 나타나서 잡아갈 것 같아요!
- 대변을 보고 선생님을 부르는 게 부끄러워요. 다른 친구가 들을까 봐요.
- 변기에 붙어 있는 파리가 자꾸 쳐다봐서 무서워요. 쉬 하고 있으면 움직이는 것 같아요!

"발표하고 싶은데 손을 들기 부끄러워요!"
- 발표하고 싶은데 친구가 놀릴까 봐 손을 못 들겠어요. 목소리가 작다고 친구가 놀렸어요.
- 집에서는 말을 잘하는데, 친구들이나 모르는 사람들 앞에서는 너무 떨려요.

"게임을 할 때 질까 봐 하기 싫어요!"
- 게임을 하면 이기고 싶은데, 질까 봐 하고 싶지 않아요.
- 선생님이 "준비, 시작!" 하면 마음이 콩닥콩닥 뛰어서 못 하겠어요. 달려가다가 넘어지면 어떡해요.

두려움과 용기 사이

📖 『간다아아!』

규식이는 화장실에서 남자 소변기에 그려져 있는 파리 그림을 보고 "파리가 움직이는 것 같아서 너무 무서워요."라며 웁니다. 규식이처럼 걱정이 많고 불안감이 높은 아이들을 보면 교사는 마음이 쓰입니다.

걱정과 두려움이 많은 아이들은 용기를 내는 것이 큰 산을 오르는 일처럼 어렵게 느껴질 수 있습니다. 걱정과 두려움이 가득할 때 만나는 세상은 온통 무섭고, 아무것도 할 수 없는 장벽에 갇혀 있는 느낌일 테지요. '친구가 놀아 주지 않으면 어떡하지?', '발표하고 싶은데 틀리면 어떡하지?', '선생님께 혼나면 어떡하지?' 라며 걱정하는 아이들. 사소한 일상에서도 두려움을 느끼는 아이들에게 마음 속 용기를 끌어내 주는 『간다아아!』를 선물합니다.

『간다아아!』
코리 R. 테이버 글·그림, 노은정 옮김, 오늘책

용감한 아기 물총새 '멜'의 첫 비행 도전기가 펼쳐집니다. 하나 둘 셋, 멋진 공중제비를 하며 날개를 쫙 펼쳤다가 그만!
숲속에서 함께 살아가는 동물 친구들의 도움에도 불구하고 멜은 아래로 아래로 떨어지다가 물속으로 곤두박질칩니다. 하지만 멜은 포기하지 않고 다시 날아오르며 첫 비행에 성공합니다.
멜의 첫 비행을 진심으로 축하하며 기뻐해 주는 친구들과 가족의 모습에서 진한 사랑과 우정이 느껴집니다.

✦ 그림책 토크 ✦

그림책 앞표지를 살펴본다.

- 표지 속 새의 표정을 살펴볼까요?
- 새가 무엇을 하고 있을까요?

그림책을 감상한 다음, 자신의 생각과 느낌을 말해 본다.

- 멜은 어떤 일에 도전했나요?
- (멜이 눈을 감고 있는 장면을 보여 주며) 멜이 아래로 떨어질 때 왜 눈을 감고 있을까요?
- 멜은 왜 눈을 떴을까요?
- 용기란 무엇일까요?
- 무섭고 겁이 나지만 멜처럼 용기를 내어 도전해 본 일이 있나요?
- 멜이 공중제비를 하며 아래로 떨어질 때 동물 친구들은 어떤 도움을 주었나요?
- 첫 비행에 성공한 멜에게 어떤 말을 해 주고 싶나요?
- 나에게 용기가 생긴다면 무엇을 해 보고 싶나요?

그림책 읽어 주기 팁

★ 그림책 제목 글자의 느낌을 살려 이에 어울리는 말투로 읽어 줍니다.

★ 밝고 따뜻한 느낌으로, 동물 친구의 특징을 잘 살리며 실감 나게 읽어 줍니다.

함께 읽어 주면 좋은 책

- **『용기 모자』** 리사 데이크스트라 글, 마크 얀센 그림, 천미나 옮김, 책과콩나무
- **『늑대가 나는 날』** 미로코 마치코 글·그림, 유문조 옮김, 한림출판사
- **『나에겐 비밀이 있어』** 이동연 글·그림, 올리
- **『못된 개가 쫓아와요!』** 마이런 얼버그 글, 리디아 몽크스 그림, 이경혜 옮김, 시공주니어
- **『겁쟁이 빌리』** 앤서니 브라운 글·그림, 김경미 옮김, 비룡소

✦ 놀이 지원 ✦

물총새 로켓 발사

✶ **놀이 도구**   물총새 도안, 도화지(A4 크기), 색연필 또는 사인펜, 가위, 종이컵, 물고기 사진, 굵은 빨대, 얇은 빨대

✶ **놀이 방법**
1. 물총새의 습성에 관해 알아본다.
   (예: 물총새가 사는 곳, 생김새, 먹이 잡는 법 등)
2. 다양한 방법으로 물총새를 만든 뒤 얇은 빨대를 붙인다.
   (물총새 도안 꾸미기, 물총새 그리기 등 아이들과 협의하여 다양한 방법으로 만든다.)
3. 얇은 빨대를 굵은 빨대 안에 끼운 다음, 굵은 빨대를 불어 물총새가 잘 날아가는지 확인한다.
4. 물고기 사진이 붙은 종이컵을 탑 모양으로 쌓아 올린다.
5. 물총새를 끼운 굵은 빨대를 입으로 불어 물고기 탑을 쓰러트린다.

<확장 활동>
- 종이컵에 자신이 도전하고 싶은 것을 적고, 같은 방법으로 탑을 쌓은 뒤 물총새를 날려 탑을 쓰러트린다.

물총새를 만들어요.

물고기 탑을 쌓아 올린 다음, 물총새를 날려 보아요.

'용기가 간다, 아! 아! 아!' 거울 만들기

놀이 도구   거울 필름지, 하드 막대, 가위, 매직, EVA, 양면테이프

놀이 방법
1. 겁이 나거나 두려움이 생길 때, 내 마음이 어떤지 생각해 본다.
2. 거울 필름지에 하드 막대를 붙여 거울을 만든다.
3. 겁이 나거나 두려움을 느낄 때, 거울을 보며 '용기 준비' 노래로 주문을 외운다.
4. 친구들에게 '용기가 간다, 아! 아! 아!' 거울을 소개한다.

* 용기 준비 *

뚠뚠루뚜뚜 용기!
뚠뚠루뚜뚜 준비!
자신 있게
간다~~~ 야!

'용기 준비' 노래

다양한 재료를 이용해 거울을 만들어요.

거울을 보며 '용기 준비' 노래를 불러요.

'용기' 챌린지-'용기 마법'을 부려 볼까?

걱정과 두려움이 찾아올 때, 어떻게 하면 용기를 가질 수 있을까?

매일 새로운 것에 도전하며 용기를 내야 하는 아이들. 때로는 걱정과 두려움이 앞서 선생님과 친구들의 도움을 받기도 하지요. 용기가 필요한 일에는 어떤 것이 있는지 알아보며, 서로 용기를 북돋아 주는 말과 행동을 통해 점차 성장해 나가는 아이들을 발견합니다.

<아이들이 생각해 낸 해결 방법>
- 걱정 인형에게 걱정을 말해요.
- 친구에게 하고 싶은 말이 있는데 말하기 두려울 때는 '용기 모자'를 쓰고 말해요.
- '용기 거울'을 보며 '용기 준비' 노래를 불러요.
- 선생님의 손을 꼭 잡고 마음 호흡을 하며 용기를 모아요.

아이의 성장을 발견하다!

친구들과 어울려 놀기보다 주로 혼자 놀이를 하는 윤지. 옆자리에서 친구들이 재밌게 노는 모습을 보면서 혼자 조용히 웃기도 하고, 친구들 놀이에 관심을 보이네요. "윤지야, 너도 같이 놀이 할래? 같이 하면 더 재미있겠다!"라며 교사가 제안하니 윤지는 고개를 끄덕입니다. 같이 놀이하고 싶은 마음은 있지만 먼저 다가가기 어려워하는 윤지에게 "앞으로 친구랑 같이 놀이하고 싶을 때는 교실에 있는 용기 모자를 쓰고 말해 보렴.", "선생님 도움이 필요할 때는 손을 잡거나 도와 달라고 말해 줄래?", "오늘 친구들이랑 함께 놀이하려고 용기를 낸 윤지가 너무 자랑스럽구나."라며 구체적으로 격려합니다.

<찰나의 순간을 격려하는 교사의 말! 말! 말! 예시>
- 지난번 게임 놀이할 때는 질까 봐 망설이더니, 오늘은 어떻게 도전할 생각을 했어? 너의 용기에 정말 깜짝 놀랐어. 대단해!
- 이제는 화장실을 무서워하지 않고 갈 수 있게 되었네. 축하해! 노력해 줘서 고마워!
- 친구에게 사과하고 잘못을 솔직하게 말해 줘서 정말 고마워. 큰 용기를 냈구나!

반 아이들과 함께 만드는 '용기' 챌린지

용기가 쑥쑥 자라는 우리 반을 만들기 위해 '용기 Day'를 열어 봅니다. 도전해 보고 싶은 일들을 의논한 결과, '용기 카드'를 만들어 하나씩 도전해 보기로 합니다. '손을 들고 씩씩하게 발표하기', '옆 반에 혼자 심부름 가기', '잘못을 솔직하게 말하기' 등 다양한 '용기 카드'를 하나씩 뽑아서 도전하며, 챌린지에 성공한 아이들에게 "○○가 최고야!" 하고 응원의 박수를 쳐 줍니다.

'용기 카드'를 만들어요.

'용기 카드'를 보고 하나씩 도전해요.
(예: 옆 반에 혼자 심부름 가기)

'용기 카드'를 보고 하나씩 도전해요.
(예: 친구들 앞에서 발표하기)

미션을 성공한 친구에게
"○○가 최고야!" 하며 박수를 쳐 줘요.

가족과 함께하는 '용기' 챌린지

<가정 연계 '용기' 챌린지 안내문 예시>

지금 한창 성장 중인 아이들은 처음 마주하는 모든 것에 용기가 필요합니다. 첫걸음을 뗀다는 것은 무언가를 할 수 있는 힘이 생기는 것이므로, 첫 도전을 축하해 주는 것이 무엇보다 중요합니다. 아주 작은 것이라도 아이가 용기를 낼 수 있도록 격려하고, 용기 내 도전했다면 그 힘을 지속할 수 있도록 구체적으로 칭찬해 줍니다.

이번 주 미션은 '용기가 간다!' 입니다. 혼자서 옷 입고 벗기, 음식 골고루 먹기, 심부름하기, 가족일 돕기 등 평소 해 보고 싶었지만 도전하지 못했던 일들을 용기 내 도전할 수 있도록 도와주세요. 일상생활의 경험에서 용기가 싹트기 시작한다는 사실도 꼭 기억해 주세요.

교사와 아이의 성장 이야기

활달하고 자신감이 넘치는 아이는 표정이 밝아 보이며, 활동에도 적극적으로 참여합니다. 반면 조용하고 두려움이 많은 아이는 스스로 활동에 참여하기를 어려워하고, 참여를 권유해도 거부하는 경우가 많습니다. 속으로는 참여하고 싶은 마음이 크지만 용기가 나지 않아서, 부끄러워서, 무서워서 등의 이유로 망설이는 경우가 대부분이지요.

이때 교사는 『간다아아!』를 펼치고 아기 물총새 멜의 첫 비행 도전기를 들려줍니다. 처음은 무엇이든 어렵고 두렵지만 주변의 격려와 도움으로 두려움을 극복하는 멜이 마치 자신인 것처럼 동화되어 몰입하는 아이들을 보면서 '용기'의 싹이 자라고 있음을 느꼈지요. 아이들은 그림책과 관련해 다양한 용기 놀이를 경험하면서 "이제 할 수 있어요.", "선생님, 오늘은 용기 내 친구들에게 놀자고 말했어요."라며 자신 있게 말했고, 새로운 활동에 도전할 준비를 하고 있답니다.

똑똑! 고민 상담소

Q. 친구들 앞에서 발표하는 것을 힘들어해요.

A. 발표할 때 타인의 시선이 느껴지면 긴장이 되어 말이 잘 나오지 않고 불안감이 몰려듭니다. '틀리면 어떡하지?', '친구들이 뭐라고 하지 않을까?' 등의 이유로 발표가 망설여지는 아이들. 우선 아이의 불안을 알아주고, 발표 기준치를 낮게 잡습니다. 예를 들면 바른 자세로 목소리를 크게 하라고 조언하기보다 "목소리가 작아도 괜찮아.", "오늘은 다른 친구들이 발표하는 걸 잘 들어 줘.", "오늘은 인사만 해도 괜찮아!"라고 격려해 주세요. 또 "넌 잘할 수 있어!"라고 응원하기보다 "꼭 잘할 필요는 없어. 실수해도 괜찮아!"라며 마음을 가볍게 해 줍니다.

발표 시간 전에 미리 아이와 질문에 관해 이야기를 나눈 뒤 발표할 기회를 준다면 좀 더 용기 내 도전할 수 있을 것입니다.

8. 일등 하고 싶은 아이
& 부끄러움이 많은 아이

마음 탐색 및 교사의 지도 포인트

① 왜 그럴까?

<일등 하고 싶은 아이>
- 기질적 요인, 승패를 강조하는 환경적 요인으로 인해 경쟁에서 지고 싶지 않은 욕구가 강할 경우
- 과정에서의 즐거움보다, 잘하고 못하는 것, 이기고 지는 것 등 결과 중심의 경험에 익숙해져 있는 경우
- 실패에 대한 두려움이 큰 경우
- 다른 사람에게 인정받고 싶은 욕구가 강할 경우
- 성공을 추구하는 동기가 높을 경우

<부끄러움이 많은 아이>
- 기질적 성향과 유전적인 요인 등으로 인해
- 여러 사람 앞에서 자신의 생각과 감정을 언어나 행동으로 표현해 본 경험이 적은 경우

- 자신의 행동을 보고 다른 사람들이 놀린 경험이 있는 경우
- 스스로 부끄럽다고 느끼는 경우

② 교사의 지도 포인트

- 아이의 관점에서 바라보기
현재 아이의 마음 상태를 들여다보면서 아이가 느끼고 있는 감정에 공감해 봅니다.

- 기다림이 주는 선물
손잡아 주기, 토닥토닥해 주기, 혼자만의 시간 지원하기 등 다양한 방법으로 아이의 마음이 괜찮아질 때까지 기다려 줍니다.

- 마음과 마음을 잇는 공감 언어
일등 하고 싶은 아이-"~해서 속상했겠구나!" "더 잘하고 싶었는데 그렇지 못해 화가 났나 보구나!"
부끄러움이 많은 아이-"걱정될 수 있어!" "선생님이 도와줄게." "○○는 혼자가 아니야!" "마음속으로 '괜찮아, 잘될 거야!' 라고 말해 보면 어떨까?" "괜찮아, 그럴 수 있어."

- 긍정 습관을 만드는 '축하해!' 시간
평소 아이가 노력한 점, 과정에서 즐거웠던 점 등 아주 사소한 것이라도 구체적으로 격려하는 '축하해!' 시간을 갖습니다.

아이의 속마음 인터뷰 '마음 거울이 필요해!'

아이들의 일상을 들여다보면 즐겁고 행복할 때도 많지만, 서로 생각과 마음이 달라서, 내 맘대로 하고 싶은데 뜻대로 되지 않아서, 친구가 나를 놀려서, 부끄러워서, 실수해서 등으로 마음이 괜찮지 않을 때가 있습니다. 마음이 괜찮지 않으면 하루를 보내는 것이 기쁘지 않고, 작은 일에도 속상하거나 화가 나지요.

지금부터 괜찮지 않은 아이들의 속마음을 들여다볼까요?

"일등 하고 싶은데 일등 하지 못했어요!"

- 나는 뭐든 잘하는데, 일등을 못 하면 뭐든 잘하는 게 아니잖아요! 그래서 싫어요.
- 선생님은 일등 하지 않아도 괜찮다고, 즐겁게 하는 것이 중요하다고 하지만, 나는 일등 하지 않으면 하나도 즐겁지 않아요! 선생님이 내 맘을 몰라 줘서 속상해요.
- 우리 엄마, 아빠는 내가 일등 했을 때 아주 좋아해요. 매일 칭찬받고 싶어요!

"여러 사람 앞에서 말하면 너무 부끄러워요!"

- 내가 말할 때 친구들이 나를 쳐다보는 것이 너무 부끄러워요! 숨고 싶어요.
- 내가 말하는데 친구가 웃어요. 놀리는 것 같아요.
- 집에서는 말을 잘하는데, 친구들이나 모르는 사람들 앞에서는 너무 떨려요.

"실수하면 창피해요!"

- 실수했을 때 친구가 쳐다보는 것이 너무 창피해요! 아무것도 하고 싶지 않아요.
- 엄마(아빠), 선생님께 혼날까 봐 무서워요.
- 새로운 것은 하고 싶지 않아요. 틀릴까 봐요.

'괜찮아'의 마법이 필요한 순간!

📖 『괜찮아』

미나는 무엇이든 일등 하기를 원합니다. 줄을 설 때, 물건을 나눠 받을 때, 게임 할 때 등 매번 먼저 하길 원해 친구와 부딪히는 경우가 많습니다. 선아는 친구들 앞에서 발표하기를 부끄러워합니다. 발표 시간에 손을 드는 일이 없고, 혹 발표하게 되면 얼굴이 빨개지면서 아주 작은 목소리로 말하지요. 어떤 때는 "선생님, 친구들이 쳐다봐서 발표를 못 하겠어요!" 하며 울먹이기도 합니다. 수민이는 그림을 그리다가 틀렸다고 생각되면 그림을 손으로 가려 버리거나, 친구들이 놀린다고 울먹거립니다. 사실 친구들이 "이 고양이는 얼굴이 왜 이렇게 커?"라고 물어본 것인데, 수민이는 그 말이 놀리는 것처럼 느껴졌나 봅니다.

전혀 괜찮지 않은 아이들의 마음을 토닥여 줄 '괜찮아'의 마법이 필요한 순간이 왔네요! '괜찮아'의 마법이 통할 수 있을까요?

『괜찮아』
최숙희 글·그림, 웅진주니어

그림책에는 개미, 고슴도치, 사자, 뱀 등 다양한 동물이 등장합니다. 개미는 작지만 힘이 세고, 고슴도치는 가시가 많지만 위험한 상황에서 자신을 보호할 수 있습니다. 이 책을 보고 있노라면 괜찮지 않은 것도 다 괜찮아질 것 같은 기분이 들어, 페이지를 넘길 때마다 미소가 절로 나오면서 마음이 편안해집니다.

'괜찮아'의 마법이 필요할 때, 그림책이 우리에게 속삭입니다. "괜찮아? 괜찮아! 괜찮아."

✦ **그림책 토크** ✦

그림책 앞표지와 면지를 보며 이야기 나눈다.

– 이 아이의 표정을 살펴볼까요?

– 여러분도 이 아이처럼 기분 좋을 때는 언제인가요?

– (앞 면지를 살펴보며) 이 아이는 무엇을 하고 있나요?

그림책을 감상한 다음, 자신의 생각과 느낌을 말해 본다.

– 개미는 작지만 무엇을 잘하나요?

– 고슴도치(타조)는 어떤 자랑거리가 있나요?

– 동물들에게 어떤 말을 해 주고 싶나요?

– (아이의 표정을 살피며) 이 아이는 어떤 표정을 짓고 있나요?

– 여러분이 가장 잘할 수 있는 것은 무엇인가요?

괜찮지 않을 때 괜찮아지기 위해서 어떻게 하면 좋을지 말해 본다.

– "괜찮아."라는 말을 들으니 어떤가요?

– 괜찮지 않을 때는 언제인가요?

– 괜찮아지기 위해 우리는 무엇을 노력해야 할까요?

그림책 읽어 주기 팁

★ '괜찮아'에 어울리는 따뜻한 말투로 들려줍니다.

★ 그림책 장면을 밝고 따뜻하게 묘사하며, 동물의 특징을 살려 실감 나게 읽어 줍니다.

함께 읽어 주면 좋은 책

- 『괜찮아 아저씨』 김경희 글·그림, 비룡소
- 『아름다운 실수』 코리나 루켄 글·그림, 김세실 옮김, 나는별
- 『틀려도 괜찮아』 마키타 신지 글, 하세가와 토모코 그림, 유문조 옮김, 토토북

> ✦ 놀이 지원 ✦

'괜찮아 박수' 만들기 & 몸 놀이

✶ **놀이 도구** 없음

✶ **놀이 방법**

1. "괜찮아."라는 말을 들으면 어떤 기분이 드는지 이야기한다.
2. 친구들에게 "괜찮아." 하고 말해 본다.
3. 아이들과 함께 '괜찮아 박수'를 만들어 본다.
   ('괜찮아' 구호에 맞춰 박수 치기, 무릎 치기, 만세 하며 박수 치기 등 다양한 방법으로 '괜찮아 박수'를 만들어 본다.)
4. 아이들과 함께 어떤 때 "괜찮아."라고 말하면 좋을지 이야기 나눈다.
5. 아이들과 협의해 '괜찮아' 노랫말을 만들고, 함께 불러 본다.
   (예: '여우야, 여우야, 뭐 하니?' 노래를 개사해 불러 본다.–괜찮아! 괜찮아! 괜찮아! / 틀려도 괜찮아! 괜찮아! / 못해도 괜찮아! 괜찮아! / 실수해도 괜찮아! 괜찮아! / 다시 하면 되지 뭐! 괜찮아!)
6. 노랫말에 맞춰 다양한 동작을 만들어 몸 놀이로 표현해 본다.

'괜찮아 박수'를 만들어요.

'괜찮아' 몸 놀이를 해요.

'괜찮아' 이야기 극장 & 상황 토크

* **놀이 도구**   인형 3개

* **놀이 방법**

<'괜찮아' 이야기 극장>

1. 오늘의 이야기 극장 제목을 안내한다. (인형 하나를 제시하며) "얘들아! 이야기 극장에 온 것을 환영해! 오늘의 이야기는 '괜찮아'야! 인형 친구들이 나와서 자신의 이야기를 하면 잘 듣고 너희들이 해결사가 되어 도와줄래?"
2. 3가지 테마로 나누어 해당 인형이 하나씩 등장하며, 속상한 상황을 이야기한다.

   테마 예시 1) 게임에서 진 상황

   "안녕? 나는 자랑이야! 오늘 친구들이랑 달리기를 했어. 나는 정말 열심히 달렸는데, 2등을 했어. 정말 속상해! 일등 하고 싶었단 말이야!"

   테마 예시 2) 사람들 앞에서 발표하는 상황

   "안녕? 나는 기쁨이야! 오늘은 용기를 내어 친구들 앞에서 내가 그린 그림을 소개하려고 해. 친구들 앞에 섰는데 가슴이 콩닥콩닥해! 너무 떨려서 말이 잘 안 나와! 못하겠어! 어떡하지?"

   테마 예시 3) 친구의 장난감을 망가뜨린 상황

   "안녕? 나는 행복이야! 오늘 친구하고 블록 쌓기를 하다가 실수로 친구의 블록을 쓰러뜨렸어. 친구가 나한테 화낼까 봐 걱정이 돼!"

<상황 토크>

1. 인형들의 표정을 살펴봐요. 어떤 기분일까요?
2. 게임에서 진 자랑이에게 어떤 말을 해 주고 싶나요?
3. 많은 사람 앞에서 발표할 때 기분이 어떨 것 같나요?
4. 여러분도 행복이처럼 실수한 적 있나요? 그럴 땐 어떻게 하면 좋을까요?

'괜찮아' 챌린지-'괜찮아 마법'을 부려 볼까?

괜찮아지기 위해서 어떻게 해야 할까?

너무너무 부끄러워 용기가 나지 않을 때, 내 맘대로 되지 않아 화가 났을 때, 아이들의 마음에 빨간불이 켜집니다. 전혀 괜찮지 않은 아이들의 마음을 들여다보면서 다시 괜찮아질 때까지 기다려 줍니다. 이때 교사는 따뜻한 눈빛으로 아이를 바라보며 고개를 끄덕여 주거나, 손을 잡고 아이의 마음에 공감해 줍니다. 실타래처럼 엉켜 있던 아이들의 마음은 어느새 하나둘 천천히 풀어지면서 괜찮아질 준비를 하지요. 괜찮아지기 위해 아이들은 여러 경험을 바탕으로 자신의 마음에 '괜찮아'의 위로 씨앗을 뿌립니다.

<아이들이 생각해 낸 해결 방법>
- 괜찮지 않을 때는 가만히 있어요.
- 괜찮아질 때까지 숫자를 세요.
- 마음 호흡을 하며 나에게 "괜찮아."라고 말해요.
- 친구들하고 함께 해 본 '괜찮아 박수'를 쳐요.

아이의 성장을 발견하다!

아이들은 매일매일 성장하며, 어제보다 나은 오늘을 만듭니다. 우리 눈에는 큰 변화가 없어 보여도 아이들은 자신만의 방법으로 매일 조금씩 변화를 만들어 내지요. 이런 긍정적인 변화가 모이면 습관이 되고, 습관은 건강한 성장의 발판이 됩니다. 여러 아이들과 함께하는 학급에서 모든 아이의 성장을 놓치지 않고 다 살펴보기는 쉽지 않습니다. 그래서 교사는 의도적으로 찰나의 순간을 보기 위해 노력합니다. 또 아이들이 하는 행동이나 표정 등을 보면서 있는 그대로 격려합니다. 격려는 아이의 기를 살려 긍정적인 행동을 더 잘 기억하게 만들고, 한 걸음 더 나아가는 용기의 힘을 길러 줍니다.

> <찰나의 순간을 격려하는 교사의 말! 말! 말! 예시>
> - 세아는 희수랑 블록을 쌓으면서 사이좋게 놀고 있구나!
> - 어제는 퍼즐을 3개 맞췄는데 오늘은 5개 맞췄네! 축하해!
> - 친구를 때리고 싶은 마음을 참고 '손아 참아! 하나, 둘, 셋!' 하며 손을 잡고 노력하는 모습이 참 아름답구나! 노력해 줘서 고마워!
> - 오늘은 발표하고 싶어서 손을 들었구나! 용기를 낸 세아야, 축하해! 내일은 또 어떤 용기를 낼지 기대가 되는걸!

반 아이들과 함께 만드는 '괜찮아' 챌린지

매일 우리의 마음이 행복해지도록 아이들과 함께 '괜찮아 Day'를 정합니다. '괜찮아 Day'에는 무엇을 하고 싶은지, 어떤 말을 해 주고 싶은지, 아이들과 함께 의논합니다. 한 아이가 '괜찮아 플래카드'를 만들어서 교실에 붙여 놓자고 의견을 내자, 아이들이 "오! 괜찮은데." 하며 박수를 칩니다. 그 밖에도 '괜찮아 요술 봉' 만들기, '괜찮아 표정 막대' 만들기, '괜찮아 하트' 접기 등 많은 아이디어가 쏟아졌습니다. 아이들의 제안에 따라 여러 가지 만들기를 하면서 '괜찮아' 챌린지가 시작됩니다. 여기저기서 "괜찮아?", "괜찮아!", "괜찮아." 하는 소리가 들려오네요. 이제 '괜찮아'는 우리 반 유행어가 되었습니다.

'괜찮아 플래카드'를 만들어요.

빨대로 '괜찮아 요술 봉'을 만들어요.

친구가 속상해하거나 힘든 일이 있을 때, '괜찮아 요술 봉'을 건네며 위로해요. 색종이로 하트를 접고 그 위에 '괜찮아'라고 써요. '괜찮아 하트'를 친구에게 건네요.

가족과 함께하는 '괜찮아' 챌린지

<가정 연계 '괜찮아' 챌린지 안내문 예시>

아이의 마음 밭에 숨어 있는 잠재성은 무궁무진합니다. 매일 아이의 강점을 찾아 격려해 주어 아이 스스로 마음의 힘을 기르도록 도와주세요. 또 괜찮지 않은 날에는 아이 스스로 괜찮아질 때까지 기다려 줍니다. 그런 다음 아이의 마음이 편안해지면 '괜찮아 마법'을 부려 봅니다. "괜찮아!", "잘될 거야!", "○○는 할 수 있어!" 등 격려의 말을 아이의 마음 밭에 뿌려 줍니다.

이번 주 미션은 '괜찮아' 입니다. 우리 가족에게 용기와 위로를 주는 말! '괜찮아' 미션에 도전해 보세요.

💡 교사와 아이의 성장 이야기

　친구에게 같이 놀자고 용기를 내 말했는데 "싫다."는 대답에 상처받아 뾰로통한 서윤이, 자신이 먼저 하겠다고 친구에게 화를 내는 도윤이, 그림을 그렸는데 틀려서 속상하다고 눈물을 보이는 현우……. 오늘도 우리 반은 괜찮지 않은 일이 가득합니다.

　아이들과 함께 괜찮지 않은 마음을 다시 돌려놓을 방법들을 궁리합니다. '괜찮아 박수' 치기, 노래 만들기, '괜찮아 플래카드' 만들기, '괜찮아 요술 봉' 만들기 등을 해 보았지요. 이 과정을 통해 아이들은 누가 시키지 않아도 자신의 마음이 괜찮지 않을 때 토닥토닥해 주거나 마음 호흡을 하며 괜찮아지려고 노력하는 모습을 보였습니다. 또 자연스럽게 "괜찮아?"라고 말을 건네는 아이들이 늘었지요. 날마다 행복한 일만 있진 않지만, 전과 달라진 아이들 모습을 보며 '괜찮아 마법'이 우리 반에도 통하는 것을 느낄 수 있었습니다.

✉ 똑똑! 고민 상담소

Q. 우리 아이는 두려움과 불안이 많아 작은 일에도 쉽게 상처를 받습니다.

A. 누구에게나 두려움과 불안이 있습니다. 다만 기질적인 성향이나 환경 요인에 따라 두려움과 불안의 강도가 다를 수 있지요. 두려움과 불안의 강도가 높은 아이들은 작은 것에도 움츠러들고, 어려움에 처하면 자신의 생각을 표현하기보다 침묵하거나 회피하는 경우가 많습니다. 이럴 때 아이에게 "두려워하지 마! 뭐가 두려워! 하나도 무섭지 않아."라고 말하면 오히려 역효과를 부를 수 있습니다. 아이를 다그치기보다 그 마음을 헤아려 공감해 주는 것이 먼저지요.

　아이는 곁에 든든한 지원군이 있다고 느끼면 좀 더 용기를 낼 수 있습니다. 또 아이의 사소한 노력도 격려해 주어, 아이 스스로 용기를 내는 방법을 찾도록 도와주세요. 아이가 용기를 내더라도 방법을 몰라 어려워한다면, 해결 방법을 구체적으로 알려 주면서 도전하도록 돕습니다.

모두 반짝반짝 빛나는 별입니다!

📖 『넌 나의 우주야』

"선생님, 이것 보세요. 제가 그린 거예요."라며 뿌듯해하는 은우. "와! 선생님은 자동차에 날개 다는 것을 생각하지 못했는데 대단하다!"라고 말하면서 '엄지 척'을 해 줍니다. 교사의 반응에 은우는 어깨가 으쓱해져 "다음에 또 알려 줄게요."라며 또 무언가를 만들기 위해 미술 영역으로 가네요.

아이들마다 마음 밭에 숨겨진 보물이 참 많습니다. 하나씩 하나씩 보물을 찾아내 격려해 주다 보면 아이들의 유능함에 다시 한 번 감탄하게 됩니다. 아이들은 성장 중이라 수많은 시행착오를 거치면서 자신을 만들어 갑니다. 이 과정에서 속상한 일도 있고, 화나는 일도 있지요. 이것 또한 아이들이 세상을 만나고 살아가는 법을 배우는 과정이라 참 소중합니다.

『넌 나의 우주야』에 나오는 주인공을 보면 우리 아이들이 떠오릅니다. 우리의 우주인 아이들은 오늘도 반짝반짝 빛나는 별이 되어 자신의 잠재성을 환히 빛내고 있지요.

『넌 나의 우주야』
앤서니 브라운 글·그림, 공경희 옮김, 웅진주니어

주인공의 표정에 사랑스러움이 가득해 보는 이로 하여금 미소를 머금게 합니다. 주인공은 동물을 좋아하고, 날쌘 골키퍼이며, 수영도 잘합니다. 판다처럼 나무를 타고, 개구리처럼 폴짝 뛰기도 하지요.
어떤 모습이라도 정말 사랑스러운 주인공! 바로 우리 아이들의 모습입니다. "얘들아, 너희들은 선생님의 우주야!"

✦ 그림책 토크 ✦

그림책 앞표지를 보며 이야기 나눈다.

– 우리 함께 제목을 읽어 볼까요?

– 이 아이의 표정을 살펴봐요. 어떤 표정을 짓고 있나요?

그림책을 감상한 다음, 아이들과 이야기 나눈다.

– 이번에는 그림만 살펴볼까요?

– 주인공의 표정을 따라 해 볼까요?

– 그림책 속의 주인공은 어떤 것을 잘하나요?

– 주인공을 보니 어떤 기분이 드나요?

– 주인공에게 어떤 말을 해 주고 싶나요?

그림책과 관련해 자신의 생각과 느낌을 말해 본다.

– 주인공에게 왜 "넌 나의 우주야."라고 말했을까요?

– 엄마, 아빠가 여러분에게 "넌 나의 우주야."라고 말해 주면 어떤 기분이 들까요?

– 우주는 얼마나 클까요? 몸으로 표현해 볼까요?

– 사람들마다 자랑거리가 많대요. 내가 잘하는 것은 무엇일까요?

– 소중한 나를 안아 볼까요? 나에게 어떤 말을 해 주고 싶나요?

그림책 읽어 주기 팁

★ 『넌 나의 우주야』는 아이의 사랑스러움을 잘 표현한 책입니다. 그림책의 특징을 살려 주인공이 나올 때마다 아이들을 쳐다보며 따뜻한 말투로 읽어 줍니다.

함께 읽어 주면 좋은 책

- 『사랑해 사랑해 사랑해』 버나뎃 로제티 슈스탁 글, 캐롤라인 제인 처치 그림, 신형건 옮김, 보물창고
- 『너는 기적이야』 최숙희 글·그림, 책읽는곰

✦ 놀이 지원 ✦

'감동 성'에 놀러 오세요!

✱ **놀이 도구**   요구르트 병, 하드 막대(소), 하트 종이, 풀, 아이 사진(필요한 경우), 별 스티커, 색연필 또는 사인펜, 여러 가지 블록

✱ **놀이 방법**

1. 성 만들기에 필요한 재료를 찾아보고, 모둠별로 릴레이 성을 만든다.
   (어떤 모둠이 먼저 성을 만들지 의논한 뒤, 첫 번째 모둠이 여러 블록으로 성을 쌓는다. 이어서 순서대로 모둠별로 나와 앞의 모둠이 만든 성과 연결해 블록을 쌓는다.)
2. 하트 종이에 자신의 얼굴을 그리거나 사진을 붙인 다음, 자신의 얼굴 그림(사진) 위에 이름을 쓴다.
3. 하트 종이를 하드 막대에 붙인 다음, 요구르트 병에 꽂는다.
4. 아이들이 만든 성 위에 요구르트 병을 올려놓고, 다 함께 "감동이야!"를 외쳐 본다.
5. 자신의 얼굴 그림(사진) 테두리에 별 스티커를 붙이며 "감동이야!"라고 말한다.
6. 감동 놀이가 익숙해지면 친구들의 얼굴 그림(사진) 테두리에 스티커를 붙이면서 "○○야, 감동이야!" 하고 말해 준다.

하트 종이를 하드 막대에 붙이고 요구르트 병에 꽂아요.

'감동 성'을 만든 다음, 요구르트 병을 올려놓아요.

'감동 꽃다발' 만들기

* **놀이 도구** A4 크기의 색 도화지 각 1장, 하트 포스트잇 각 3장, 색연필 또는 사인펜

* **놀이 방법**
  1. '감동'이라는 단어를 들으면 어떤 기분이 드는지 말해 본다.
  2. 나를 안아 주며 "나는 소중해!"라고 말해 본다.
  3. 내가 잘하는 것이 무엇인지 이야기한다.
  4. A4 크기의 색 도화지로 '감동 꽃다발'을 접어 본다.
  5. 완성한 '감동 꽃다발' 위에 하트 포스트잇을 3장 붙인다.
  6. 하트 포스트잇에 내가 잘하는 것을 그림이나 글로 표현한다.
  7. 자신이 만든 '감동 꽃다발'을 친구들에게 소개한다.
  8. 친구가 만든 '감동 꽃다발'을 살펴본 뒤, "○○야, 감동이야!"라고 말해 준다.

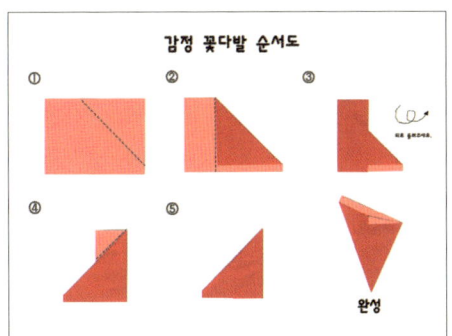

꽃다발 접기 순서도를 보며 '감동 꽃다발'을 접어요.

'감동 꽃다발' 위에 하트 포스트잇을 붙이고, 나의 자랑거리를 그림이나 글로 표현해요.

'감동' 챌린지-'감동 마법'을 부려 볼까?

아이들의 삶에서 감동의 순간을 만나려면 어떻게 해야 할까?

"선생님! ○○가 내 블록을 빼앗아 갔어요." "그게 아니라 같이 쓰는 건데, 자기 혼자만 쓰잖아요." "선생님! ○○가 책상 위에 올라가요." 여기저기서 선생님을 찾으며 도와 달라고 아우성이네요! 자기중심적 사고가 강한 이 시기의 아이들이 모여 서로 이해하며 함께 살아가기란 쉬운 일이 아닙니다. 교사는 이럴 때 '몸이 여러 개였으면 좋겠다.'고 생각합니다.

문제를 해결하기 바쁜 날들이 연속되다 보면 교사의 몸과 마음도 지칩니다. 이때 잠시 멈춰 크게 심호흡한 뒤, 아이의 모습에서 감동의 순간들을 찾아봅니다. 의도적으로라도 아이의 긍정적인 모습을 찾아 격려해 준다면, 아이들은 자신의 행동을 기억하고 다시 해 보려고 노력할 것입니다. 이런 노력이 모여 아름다운 습관이 되고, 바른 성장의 기틀이 됩니다. 또 자신을 사랑하는 마음이 가득해져 자신이 가진 역량을 마음껏 발휘할 수 있습니다.

<찰나의 순간을 격려하는 교사의 말! 말! 말! 예시>
- 친구가 종이접기를 어려워할 때 도와줘서 감동이었어!
- 어제보다 큰 목소리로 대답해 주어서 감동이야!
- 점심시간에 밥과 반찬을 꼭꼭 씹어 먹어서 감동이야!
- 지구가 아프면 안 된다고 우유 팩을 깨끗이 씻어서 말린 것이 감동이야! 또 우유 팩으로 멋진 집을 만든 것도 감동이야!

반 아이들과 함께 만드는 '감동' 챌린지

아이들 마음 밭에 있는 보물들이 세상으로 나와 아름답게 성장할 수 있도록 '감동 Day'를 엽니다. 아이들에게 "감동이야."라는 말을 들으면 어떤 느낌이 드는지 물어보니, "행복해요.", "마음이 이상해요.", "좋아요." 등 자신의 느낌을 자유롭게 말합니다. 아이들은 '감동 Day'에 '감동 지갑'을 만들어 엄마, 아빠께 선물로 주고 싶다고 합니다. '감동 지갑'에 무엇을 넣을지 의논한 뒤, 각자 넣고 싶은 것(하트, 꽃, 엄마 얼굴, 아빠 얼굴 등)을 그리거나 만들기로 했답니다. 또 '감동 합창 대회' 열기, 친구에게 "감동이야!" 하고 말하기, 우리 반 '감동 나무' 만들기 등 다양한 의견을 이야기했습니다.

아이들의 의견이 모여 감동 가득한 챌린지가 탄생합니다. 챌린지를 진행하면서 한 아이가 친구에게 '감동 나무'를 이상하게 만들었다고 화를 냅니다. 이때 다른 아이들이 다가와 "그러면 감동이 사라져!"라며 중재하는 모습이 어찌나 사랑스럽던지요. 아이들 스스로 감동을 만들어 가는 그 순간 자체가 감동이었습니다.

'감동 지갑'을 만들어 부모님께 선물해요.

친구에게 감동 편지를 건네며, "감동이야!"라고 말해요.

색종이, 신문지, 잡지 등을 활용해 우리 반 '감동 나무'를 만들어요.

모둠별로 '감동 합창 대회'를 열어요.

우리 반 '감동 합창 대회'

'반짝반짝 빛나는 별' 노래를 부른 다음 모둠별로 노래에 맞춰 동작을 만들어 봅니다. 노래가 익숙해지면 '반짝반짝 빛나는 별' 노랫말을 모둠별로 바꾸어 보고, 어떤 노랫말인지 친구들에게 들려줍니다. 아이들이 만든 노래로 합창 대회도 열어 봅니다.

> * 반짝반짝 빛나는 별 *
>
> 반짝반짝 빛나는 별 내 모습이 반짝반짝
> 사랑하는 마음 가득 내 마음도 반짝반짝
> 엄마 아빠 우주에서 반짝반짝 빛나는 나
> 엄마 아빠 사랑받아 반짝반짝 빛나는 나
> 내가 빛나면 행복하대요.
> 내가 웃으면 감동이래요.

'반짝반짝 빛나는 별' 노래

가족과 함께하는 '감동' 챌린지

<가정 연계 '감동' 챌린지 안내문 예시>

'감동'의 사전적 정의는 '크게 느끼어 마음이 움직임' 입니다. 이런 감동은 멀리 있는 것이 아니라 소소한 일상에서도 찾을 수 있습니다. 작은 것이라도 크게 느끼면 더 의미 있게 다가오지요.

아이가 성장하는 순간을 포착해 "~라서(해서) 감동이야!"로 표현해 주세요. 부모님의 따뜻한 말 한마디에 아이는 자신을 더 소중히 여기고 바르게 성장할 것입니다.
(예: "엄마(아빠) 딸(아들)이라서 감동이야!", "웃음이 예뻐서 감동이야!", "눈이 반짝거려서 감동이야!", "물건을 잘 정리해 줘서 감동이야!" 등)

이번 주 미션은 '감동' 입니다. 매일 아이의 모습에서 감동의 순간을 찾아 구체적으로 무엇이 감동적인지 말해 줍니다. 마음과 마음을 잇는 감동의 말, 지금부터 실천해 보세요!

💡 교사와 아이의 성장 이야기

"양손을 비벼 깨끗이 씻는구나. 감동이야!"라고 교사가 말하자, 은우는 부끄러운 듯 고개를 돌리며 손을 더 깨끗이 씻습니다. 미소는 바닥에 쓰레기가 떨어져 있자, 얼른 뛰어가서 쓰레기를 주워 쓰레기통에 넣습니다. 교사는 미소에게 "어머! 미소가 쓰레기를 주워서 교실이 더 깨끗해졌네. 감동이야!"라며 엄지를 척 들어 보였습니다. 이 모습을 본 은찬이가 "선생님은 왜 우리한테 '감동이야!' 라는 말만 해요?"라네요. 교사가 "은찬아, 선생님이 '감동이야!' 하는 말이 듣기 싫니?" 하고 묻자, 은찬이는 "아뇨~" 하며 해맑게 웃습니다.

"~해서 감동이야!"라는 말을 시작한 지 일주일이 지난 지금, 우리 반은 감동의 물결이 이어지고 있습니다. 교사가 따로 시키지 않아도 아이들은 친구들이 긍정적인 행동을 하면 "감동이야!" 하고 격려합니다. 이제 '감동'이라는 말은 우리 아이들에게 꼭 필요한 말이 되었지요. 이번 챌린지를 통해 말의 힘을 다시 한번 느꼈고, 교실이 더 따뜻해졌답니다.

✉️ 똑똑! 고민 상담소

Q. 저는 4세 반을 맡고 있는데, 몇몇 아이가 친구가 하는 '바보'나 '똥개'라는 말이 재밌는지 그대로 흉내 냅니다. 이런 말은 친구가 싫어한다고 해도 자꾸 흉내를 내네요.

A. 언어 발달이 급격히 이루어지면서 아이들은 다양한 단어를 사용해 문장을 구성합니다. 특히 호기심이 많고 모방하기를 좋아하는 시기라 친구의 말을 흉내 내기 좋아하지요. 이 시기 아이들은 옳고 그름을 판단하기보다 '재미'에 초점을 맞춰 언어를 사용할 수 있습니다. 이런 행동은 성장 과정에서 자연스럽게 나타나는 것으로, 아이들과 함께 '친구에게 듣고 싶은 말과 듣기 싫은 말'을 알아보며 바른말 사용에 관해 이야기 나눠 보세요. 또 '친구에게 듣고 싶은 말과 듣기 싫은 말'을 써서 교실에 붙여 두고, 아이들이 부정적인 말을 사용할 때 붙여 둔 말을 확인하면서 바른 말을 사용했는지 생각해 보게 합니다. 아이들이 고운 말을 사용할 때는 구체적으로 격려합니다.

저자 소개

홍표선 / 가온누리교육연구소 소장, 재능대학교 유아교육과 겸임교수

'어린이의 삶을 사랑하는 교육'을 지향하는 현장 실천 전문가로서 유아교육을 연구하며 현장에 적용하고 있다. 학부모 소통 및 상담, 문제 행동 지도, 놀이 중심 교육 과정, 그림책을 활용한 놀이 등 다양한 연수에 출강 중이다. 대표 저서로는 『유치원 학급운영 어떻게 할까?』, 『슬기로운 유치원 생활』, 『그림책 놀이 82』, 『그림책 요리 놀이 102』, 『슬기로운 학부모 소통』 등이 있다.

김진희 / 제리교육연구소장, 부천대학교 유아교육과 겸임교수

아이들과 교사, 그리고 부모를 응원하는 현장 전문가로서 유아교육을 전공하고 교사, 원감, 원장으로 유아교육 현장에서 33년간 재직하였다. 현재 제리교육연구소(JERI) 소장과 부천대학교 유아교육과 교수를 겸임하고 있다.
동심을 품고 있어서일까? 아이들의 마음을 잘 읽어 주는 동요를 작곡하여 교사들의 학급운영을 지원하고 있다.

이은주 / 세종시 공립유치원 교사

교사와 학부모에게 선한 영향력을 주고자 '흰민들레샘'으로 인스타그램과 블로그 및 유튜브에서 활동하고 있다. 공주대학교 교육대학원(유아교육) 석사 학위를 취득하였으며, 유치원 신규 교사 연수, 유치원 1급 정교사 자격 연수 과정 등 각종 연수(학급운영, 그림책 놀이, 학부모 상담)에 출강 중이다. 공저로 『유치원 학급운영 어떻게 할까?』, 『그림책 놀이 82』, 『그림책 요리 놀이 102』, 『슬기로운 유치원 생활』, 『슬기로운 학부모 소통』 등이 있다.

이현주 / 스토리텔링 창의교육연구소 대표

그림책을 기반으로 한 다양한 연구와 적용을 실천하는 그림책 교육 전문가로서 교사, 학부모, 사서, 기업 연수 및 그림책 놀이 활동가 양성 등 폭넓은 영역에서 강연을 펼치고 있다. 저서로 『그림책 요리 놀이 102』가 있다.

강상주 / 인천예원유치원 원감

23년 이상 '아이들이 행복한 유치원'을 만들기 위해 다양한 연구 자료를 유아교육 현장에 적용하며 아이들의 전인적 성장을 돕고 있다. 아이, 학부모, 교사가 원활히 소통할 수 있도록 지원하여, 아이에게 최선의 교육 환경을 제공할 수 있도록 노력하고 있다.

변미정 / 가온누리교육연구소

17년 동안 교육 현장에서 아이들과 소통하며 놀이를 연구하고, 다양한 재료를 활용해 아이들과 함께 즐거운 아트 놀이를 실천하고 있다. 그림책을 활용한 여러 가지 감정 놀이를 현장에 적용하여 아이들이 건강하게 성장할 수 있도록 지원하고 있다.

이선아 / 가온누리교육연구소

영유아, 학부모, 교사가 함께 행복한 세상이 되길 바라는 마음으로 25년 넘게 영유아교육을 연구하며 현장에 적용하였고, 더 나은 학급운영을 위해 노력하고 있다. 아이뿐 아니라 어른에게도 그림책을 활용한 놀이를 전파하며 그림책 사랑을 몸소 실천하고 있다.

이미영 / 가온누리교육연구소

유아, 학부모, 교사와의 소통에 중점을 두고 유아교육 현장에서 일하고 있으며, 아이들과 함께 만들어 가는 학급운영에 관해 늘 고민한다. 현장 경험을 바탕으로 『유치원 학급운영 어떻게 할까?』, 『그림책 놀이 82』, 『슬기로운 학부모 소통』 외 다수 책을 공저로 집필했다.

장현아 / 인천연학초등학교병설유치원 방과후 강사

유아교육 현장에서 20년 넘게 아이들과 함께 놀이를 사랑하며 실천하고 있다. 그림책 지도사 자격증을 취득하였으며, 매일 그림책 한 권 읽기를 실천하면서 SNS로 많은 이들에게 그림책의 선한 영향력을 전파하고 있다.

이여빈 / 세종시 공립유치원 교사

그림책의 매력에 푹 빠져 매년 아이들과 함께 '하루 한 권 그림책 읽기'를 꾸준히 실천하며 그림책 학급운영을 해 오고 있다. '성장하는 유아 교사'를 교직 생활의 모토로 삼아, 인스타그램(@bini._t)과 네이버 블로그(비니클래스)를 통해 전국에 있는 선생님들과 활발히 소통하고 있다. 저서로『슬기로운 유치원 생활』이 있다.

배지은 / 세종시 공립유치원 교사

유아교육을 전공하고 유아 특수 교육 석사 학위를 취득하였으며, 다양한 개성을 가진 아이들이 교실에서 만나 즐겁고 행복하게 성장하도록 지원하고 있다. 매일 그림책으로 아이들과 소통하면서 아이들이 주도하는 놀이를 통해 함께 만들어 가는 학급을 운영하고 있다.

• 교육과실천이 펴낸 유아교육서 •

놀이로 풀어보는 유치원 학급운영
정유진, 정나라 지음

'황금의 5주' 3월을 위한 놀이 중심 학급운영. 유치원 일 년 학급운영의 기초가 되는 기본생활습관 지도를 위한 다양한 활동과 팁, 친밀감을 높이는 관계형성놀이 그리고 3월이 시작되기 전 교사의 마음가짐과 준비할 것들을 소개한다.

놀이중심 교육과정
정나라, 정유진 지음

유아의 놀이를 지원해줄 수 있는 연간, 월간, 주간교육계획 수록! 실제 사례로 살펴보는 놀이중심 교육과정의 의미와 궁금증에 대한 해답, 놀이 속 교사의 역할과 기록을 담았다.

놀이중심 교육과정 119
정유진, 정나라 지음

현장에서 유아들과 함께 생활하는 두 선생님의 생생한 경험이 담긴 일화를 수록함으로써 놀이에 대한 이론과 실제를 함께 다룬다. 또한 유아와 교사의 관점만이 아니라 학부모의 입장에서 유아·놀이 중심 교육과정에 대한 이해를 돕도록 생생한 사례들을 담고 있다.

유치원 교실놀이 100
김연희, 양효숙, 이경미 지음

개정 누리과정에 따른 우리 아이들이 놀면서도 성장하고 배울 수 있는 내용과 구성을 통해 현장성을 높인 이 책은 유아·놀이중심의 현장에서 바로 사용가능한 실제 가이드이다. 콘텐츠 부족으로 어려움을 겪는 교실과 가정에 놀이·동화·동요가 연계된 콘텐츠를 제공함으로써 '놀이'가 필요한 현장에 실질적인 도움을 준다.

그림책 놀이 82
성은숙, 이미영, 이은주, 한혜전, 홍표선 지음

그림책을 좋아하는 다섯 명의 유치원 교사가 아이들과 울고 웃으며 함께했던 그림책과 재미있고 의미 있는 놀이들을 모아서 현장에 활용할 수 있도록 엮었다. 함께 책을 읽고 이야기 나누는 것뿐만 아니라 자연스럽게 놀이로 연결할 수 있는 다양한 사례를 소개하고 있다.

슬기로운 유치원 생활
김진희, 이미영, 이여빈, 홍표선, 이은주 지음

갑자기 찾아온 코로나19 상황, 감염병을 지혜롭게 이겨내기 위한 방법을 안내하기 위해 여러 유아교육 기관과 가정에서 실천했던 좋은 사례를 모았다.